비교하는 엄마
기다리는 엄마

비교하는 엄마
기다리는 엄마

2012년 10월 10일 초판 1쇄 인쇄
2012년 10월 15일 초판 1쇄 발행

지은이 홍미경, 김태광
편집기획 이원도
교정 홍미경, 이혜림, 이준표
제작 이경진, 서동욱
영업기획 한충희
영업관리 윤국진
발행인 이원도
발행처 베이직북스
E-mail basicbooks@hanmail.net
주소 서울 마포구 동교동 165-8 LG 팰리스 1508호
등록번호 제313-2007-241호
전화 02) 2678-0455
팩스 02) 2678-0454
ISBN 978-89-93279-60-3   13180
값 15,000원

*잘못된 책이나 파본은 교환하여 드립니다.

비교하는 엄마
기다리는 엄마

홍미경 · 김태광 지음

베이직북스

아이를 망치는 비교하는 엄마가 되지 말자

'우리 아이들은 최고로 키워야지.'
'우리 아들(딸)은 어디에 내놔도 빠지지 않도록 잘 키워야지.'
아이를 키우는 부모라면 누구나 한번쯤 최고로 키워야 한다는 욕심을 가져본 경험이 있을 것이다. 이는 부모이기에 당연한 마음이다. 하지만 문제는 그런 욕심과 그렇지 못한 현실 사이의 거리감이 엄청 크다는 것이다. 그래서 부모 스스로 '좌절' 하거나 '고민' 하게 된다. 이는 내 아이를 세상에서 가장 행복한 아이로 키우고 싶어 하는 모든 부모들이 안고 있는 고민거리이다.

필자는 그동안 분당에서 유치원을 운영하면서 수많은 아이들을 만날 수 있었고, 영재유아발달연구소장직을 맡아오면서 많은 관련 기관으로부터 부모특강 요청에 응하면서 많은 부모님들과 상담할 수 있는 기회를 얻곤 했는데 아이들을 보면 부모님이 어떤 부류의 사람들인지 금방 간파할 수 있다. 내 아이를 있는 그대로 인정하고, 믿고, 묵묵히 기다려주는 엄마인지, 아니면 얼른 성과가 나오기를 재촉하는 엄마인지를, 그러나 가장 중요한 건 다른 아이들보다 뒤처지기라도 하면 비교하는 엄마로 금방 돌변한다는 점이다.

특히, 성격이 내성적이고 사람들의 눈치를 잘 보거나 친구들과 그다지 잘 어울리지 못하는 아이들에게는 공통점이 있다. 비교하는 엄마가 존재한다는 것이다. 반면에 성격이 활달하고 친구들과 잘 어울리는 아이들에게는 묵묵히 기다려주는 지혜로운 엄마들이 있었다. 당장 잘하지 못해도 격려하며 잘할 수 있을 때까지 엄마가 편안하게 기다려주면 아이들은 불안한 마음 없이 최선을 다할 수 있게 된다. 결과적으로 이런 아이가 시간이 지나면서 더 빨리 성숙해 갈 뿐만 아니라 행복하고 성공하는 인생으로 살게 된다.

아이를 키우는 부모, 특히 엄마가 버려야할 것 가운데 대표적인 것이 내 자녀를 다른 아이와 비교하는 것이다. 책에서도 언급했지만 하루에도 몇 번씩이나 다른 아이와 비교하게 된다.

'○○애는 이해력이 빠르다고 하던데…'
'○○애는 엄마가 말하면 한 번에 말을 잘 듣는다던데…'
'○○애는 시험만 쳤다 하면 백점이라는데…'

이처럼 다른 아이와 비교하는 것은 부모의 입맛에 딱 맞는 이상적인 아이의 이미지일 뿐이다. 옆집 아이는 어느 날 이상적인 모델 혹은 내 아이가 본받았으면 하는 공부를 제일 잘하는 아이가 되어 버린다. 이때, 옆집 아이는 좋은 아이가 되고 내 아이는 나쁜 아이로 전락하고 만다.

많은 엄마들이 '우리 아이는 아기 때 정말 예쁘고 착한 아이였는데……' 라며 정작 당사자인 아이는 기억조차 없는 아기 때의 모습들을 늘 기억하고 있다. 그런데 안타까운 것은 아이는 하루가 다르게 자라면서 변화되는데 엄마의 머릿속에는 그저 예쁘고 착하기만 했던 옛 아이의 이미지로만 남아 있다는 것이다. 그래서 엄마 자신이 상상하고 있는 이상적인 아이의 모습과 현재 아이의 모습 사이에서 괴리감을 느끼면서 실망감이 생겨나게 된다.

그 결과 아이는 점점 자존감과 열등감을 가진 채 자신감이 부족하고 의기소침한 아이로 자라게 된다. 어릴 때 형성된 성격은 어른이 되어서도 바꾸기가 참 힘들다. 그래서 사람들 가운데 어릴 때 굳어진 성격 때문에 대인관계를 맺는데 많은 어려움을 겪게 되는 것이다.

필자는 부모님들을 대상으로 하는 특강마다 절대 내 아이를 다른 아이와 비교하지 말 것을 주문하곤 한다. 아이들은 저마다 기질과 성격, 특성이 다르다. 어떤 아이는 자연을 좋아하고 실외활동을 좋아해서 늘 집안에서보다 밖에서 뛰어노는 걸 좋아하는 아이가 있는가 하면, 어떤 아이는 혼자 조용한 책상에 앉아 책 읽는 것을 좋아하는 아이도 있고,

친구들을 무척 좋아하는 아이들은 늘 옆에 친구들과 조잘조잘 하는가 하면, 어떤 아이는 정리정돈을 잘하면서 교사나 부모로부터 칭찬받고 인정받기를 무척 좋아하는 등 아이들만의 타고난 기질과 성격이 저마다 천차만별이다.

따라서 내 아이를 다른 아이의 기준에 맞춰서 잠재력과 가능성을 판단하는 것은 무의미할 뿐 아니라 위험하다고 할 수 있다. 아이를 다른 누군가와 비교하는 순간부터 아이의 모든 잠재력과 가능성이 줄어든다는 것을 인식해야만 한다.

부모의 기대치와 실제로 아이들이 갖고 있는 현실적인 능력 차이를 인정해야 한다. 그렇지 않으면 부모는 자기도 모르게 저절로 다른 아이와 비교하게 된다. 엄마의 스트레스, 내 아이와의 갈등은 여기서 비롯된다.

내 아이를 진정으로 위한다면 아이를 바라보는 엄마의 눈높이를 낮추고 마음을 비우는 연습을 부단히 해야 한다. 마음을 비운다는 건 있는 그대로의 아이를 인정하고, 아이가 자신의 능력에 맞는 일들을 스스로 선택할 수 있도록 도와준다는 말이다. 그리고 결과보다는 과정에 보다 신경을 써주고 스스로 해낼 수 있을 때까지 믿고 지켜봐 주는 엄마가 되도록 노력해야 한다.

아직 내 아이는 잠재력과 가능성의 씨앗을 품고 있는 연약한 존재이다. 따라서 완벽한 결과와 더불어 하늘만큼 높은 기대치를 가지고 다른 아이와 비교하는 엄마가 되어선 절대로 안 된다. 비교 당하는 아이만큼 불행한 아이도 없다는 것을 명심해야 한다. 마지막으로 학부모님들에게 당부하고 싶은 말은 아이를 망치는 지름길이 바로 내 아이를 누군가와 비교하는 것임을 결코 잊지 마시길 바란다.

2012년 9월
공저자

2장 비교하는 엄마가 아이를 망친다

3장 좋은 엄마 콤플렉스가 엄마와 아이 모두를 망친다

5장 공감하는 대화가 바르고 긍정적인 아이로 키운다

1장

모든 아이는
태어날 때부터 천재다

01 | 내아이는
왜 이리
사고뭉치일까?

내 아이는 왜 툭하면 싸울까?

"4년 11개월 된 아들이 있는데 이웃에 사는 친구들과 노는 것을 보고 있노라면 금방 싸움이 벌어집니다. 유치원 선생님한테서도 아이가 너무 자주 싸운다는 말을 듣고 있습니다. 엄마도 싸움만 하는 아이는 싫어한다고 꾸짖지만 좀처럼 고쳐지지 않습니다. 집에서는 아이가 잘못하면 어릴 때 교육을 제대로 해야 한다면서 아빠가 회초리를 드는데, 그 때문일까요?"

흔히 엄마는 내 아이가 친구들과 더불어 사이좋게 지내지 못하고 자주 다투는 모습을 보면 사고뭉치라고 생각한다. 그래서 내심 '우리 애는 왜 이리 사고뭉치일까?'라는 의문을 떠올리게 된다. 그러다보면 친구들과 원만하게 지내는 다른 아이들이 눈에 들어오게 되고 내 아이에게 친구들과 잘 지내는 법에 대해 간섭하고 잔소리를 하게 된다.

아이들의 싸움이란 어떻게 보면 단순한 것이라고 볼 수 있다. 어릴 때는 상대를 배려할 줄 모르고 자기중심적으로만 생각한다. 그래서 서로 자기주장만 하다가 싸움이 되기 쉽다. 그러나 그런 과정을 통해 상대의 입장을 생각하는 사회성을 익혀 가게 되고, 친구들과 잘 지내려면 어떻게 해야 할지 고민하면서 여러 가지 나름의 방법을 시도해 보게 된다. 물론 잘 될 때도 있고 잘 안 될 때도 있다. 중요한 것은 이런저런 시행착오를 경험할 때마다 아이의 사회성이 조금씩 발달한다는 것이다.

아이들의 싸움은 아이들의 성장에 중요한 요소이며 커가는 과정이다. 따라서 부모가 그 일에 지나치게 신경을 쓴다면 오히려 바람직하지 못하다. 아이들은 성장하면서 스스로 '싸움은 즐거운 일이 아니다'라는 것을 알게 되기 때문이다.

내 아이가 자주 친구들과 싸움을 한다고 해도 싸움의 빈도가 너무 잦아서 아예 격리를 시켜야 할 필요성을 느낄 정도라거나 싸움의 강도가 아이의 폭력적 성향을 의심할 정도로 지나쳐서 상담이나 치료를 받아야 할 만큼 심각한 것만 아니라면 오히려 내 아이가 건강하게 자라고 있다고 봐도 무방하다. 따라서 싸움을 성장을 위한 기회로 삼아 보는 것도 아이를 키우는 엄마로서 바람직한 자세로 볼 수 있다.

외둥이는 왜 자기밖에 모를까?

초등학생 1학년을 둔 엄마로부터 이런 메일을 받은 적이 있다.

"아이가 친구들과 자주 싸워요. 어렸을 때부터 자기중심적으로 행동해서인지 친구들과 부딪치는 일이 많았어요. 초등학교에 들어간 후 조금 나아지긴 했지만, 그래도 자주 싸우곤 해요. 그래서 아이의 곁에는 친한 친구가 없어요. 주변에선 외둥이라서 집에서 '오냐, 오냐' 해서 그렇다는데…… 어떻게 키워야 할지 모르겠어요. 아이가 마음을 터놓고 지낼 친구 하나 없이 외롭게 학교생활을 할까봐 많이 걱정도 되고요."

사실 외둥이들은 대부분 버릇없고 자기중심적인 경향이 짙다. 그러나 외둥이라고 해서 장점보다 단점이 더 많은 것은 아니다. 그동안 필자는 유치원을 운영하면서 외둥이들을 관찰해본 결과, 형제가 있는 아이들보다 자아 개념이나 지적 호기심이 뛰어날 뿐 아니라 자존감이 높았다. 형제가 없으니까 부모님의 애정을 놓고 경쟁할 필요가 없기 때문에 정서적으로 안정된 상태에서 자랄 수 있는 환경 덕분일 것이다.

문제는 형제 없이, 원하는 것은 무엇이든 들어주는 환경에서 자라는 외둥이들은 대부분 엄마에게 지나치게 의존적이고 자기중심적이며 남을 배려하는 마음이 부족하다는 것이다.

　필자는 위의 사례에 나오는 엄마에게 이런 답신을 보냈다.

　"아이에게 형제가 없다보니 부모는 아이가 외롭고 안쓰럽다는 마음에서 무엇이든 척척 들어주게 됩니다. 하지만 이는 외둥이가 남을 배려할 줄 모르는 자기중심적인 아이로 자라게 할 뿐입니다. 아이가 해달라는 대로 다 들어주지 말고, 아이가 스스로 문제를 해결할 수 있도록 그저 옆에서 묵묵히 지켜봐 주세요. 그래야 아이의 문제 해결력과 자립심을 기를 수 있습니다. 또한 아이에게 때로는 안 되는 것이 있다는 것을 경험하게 함으로써 '세상에는 내 마음대로 다 할 수 있는 것이 아니라 꼭 참아야 할 일도 있고, 다른 사람의 입장도 배려해야 한다' 라는 것을 차차 알아가도록 이끌어 주어야 합니다. 그리고 가급적 다양한 친구들과 어울려 놀 수 있는 환경을 만들어 주는 것이 중요합니다. 다양한 친구와 어울려서 놀다보면 사회성을 키울 수 있기 때문입니다."

　모두 그런 것은 아니지만 대부분의 외둥이들은 특히 자기중심적인 성향이 강해서 무엇이든 자기가 원하는 대로 하려고 하고 고집이 세다. 그래서 훗날 형제와 같이 자란 아이들에 비해 사회생활을 하는 데 어려움이 있다. 형제가 있는 아이는 싸우면서 문제 해결 능력을 자연스럽게 익히기 때문이다. 따라서 외둥이를 키우면서 과잉보호는 절대 피해야 한다. 부모의 지나친 도움과 간섭을 줄여 외둥이들이 가질 수 있는 단점이 생기지 않도록 주의를 기울여야 한다.

왜 맞고도 가만히 있을까?

"제 아들은 7살입니다. 항상 방글방글 웃고 있는 귀여운 말썽쟁이예요. 그런데 친구가 일방적으로 때릴 때도 맞서 싸우지 않고 그냥 있어요. 누가 때렸냐고 물어봐도 이야기를 안 해주네요. 나중에 물어보니 이르면 그 아이가 혼날까봐 걱정돼서 그랬다고 합니다. 그래놓고 집에 와서는 동생을 주먹으로 때리고 발길질을 해요. 이런 우리 아이 심리는 정말 어떤 상태일까요? 눈앞에서 맞고도 가만히 있는 우리 아이 때문에 속이 터져 미치겠어요."

아이들이 가진 대부분의 행동에 대한 문제는 자존감과 관련이 있다. 자존감이 약한 아이들은 자신보다 강한 아이한테는 무엇이든 양보한다. 심지어는 친구들이 놀리고 자신의 물건을 가져가거나 때려도 아무 대응도 못하는 경우가 있다. 이러한 아이들은 기질적으로 예민하고 소심하고 겁이 많다.

그렇다면 왜 이처럼 자존감이 낮은 것일까? 이는 평소 아이를 양육하는 부모에게 달렸다. 부모의 그릇된 양육으로 인해 한창 자신에 대해 긍정적인 자아상을 형성해나갈 시기에 부정적인 자아상을 형성하게 되기 때문이다. 그 결과 소심하고 내성적인 아이가 된다.

특히 이런 아이들에게는 아이가 버릇없이 자랄까봐 아이를 지나치게 엄격하게 통제하고, 조금만 잘못해도 크게 혼내거나 아이가 하고 싶은 일을 늘 제지하는 부모가 있다.

이런 아이는 자신감이 떨어지고 불안감을 많이 가지게 된다. 이는 결국 자존감 하락, 자신감 결여로 이어진다. 그리하여 친구들과 놀 때 친구가 괴롭히거나 때리는 등 감정을 상하게 해도 자기 목소리를 내지 못하고 가만히 있게 된다. 그러면서 자신의 내면에 쌓여 있는 열등감과 스트레스를 풀기 위해 자신보다 힘이 약한 동생에게 공격적인 행동을 보이는 것이다.

이런 아이의 행동을 수정하기 위해서는 먼저 아이의 기부터 살릴 필요가 있다. '왜 친구들이 때려도 바보처럼 가만히 있느냐?' 라고 혼내거나 '너도 맞서서 같이 싸워!' 라고 윽박지르는 것은 바람직하지 않다. 또한 적극적인 성격으로 바꾸겠다며 태권도나 합기도와 같은 격투기를 시키는 것도 좋지 않다. 그 대신 자주 칭찬과 격려를 해줌으로써 아이 스스로 자신에 대해 긍정적인 생각을 갖도록 도와줘야 한다.

엄마를 위한 해결책 및 대처법

아이들은 왜 자주 친구들과 싸우는 것일까?

이유를 제대로 분석하자면 너무나 다양하고 광범위하지만 여기서는 이론보다는 실천에 중점을 둔다는 의미에서 단순하게 접근하기로 하자. 아이들이 자주 싸우는 가장 근본적인 원인은 다음 두 가지로 요약할 수 있다.

① 엄마가 아이를 지나치게 위해주는 환경적 요인

엄마가 지나치게 떠받들어주고 해달라는 대로 다 해주는 환경에서 자란 아이는 무엇이건 제 뜻대로 하려 하고 참을성이 없다. 그러나 친구들과 놀 때는 무엇이건 자기 마음대로 할 수 없고, 친구들이 엄마처럼 자기 뜻을 다 받아주지도 않기 때문에 싸움이 잦을 수밖에 없다.

② 부모로부터 자주 감정적인 비난이나 질책, 체벌을 받고 있는 경우

이런 환경에서 자란 아이는 친구들과 어울려 놀다가도 자기 마음대로 안 되거나, 친구를 원하는 방향으로 설득할 수 없을 때는 부모의 본을 받아 폭력을 쓰게 된다.

그러나 가정에서 가족 관계의 따스한 정을 느끼고, 정당한 대접을 받고 있는 아이는 다른 사람에게 너그러울 수 있다. 너그러운 태도는 높은 자존감에서 비롯되고 이는 강한 자신감으로 이어진다.

종종 엄마들과 아이들에 관한 상담을 하다 보면 엄마의 기분만으로 일방 통행적인 생각을 하고 있다는 것을 알게 된다. 그래서 평소 아이와 공감하는 대화를 하기가 쉽지 않다. 그러다 보니 엄마가 기분이 좋을 때는 용서하는 편이고, 기분이 나쁠 때는 지나치게 야단을 치게 된다. 아이의 입장에서는 엄마의 행동이 잘 납득이 가지 않아 혼란스럽기만 하다. 엄마 스스로가 올바른 판단력을 익히고 감정을 조절해서 일관성 있게 대하는 것이 무엇보다도 중요하다.

아이와 대화를 할 때에는 일방통행보다는 쌍방통행, 즉 아이와 엄마 모두 흡족하게 공감하는 대화를 해야 한다. 그러기 위해선 아이가 하는 말에 귀를 기울이고 아이의 기분을 이해하며 공감하는 대화를 해야 한다. 그래야만 아이는 때로 자신의 요구가 관철되지 않을 수도 있다는 것을 자각하게 되어 스스로 기분 조절을 할 수 있게 된다.

무엇보다도 내 아이를 바라보는 엄마의 긍정적인 시선이 중요하다. 내 아이가 친구들과 자주 싸운다고 해서 말썽꾸러기, 사고뭉치로 단정해버린다면 아이에게서 어떤 긍정적인 기대도 하지 않게 된다. 그 결과 '될 대로 되라'는 식으로 아이를 양육하게 된다.

아이는 어른과는 달리 아직 미성숙하고 완벽하지 않다. 따라서 내 아이에게 실망하는 지금 이 순간에도 아이는 서서히 성숙해지고 조금씩 달라지고 있다는 것을 기억해야 한다.

02 | 옆집 아이와
자꾸 비교하는
이유

 **옆집 아이는 잘 한다는데
내 아이는 왜 이럴까?**

아이가 태어나서 걷기 전까지 부모들은 자신의 아이가 이 세상 누구보다도 똑똑하고 대단해 보이며 사랑스럽게 느껴진다. 그러나 말을 하기 시작하고 유치원을 보내는 시기가 되면서부터는 부모는 서서히 이상적인 아이의 이미지를 갖기 시작한다.

'옆집 아이는 엄마가 말하면 한 번에 말을 잘 듣는다던데……' 라면서 옆집 아이와 비교하기 시작한다. 하지만 옆집 아이와 비교하는 것은 부모의 요구에 딱 맞는 이상적인 아이의 이미지일 뿐이다. 옆집 아이는 어느 날 이상적인 모델 혹은 내 아이가 본받았으면 하는 착하고 공부를 제일 잘하는 아이가 되어버리는 것이다. 이때, 옆집 아이는 좋은 아이가 되고 내 아이는 나쁜 아이로 전락하고 만다.

많은 엄마들이 '우리 아이는 아기 때 정말 예쁘고 착한 아이였는데……'라며 정작 당사자인 아이는 기억조차 없는 아기 때의 모습들을 늘 기억하고 있다. 그런데 안타까운 것은 아이는 하루가 다르게 자라면서 변화되는데 엄마의 머릿속에는 그저 예쁘고 착하기만 했던 옛 아이의 이미지가 그대로 박혀 있다는 것이다. 그래서 엄마 자신이 그리고 있는 이상적인 아이의 모습과 현재 아이의 모습 사이에 괴리가 생기면서 조금씩 실망감이 생겨나게 된다.

엄마가 아이를 옆집 아이와 비교하는 이유는 가장 가까운 곳에 있기에 내 아이의 잘하는 점이나 장점을 간과하기 때문이다. 그러나 옆집 아이는 가끔씩 보는 탓에 잘하는 점과 장점만 보고 듣게 된다. 그래서 엄마는 옆집 아이의 잘하는 점과 장점에만 초점을 맞춘 채 자신의 아이와 비교하게 되는 것이다. 아이 역시 엄마가 자신을 옆집 아이와 비교한다는 것을 의식하고 있다. 그런데도 불구하고 엄마가 바라는 이미지의 모습을 보여줄 수 없으니 엄마에게 죄의식을 가지게 된다. 그리하여 엄마와의 거리는 점점 멀어질 수밖에 없다.

필자는 옆집 아이 혹은 다른 아이들과 비교하는 엄마들에게 "엄마는 주관적인 관점으로 아이를 바라보지 말고 객관적인 시선으로 바라보면서 아이에 맞는 성장발달을 도와주어야 한다."라고 조언한다. 하지만 엄마들에게 이런 조언을 해도 한쪽 귀로 듣고 한쪽 귀로 흘려버리는 엄마들이 대부분이다.

아이가 초등학교에 들어가면 엄마의 비교는 더욱 심해진다. "옆집 애는 이번에도 1등을 했다던데, 너는 이게 뭐니?'라는 말을 자주 한다. 이 말은 아이에게 옆집 아이보다 못났다는 소리로 들리게 되고 자존심에 상처를 입게 된다. 엄마가 자신을 인정하지 않는다는 생각에 아이는 엄마와의 대화를 시도조차 안하게 된다.

엄마로부터 자주 옆집 아이와 비교하는 말을 들으면 아이는 마음속으로 나름대로 엄마에게 이렇게 항변하지 않을까?

'그럼 엄마는요? 왜 책도 안보면서 나에게만 공부해라, 공부해라 하시는데요? 다른 엄마들 정말 잘하던데 엄마는 왜 그래요? 엄마도 옆집 엄마처럼 좋은 엄마도 아니시면서……'

그런데 사실 톡 까놓고 이야기하면 아이의 말이 틀리지도 않다. 심해지면 아이는 자기 엄마와 옆집 엄마를 비교하며 대꾸하게 된다. 아이의 입장에서는 이것이 정당하다고 생각하기 때문이다. 이것이 무엇을 뜻하는 것일까? 아이의 마음속에 엄마에 대한 스트레스와 불만이 쌓였다는 말이다. 이는 엄마와의 대화를 단절하게 만들고 아이 스스로 자존감을 가질 수 없게 한다. 결국 비교하는 말이 내 아이를 망치는 독이 된다.

내 아이는 왜 이렇게 산만할까?

"우리 아이는 얼마나 어른스럽고 대견스러운지 몰라요."라며 만나는 사람들마다 자랑을 하던 준영이 엄마가 기억이 난다. 준영이는 항상 밝은 얼굴로 인사도 잘하고 정리정돈도 깔끔하게 잘했다.

그러던 준영이가 6살이 되자 동네 사람들이 모두 머리를 절레절레 흔들 정도로 산만한 말썽꾸러기로 변했다. "옛날에는 안 그랬으니 좀 크면 괜찮아지겠지."하면서도 가족과 가까운 친척들이 너무나 다르게 변해버린 아이에게 적응이 되지 않아 모두들 걱정하기 시작했다.

필자는 다른 아이들과 노는 모습을 관찰해보면 준영이가 가진 문제의 원인을 파악할 수 있을 것이라고 조언했다. 그리고 며칠 후 준영이의 엄마로부터 준영이가 다른 아이들과 별반 다르지 않다는 것을 알게 되었다는 말을 들었다. 준영이 엄마의 말이다.

"왜 그동안 준영이가 산만하고 정신없는 아이라고 느꼈던 것일까, 곰곰이 생각해 보았습니다. 그러자 준영이의 모습이 어렸을 때의 모습과 너무 많이 달라졌기 때문이라는 것을 알았습니다. 또한 옆집 아이 충진이와 늘 비교하다 보니 우리 아이가 유난히 산만하게 보였던 것 같아요."

준영이 엄마가 제대로 원인을 파악했다는 것을 알 수 있다. 옆집에 사는 충진이는 똑똑하고 뭐든지 잘하기로 소문이 나 있는 아이였다. 그런 충진이를 기준으로 말과 행동을 유심히 관찰하면서 자신의 아이를 비교하고 있었던 것이다. 충진이를 기준으로 삼으면 준영이는 늘 말썽꾸러기이고 산만하고 고집불통에 말 안 듣는 아이가 되는 것이 당연했다. 필자는 준영이 엄마에게 이렇게 조언했다.

"준영이를 무조건 산만한 아이로 생각해 야단만 치기보다는 넘치는 활동 에너지를 분출할 수 있도록 다양한 기회를 만들어 주어야 합니다. 그리고 준영이가 좋아하는 활동을 엄마와 아빠가 함께 자주 하면서 준영이를 잘 관찰해 보세요. 준영이가 가진 남다른 장점과 특성들이 눈에 보이기 시작할 겁니다."

몇 달이 지난 후 준영이를 만났을 때 준영이는 예전보다 더 밝은 모습으로 인사를 건넸다. 준영이의 엄마는 아이의 장래를 위해서 타고난 성향과 특성, 잠재력들을 발견하는데 노력을 기울이고 있다고 말했다.

엄마를 위한 해결책 및 대처법

아이들은 저마다 기질과 성격, 특성이 다르다. 자연을 좋아해서 특히, 밖에서 뛰어노는 걸 좋아하는 아이가 있는가 하면, 혼자 조용히 책상에 앉아 책 읽는 것을 좋아하는 아이도 있고, 늘 옆에 친구가 있어서 조잘조잘 하는가 하면, 정리정돈을 잘하면서 교사나 부모로부터 칭찬받고 인정받기를 무척 좋아하는 등 아이들만의 타고난 기질과 성격이 있다.

따라서 내 아이를 다른 아이의 기준에 맞춰서 잠재력과 가능성을 판단하는 것은 무의미할 뿐 아니라 위험하다고 할 수 있다. 아이를 다른 누군가와 비교하는 순간부터 아이의 모든 잠재력과 가능성이 줄어든다는 것을 인지해야 한다.

부모의 기대치와 실제로 아이들이 갖고 있는 현실적인 능력 사이에는 상당한 차이가 있기 마련이다. 그러다 보니 부모는 자기도 모르게 다른 아이와 비교하게 된다. 엄마의 스트레스, 내 아이와의 갈등은 여기서 시작된다. 내 아이를 진정으로 위한다면 아이를 바라보는 엄마의 눈높이를 낮추고 마음을 비우는 연습을 해야 한다. 비운다는 것은 있는 그대로의 아이를 인정하고, 아이가 자신의 능력에 맞는 일들을 스스로 선택할 수 있도록 도와준다는 의미이다. 그리고 결과보다는 과정에 신경을 써주고 스스로 해낼 수 있을 때까지 믿고 끝까지 지켜봐 주는 엄마가 되도록 노력해야 한다.

03 | 한 박자,
두세 박자씩
늦춰서 기다린다는 것

 **내 아이만 다른 아이들에 비해
늦은 건 아닌가?**

"현중이는 또래에 비해 발음이 부정확합니다. 그래서 선생님을 좋아
하는 마음은 있지만 쑥스러움에 하고 싶은 이야기도 잘 하지 않는 편
입니다. 현중이는 친구들과 놀이를 할 때도 조용히 혼자 놀거나 선생
님의 눈치를 살피곤 합니다."

1학기 초 현중이 엄마와의 면담에서 현중이의 어렸을 적 이야기를 들
을 기회가 있었다. 현중이는 다른 친구들에 비해 늦게 말을 시작했다
고 한다. 그래서 현중이 엄마는 답답한 마음에 현중이가 필요한 것을
말할 때까지 기다리지 않고 "이거 해줄까? 저거 해줄까?" 하면서 먼
저 말을 꺼내곤 했다는 것이다.

현중이 엄마와 대화를 하면서 '내 아이만 다른 아이들에 비해 늦은 건 아닌가?' 하고 염려한다는 것을 알 수 있었다. 그래서 유치원에서 함께 생활하고 있는 아이들에 대해 이야기하면서 한 박자, 두세 박자씩 늦춰서 현중이를 믿고 기다리는 여유를 가져보시라고 조언했다.

실제로 아이들이 교실에서 생활하는 모습을 보면 다양한 모습의 아이들을 볼 수 있다. 줄서기, 양치하기, 물건 정리하기 등을 스스로 해낸다. 이야기 나누기 시간에는 주제에 맞게 느낌이나 생각을 손을 들어 발표한다. 자유 선택 활동시간에는 친구들과 놀이를 하며 그 속에서 필요한 것을 얻기 위해 대화를 하고 협상을 하기도 하며 때론 싸움을 하기도 한다. 또한 상대에게 고마움을 표현하는가 하면 그때 그때의 상황에 대한 적절한 대처방법과 또 그 능력을 익히기도 한다.

아이들은 어린이집이나 유치원 생활을 하면서 선생님의 도움이 필요할 때에는 마음속의 생각을 스스로 표현해야만 한다. 말로 자신의 생각을 표현해야 원하는 것을 얻을 수 있는 것이다. 그런데 가정에서는 엄마가 아이의 눈빛이나 표정만 봐도 무엇을 원하는지 다 알기 때문에 아이가 스스로 표현하기 전에 엄마가 대신 해주는 경우가 많다. 그런 환경에서 자라는 아이는 당연히 사회성과 자신감이 부족할 수밖에 없다.

그러므로 자녀가 조금은 느리고 답답하게 보일지라도 능동적이고 자발적으로 판단하고 결정하도록 기다려주거나 격려해주는 것이 중요하다.

발음이 부정확한데 치료를 받아야 할까?

아이가 초등학교에 입학하면 아이에 대한 엄마의 관심이 부쩍 늘어나는 만큼 걱정도 많아진다. 특히 아이가 발음이 부정확하다면 엄마로서는 큰 고민이 아닐 수 없다.

"저희 아이가 초등학교 1학년인데요. 글쎄 발음이 부정확해요. 그래서 친구들에게 따돌림을 당하진 않을지 너무 고민이 되요. 이비인후과에 데리고 가 봐도 이상이 없다고 하는데 어떻게 하면 좋을까요?"

예닐곱살짜리 아이를 둔 엄마에게도 아이의 부정확한 발음은 큰 걱정거리가 된다.

"이제 7세 된 남자아이입니다. 발음이 좀 부정확한 데다가 말을 빨리 하다보니까 말을 좀 흘리듯이 하는 경향이 있어요. 그래서 저나 남편이나 다른 사람들도 아이의 말을 잘 못 알아듣곤 하거든요. 제가 자세히 관찰해보니 '교육'은 '고육'으로 발음을 하고 ㄷ이나 ㅈ발음을 잘 못하는 것 같아요. 이제까지는 아직 어리니까 좀 더 크면 좋아지겠지 하고 별 생각 없었는데 어린이집 담임선생님이 한번 언어 클리닉 같은데 가서 진단을 해보라고 하시네요."

한창 말을 많이 하는 유아 시기에 부정확한 발음 때문에 부모는 여간 걱정이 아니다. 내 아이만 저러는 게 아닌가? 하는 걱정에 마음이 탄다. 그러나 주위를 둘러보면 발음이 부정확하여 또래보다 발음 발달에 문제를 보이는 아이들이 더러 있다. 예를 들어 아이들은 '자동차'를 '다동타', '할아버지'를 '하다버디', '새'를 '해', '악어떼'를 '악어깨' 하는 식으로 특정음을 잘못 발음하는 경향이 많다. 또한 길고 어려운 단어일 경우에는 알아듣지 못할 정도까지 생략해버리기도 한다.

그러나 필자가 그동안 유치원을 운영하면서 아이들을 관찰해본 결과 말이 늦거나 발음이 부정확한 아이들의 경우 대부분 전체적인 언어발달이 조금 늦을 뿐 상대방의 말을 이해하거나 의사표현을 하는 데는 큰 문제가 없는 경우가 많았다. 즉, 지금 당장은 아이의 말이 늦거나 발음이 부정확해서 부모의 속이 타지만 시간이 지나면 자연스레 고쳐지더라는 말이다.

물론 그런 아이들 가운데 심한 경우 조음장애를 겪는 아이도 있다. 조음장애는 발음이 부정확하거나 철자를 생략하거나 단어를 새롭게 만들어 내거나 콧소리로 발음하는 등을 일컫는 장애를 말한다. 조음장애는 대개 언어를 습득하는 과정인 6세 이전에 많이 나타나며, 때로는 학령기까지 지속되는 경우도 있다.

이런 경우에는 반드시 정확한 원인을 찾아 치료를 해야 한다. 아이가 자라면서 자연스레 고쳐질 것이라고 쉽게 생각하고 방치하다가 적절한 치료시기를 놓치면 치료기간이 늘어날 뿐만 아니라 친구들에게 놀림을 받아 원만한 또래관계를 형성하지 못하게 된다.

왜 내 아이는 혼자 밥을 안 먹을까?

유아기는 2세에서 6세까지로 흔히 학령 전 아동기라 부르기도 한다. 신체 발달면에서 보면 영아기에 비해 발달이 잘 이루어져 이제는 잘 걸어다니고 뛰어다닐 수 있으며, 자전거를 타는 등의 대근육이 잘 발달되어 있다. 소근육도 발달되어 이제는 혼자 단추를 끼우고 신발을 신을 수 있으며 연필로 글씨를 쓰고 그림을 그릴 수도 있다. 이 시기에는 눈으로 보고 귀로 듣고 경험해본 일이라면 얼마든지 아이들이 해낼 수 있는 능력이 생기고 연습을 통해 익숙해지며 능숙해지기까지 한다.

그러나 요즘 식사시간만 해도 아이들은 어떤 모습인가? 한 그릇 뚝딱 잘 먹는 아이들도 간혹 있지만 그렇지 못한 아이들이 태반이다. 식사하는 모습만 보아도 아직 엄마의 도움을 받고 있는지 아닌지 알 수 있기 때문에 유치원에서 엄마들에게 아이가 스스로 식사할 수 있도록 지도해달라고 부탁하면 대부분의 엄마들은 "아침에 너무 바쁘고 시간이 부족해서……"라고 말한다.

물론 아침시간은 누구나 분주하고 바쁘다. 그렇다고 해서 계속 엄마의 손으로 아이 입에 밥을 넣어주는 것은 결과적으로 내 아이에게 안 좋은 습관을 가르치고 있는 것이나 다름없다. 이런 상황이 거듭되면 아이는 제 스스로 할 수 있는 일조차 엄마나 다른 사람에게 의존하게 되는, 자립심이 부족한 아이로 성장하게 된다.

정말 적은 양을 먹더라도 아이가 자기 손으로 직접 먹고 온다면 아이는 대단한 자부심을 느낄 것이다. 그런데 안타깝게도 엄마들은 이처럼 한 박자를 기다리기가 어렵다. 물론 식탁에 앉아서 밥은 안 먹고 딴짓만 하는 아이들의 모습을 보고 있자면 속이 터지기 마련이다. 그래서 좋은 습관은 시간 있을 때 들여주면 된다고 스스로 삭이게 된다.

그러나 문제는 아이가 스스로 신발 신는 것을 격려해 주는 부모와 부모의 손으로 단 5초 만에 신겨서 가는 부모의 아이는 서로 다르다는 것이다. 이런 일들은 얼마 후면 아이가 직접 해야 할 일이다. 특히 아이는 이런 사소한 일들을 스스로 해냈을 때 커다란 자부심과 성취감을 가지게 된다. 그리고 그것은 '다음에도 더 잘할 수 있다' 라는 자신감으로 이어진다.

왜 내 아이는 이렇게 소심할까?

건영이는 어른들에게 예의 바르게 인사도 잘하고 성격도 착하고 온순한 아이다. 유치원에서도 친구들과 사이좋게 잘 지내는 편이었다. 그러나 평소 선생님이나 친구들과 이야기를 나눌 때에는 약간 주눅이 들어있는 듯한 부끄러운 표정으로 표현하는 모습을 자주 볼 수 있었다. 가끔 선생님의 눈치를 볼 때도 있었고 항상 목소리는 수줍어하는 어조였다.

건영이 엄마와 건영이의 이런 유치원 생활 모습에 대한 이야기를 나눌 기회가 있었는데 건영이 엄마는 "건영이 아빠가 조금 무섭고 엄한 편이어서 그런 것 같아요."라고 말했다. 건영이는 평소 활동을 할 때에도 자신의 생각을 이야기하고 싶어 하지만 늘 눈치를 보고 정말 작은 목소리로 이야기를 한다. 엄마의 이 말을 듣고는 가슴 한 구석이 저려왔다. 건영이 엄마는 아이들에 대한 건영이 아버지의 교육관에 대해 이렇게 말했다.

"남편은 아이들이 어렸을 때 엄하게 지도해서 바로잡아야 한다고 생각해요. 그래야 바르고 건강한 사람으로 성장할 수 있다고 믿고 있기 때문이에요. 그래서 건영이 아빠가 좀 무서운 편이에요."

필자는 엄마의 이야기를 듣고 안타까운 마음이 들었다. 한창 건영이가 무한한 상상력을 발휘할 수 있고 또 다양한 시도를 해보고 실패와 성공을 만끽해야 하는 나이인데 아버지의 엄격함에 위축되어 그러한 소중한 과정을 잃어버리진 않을까 하는 염려 때문이었다.

유아기는 발견의 시기이다. 또한 에너지가 넘치고 학습의욕이 충만한 시기이다. 일상생활 속의 아주 사소한 변화에도 민감하게 작용하는 편이다. 쓰레기가 될 수 있었던 재활용품으로 멋진 작품을 스스로 생각하여 만들 수 있고 완성도 할 수 있으며 어른들이 보기에 별것 아닌 작품 하나로 기쁨을 느끼고 자신감을 얻기도 한다.

유아기는 자신감과 자아인식이 이루어지는 시기이다. 유아기에 형성하는 중요한 태도 중 하나는 이들이 주위 환경에 관여하기 시작하고 세상을 알기 시작한다는 것이다.

교실에서도 친구들에게 무한한 관심을 갖고 더 나아가 친구를 챙기기도 하며 단짝을 만들기도 한다. 교실의 친구들뿐만 아니라 다른 반 교실, 유치원 주변, 유치원 밖의 세상에도 관심이 많다.

특히 유아기는 아이들의 성장 과정에서 가장 중요한 시기이기도 하다. 유아는 처음으로 또래들과의 놀이를 통해 최초로 사회적 역할과 상호작용 형태를 배우게 되는 때이기 때문이다. 이러한 시기에 다른 사람들과의 경험은 유아가 다른 사람에게 무엇을 기대하고 다른 사람은 자신에게 무엇을 바라는지를 알 수 있게 해준다.

엄마를 위한 해결책 및 대처법

내 아이가 다른 아이들에 비해 말이 늦거나 발음이 부정확하다거나, 조금 뒤처진다고 해서 조바심을 내선 안 된다. 무엇보다 다른 아이들과의 비교는 금물이다. 아이들마다 기질이나 성향이 다르듯이 언어적 재능, 논리 · 수학적 지능, 시각 · 공간적 지능, 대인관계 지능, 개인 이해 지능, 신체 · 운동적 지능도 다르게 태어나기 마련이기 때문이다.

또한 아이들의 다른 재능만큼이나 부모의 노력도 같을 수는 없다. 따라서 다른 집의 아이가 내 아이보다 앞서가는 것처럼 보인다고 해서 스트레스를 받을 필요도 없다. 만일 내 아이가 다른 집의 아이보다 뒤처진다고 여기게 되면 자신도 모르게 심한 열등감으로 스트레스를 받게 되고 그 스트레스는 고스란히 아이에게 전가되게 된다는 것을 명심해야 한다.

지금 내가 아이에게 깊은 관심과 애정, 노력을 쏟는 만큼 아이에게서 바로 바로 반응이 나타나지는 않는다. 그러나 콩나물시루 아래로 물이 줄줄 흘러내려도 콩나물은 자라는 것처럼 아이들은 자란다. 욕심을 부리기보다 인내심을 가지고 아이 스스로 성장하기를 기다려주는 자세가 필요하다. 섣부른 조바심이 아이에게 오히려 스트레스가 될 수 있다는 것을 기억하길 바란다.

04 | 모든 아이는
태어날 때부터
천재다

과연 내 아이도 천재일까?

"넌 누굴 닮아 머리가 나쁘니?"

"넌 어떻게 동생(누나)보다 못하니?"

"옆 집 애 좀 봐."

"넌 누굴 닮아 그 모양이야!"

사실 아이 훈육에 있어 누군가와 비교하는 말보다 더 위험한 말은 없다. 비교하는 말은 아이의 자존심에 상처를 주고 열등감을 가지게 하기 때문이다. 이는 자존감 저하로 이어져 매사 자신감이 없는 아이가되게 한다. 동서고금을 통틀어 자신감이 부족한 사람이 성공한 예는그 어디에도 없다.

모든 아이는 태어날 때부터 천재이다. 미국의 건축가 버크민스터 플러는 이런 말을 했다.

"모든 아이들은 천재로 태어난다. 만 명 가운데 9,999명의 아이들은 부주의한 어른들에 의해 순식간에 천재성을 박탈당한다."

필자는 버크민스터 플러의 말에 전적으로 동감한다. 사실 아이들은 모두 천재로 태어나지만 안타깝게도 부주의한 부모들에 의해 대부분 천재성을 꽃피우기도 전에 평범한 존재로 전락하고 만다.

컬럼비아대학 조지 랜드와 베스 자르민 교수는 어린이의 창의성에 관한 공동 연구를 위해 어린이 1,600명을 대상으로 조사한 결과 2~5세 아이 중 98%가 창의력 천재라는 것을 밝혀냈다. 초등학교 저학년인 8~10세 중 32%, 중학생인 13~15세 중 10%도 천재였다.

그러나 25세 이상 어른 중에서는 단 2%만이 천재성을 유지했다. 이는 성장하면서 부모를 비롯한 주위 사람들의 이런 저런 부정적인 말로 인해서 천재성을 상실했기 때문이다.

천재로 키운 엄마들은 어떻게 교육시킬까?

소수의 아이들은 지혜로운 부모들에 의해 천재성을 활짝 꽃피우면서 성공하는 인생을 산다. 그 가운데 IQ가 200 이상으로 측정이 불가하다는 판정을 받았고, 9세 때 미국 최연소 대학 입학, 그리고 수석 졸업, 새로운 단백질 발견으로 특허를 취득해 미국 전역을 놀라게 한 진경혜 씨의 아들 쇼군이 있다. 쇼군보다 5세 연하인 딸 사유리 역시 10세에 대학에 입학하여 쇼군에 못지않은 천재로 주목받고 있다.

천재 남매를 길러낸 엄마, 진경혜 씨의 육아법의 노하우는 무엇일까? 진경혜 씨는 이렇게 말한다.

"세상에 태어나는 모든 아이들은 다 천재성을 가지고 있다고 생각합니다. 그 천재성을 일깨워주고 잘 발달할 수 있도록 도와주는 것이 부모의 역할이라고 생각합니다."

그녀는 한국이 영재교육 분야에 있어서 무척 발달한 나라라는 것을 인정하면서도 한국의 영재교육은 아이의 재능을 개발시키는 것이 아니라 마치 금메달을 따도록 압박하는 듯한 형태라고 지적한다. 진경혜 씨는 영재나 천재로 기르기 위해 교육원에 보내고 아이를 괴롭히는 것보다 더 중요한 것이 있다고 말한다. 바로 아이의 타고난 재능을 발견하고 그에 맞는 교육을 즐겁게 시키는 것이다.

진경혜 씨는 자녀를 놀이를 통해 학습을 시켰다. 아이들은 놀면서 배우고, 배우면서 느낀다라는 말이 있다. 그녀는 놀이를 통해 학습을 시킬 때 아이에게 학습에 대한 동기가 강하게 생겨난다고 말한다. 그녀가 말하는 "놀이를 통해 가르쳐라."에는 "계획성 있게 놀아라.", "엄마가 놀이에 참여해라.", "강요하지 말아라." 등의 중요한 의미가 담겨 있다. 그러니 아무리 좋은 놀이라도 아이를 방치해선 아무 소용이 없다. 엄마가 아이와 함께 놀면서 아이의 반응을 살피며 적당한 때 다음 단계의 놀이를 소개해 흥미를 이끌어내야 한다는 것이다.

그녀는 또 이렇게 말한다.

"모든 면에서 아이의 영재교육보다 엄마의 역할과 철학, 그리고 태도가 더 중요합니다. 아이들의 천재성은 영재교육원이 아니라 따뜻한 가정 분위기와 부모의 노력에서 꽃핀다는 것을 한국 부모들에게 알리고 싶어요."

평범한 그녀가 천재 남매를 길러낼 수 있었던 것은 '모든 아이는 태어날 때부터 천재'라는 사고를 가지고 있었기 때문이다. 그래서 그녀는 단 한 번도 아이들에게 다른 아이들과 비교하는 말을 하지 않았다. 자신의 아이들은 다른 아이들과 성향과 기질 등 모든 것이 다르다는 것을 인정하기 때문이다.

그녀는 "게으른 엄마가 독립적인 아이를 기른다."라고 말한다. 그동안 아이들 가방 한번 챙겨준 적이 없단다. 그녀의 '게으르다'의 말은 아이가 스스로 해야 할 일까지 엄마가 챙겨주지 않았다는 뜻이다. 자신은 밤을 새워서라도 교육준비를 하되, 아이가 스스로 학습하고 자랄 수 있도록 이끌어주는 역할만 했다.

예를 들면 아이의 방 정리나 숙제, 가방을 챙겨주는 등의 일은 아이의 자립심을 훼손시키지 않도록 하기 위해 아이 스스로 하게끔 했다. 물론 이처럼 훈육하기 위해선 엄마의 강한 인내심이 요구된다. 아이가 잘 하건 못 하건 간에 끝까지 믿고 지켜보며 기다릴 줄 알아야 하기 때문이다.

때로 혼자 하는 것을 힘들어 할 때도 있다. 그럴 때에도 도와주기보다 아이에게 끝까지 격려하고 충고하며 지켜봐주어야 한다. 이처럼 아이를 인정하고 믿고 기다려줄 때 아이는 자신의 일은 반드시 해내는 아이로 자라게 된다.

그녀는 자신의 아이들에게 맞는 학습법을 스스로 계발해서 가르쳤다. 이처럼 아이들에 대한 뜨거운 관심과 애정이 지금의 천재 남매를 길러낼 수 있었던 비결인 셈이다.

엄마를 위한 해결책 및 대처법

모든 아이들은 천재성을 타고 난다. 타고난 천재성은 환경에 의해 더욱 계발되어 꽃을 피우기도 하지만, 대부분 제대로 천재성을 꽃피워보지도 못한 채 시들어버린다. 천재성을 꽃피워줄 환경이 뒷받침되지 않았기 때문이다.

전문가들에 의하면, 아이의 뇌는 엄마 뱃속에서부터 발달이 시작되며 0~3세에 급격히 발달해서 성인이 될 때까지 계속 변화를 겪는다고 한다. 태어날 때 정해지는 것이 아니기 때문에 여러 가지 가능성이 있다는 말이다. 곧 아이의 두뇌발달을 위해서 부모가 어떤 자극을 주느냐가 중요하다는 것이다.

'천재 화가' 파블로 피카소는 "모든 아이들은 예술가다. 문제는 그들이 자란 뒤에도 어떻게 예술가로 남아 있을 것이냐."라고 말했다. 피카소의 말대로 모든 아이들이 천재성을 갖고 태어나지만 어른이 되면서 천재성을 잃어버리는 이유는 가장 가까운 곳에 있는 부주의한 부모 때문이다. 대부분의 부모들은 자신감을 심어주는 긍정적인 언어보다 자신감을 꺾는 부정적인 언어를 주로 사용한다.

"나중에 뭐가 되려고 그래?"

"내가 너 때문에 못 살아!"

"네가 하는 일이 다 그렇지 뭐."

이런 말은 내 아이의 인생에 치명적인 독이 된다. 아이의 자존감을 떨어뜨리는 말은 어떤 경우에도 해선 안 된다. 자존감이 낮은 아이는 자신이 하고 싶은 일이 있어도 당당하게 실행하지 못한다. 또 남들 앞에서 하고 싶은 말이 있어도 의기소침해져 표현하지 못한 채 마음속에 담고 있다. 그 결과 열등의식만 눈덩이처럼 불어나게 된다. 이런 아이가 어떻게 행복한 인생을 살 수 있을까?

아이가 자주 실수하는 모습을 보면 화가 나기도 한다. 이때에도 감정적으로 아이를 대하기보다 '아직 내 아이는 어려. 모든 면에서 완벽하지 않아.'라는 생각과 함께 아이가 아직 완벽하지 않은 만큼 가능성이 무한하다는 것을 기억해야 한다. 이런 생각은 아이가 자주 실수를 하거나 다른 아이들에 비해 어느 면에서 늦더라도 아이의 가능성을 믿고 기다릴 수 있는 여유를 가질 수 있게 해준다.

거듭 말하지만 모든 아이는 태어날 때부터 천재다. 아이가 가진 천재성을 계속 계발시켜주는 것이 부모의 역할이다. 이런 부모의 역할을 제대로 하기 위해선 먼저 아이가 가진 단점을 다른 각도에서 장점으로 보려는 부모의 긍정적인 시선이 무엇보다 중요하다.

사람은 자신의 뜻대로 되지 않으면 부족한 점을 먼저 보기 마련이다. 게다가 사람들은 천부적으로 장점보다는 단점을 찾아내는데 탁월하다. 아이를 키우는데 있어서도 마찬가지이다. 지금 당장 내 아이가 부족한 점이 있다고 해서 아이의 단점에만 초점을 맞추게 되면 아이에게서 그 어떤 가능성이나 기대감을 가질 수 없다. 무엇보다 아이에 대한 부정적인 시선을 가지기 때문에 아이의 또 다른 면, 즉 긍정적인 면을 발견하지 못하게 된다.

사물을 보는 관점을 달리하면 주위의 모든 것이 다르게 보인다. 마찬가지로 부모가 생각을 바꾸면 아이의 다른 모습도 보이게 된다. 내 아이를 다른 아이들과 비교하지 않겠다고 굳게 마음을 먹고 내 아이는 이 세상에 오직 하나뿐인 개성을 가진 인격체라 생각하면서 아이를 관찰해 보면 신기하게도 미처 몰랐던 아이의 다른 면들이 눈에 들어온다. 그동안 왜 몰랐을까 놀라울 정도로 또렷하게 보인다. 그러니 아이의 단점만 찾아서 지적하기보다 내 아이만이 갖고 있는 무한한 가능성을 찾아 장점으로 키워갈 수 있도록 이끌어 주는 것이 중요하다.

부모가 아이에게 해줄 수 있는 최고의 선물은 아이의 성향이나 기질 등을 고려해 아이에게 맞는 길과 방법을 찾고 안내하는 것이다. 내 아이가 편안하게 학습할 수 있는 환경을 만들어주고 스스로 천재성을 꽃피울 때까지 있는 그대로 인정하고, 믿고, 묵묵히 기다려주는 것이 진정 내 아이를 위하는 부모의 역할이다.

05 | 다른 아이와 비교하면
내 아이의 장점이
보이지 않는다

내 아이는 왜 책 읽는 것을 싫어할까?

"초등학생 3학년 아들을 둔 엄마입니다. 아이에게 책 읽으라고 하면 재미없다고 안 읽고, 숙제는 꼭 잘 시간이 돼서야 마지못해 합니다. 공부할 때도 좀 차분하게 집중해서 했으면 좋겠는데, 건성건성 해치워버리고, 조금만 어려운 말이 나오면 생각하기 싫다면서 대충 해버리곤 합니다. 뭐 하나 제 마음에 쏙 들게 하는 것도 없고 뭐하나 제대로 하는 게 없습니다. 제 아이지만 너무 실망스럽다 못해 불만이 쌓여갑니다. 정말 아이가 잘하는 점이나 좋은 점이 하나도 안보이고 단점만 보입니다. 만날 그 모양인 것 같아 아이를 대할 때마다 솔직히 짜증부터 납니다."

모든 엄마들은 아이를 키우다 보면 어느 순간 학습에 대해 관심을 갖고 고민하게 된다. 빠른 엄마는 자녀가 갓난아기 때부터 고민하기도 한다. 아무리 늦어도 초등학교 2~3학년 정도 되면 학습적인 면을 진지하게 생각하게 된다.

엄마들은 아이가 어릴수록 엄마와 스킨십을 하면서 많이 노는 것이 중요하다는 것을 잘 알고 있다. 그리고 동화책을 꾸준히 읽어줘야 한다는 것을 모를 리 없다. 동화책을 꾸준히 읽히는 습관이 모든 학습의 기초라는 것도 잘 알고 있다.

그러나 막상 내 아이를 가르치려고 들면 엄마의 확신은 어디론가 사라지고 없다. 때로 내 아이가 또래들보다 뒤처진다는 생각이 들면 전전긍긍하며 학원을 찾게 된다. 사실 아이의 공부를 도와주는 것에 대해 대부분의 엄마는 겁부터 먹게 된다. 학창 시절 공부를 잘한 부모라고 해도 예외는 아니다. 그만큼 내 아이를 직접 가르치는 것은 쉽지 않다. 내 아이를 바라보는 패러다임이 객관적이기보다 주관적인 경향이 강하기 때문이다.

위 사례에 나오는 엄마처럼 아이에게 관심을 가지고 열심히 가르쳐 주는데도 아이가 이해를 하지 못하고 딴 소리를 하면 자신도 모르게 실망과 함께 화가 솟구친다. 그러면서 자꾸만 내 아이의 못하는 점, 부족한 점, 단점만 눈에 띄게 된다.

그렇다면 왜 엄마의 눈에는 아이의 장점보다 단점이 먼저 들어올까? 3가지 이유를 꼽을 수 있다.

첫째, 아이를 다른 아이들보다 더 잘 키워야 한다는 강박적인 생각과 섣부른 과욕 때문이다. 그래서 칭찬보다는 아이의 잘못을 끊임없이 지적하고 고치도록 간섭하고 잔소리하게 되는 것이다.

둘째, 평소 가까이에서 아이와 함께 생활하기에 아이를 객관적으로 보지 못하기 때문이다. 그래서 아이가 얼마든지 실수할 수 있는 일인데도 아이의 입장은 생각하지 않고 아이의 엄마로서 다른 아이들은 안 그럴 텐데 하면서 그저 큰일이라도 난 것처럼 느끼며 받아들이게 된다.

셋째, 아이의 사소한 일에 대한 지나친 간섭과 잔소리 습관 때문이다. 결국 아이를 위축되게 만들 뿐 아니라 더욱 부족한 아이로 보이게 한다.

비교가 되는데 비교하지 말라고 할까?

엄마들은 내 아이를 다른 아이들보다 최고로 키우고 싶은 욕심 때문에 종종 다른 아이들과 비교하게 된다. 사실 다른 아이들과 비교하게 되면 다른 아이의 장점만 크게 보이게 된다. 따라서 내 아이의 장점은 보이지 않고, 보이더라도 사소하게 생각되어 단점만 확대되어 보인다. 그래서 내 아이를 볼수록 실망만 커지고 짜증만 생겨난다.

이 지구상에 수많은 아이들이 살고 있지만 내 아이와 같은 아이는 단 한 명도 없다. 따라서 다른 아이들과 내 아이를 비교하는 것 자체가 엄마의 잘못이다. 내 아이는 내 아이 자체가 기준이 되어야 한다. 절대 다른 아이들이 기준이 되는 비교를 해선 안 된다는 말이다.

그러나 불행히도 많은 부모들이 아이를 키우면서 또래의 다른 아이와 비교를 한다. 말이 늦는 것은 아닌지, 주의가 산만하고 집중력이 없는 것은 내 아이만 그런 것인지, 친구들과 잘 어울리지 못하는 것은 아닌지 등의 걱정스런 눈으로 내 아이를 바라본다. 그러니 내 아이에게 단점보다 장점이 더 많아도 단점만 눈에 띄는 것이다.

특히 어린이집이나 유치원 생활을 시작하게 되면 같은 연령 친구들과의 비교로 엄마들의 고민이 깊어진다. 다른 아이와 비교하면서 내 아이의 고쳐야 할 부분이 더욱 또렷하게 보이고 열등한 것처럼 판단하기 때문이다. 아무리 엄마들에게 내 아이가 다른 아이에 비해 못하는 점이나 나쁜 습관에 초점을 두기보다 내 아이가 잘하는 것, 좋은 점에 집중하라고 조언해도 귀담아 듣지 않는다.

다음은 한 포털사이트에서 접한 한 여고생의 글이다. 사사건건 비교하는 엄마로 인해 힘들다는 내용으로 이 책을 읽는 엄마들에게 시사하는 바가 크다는 생각에 소개한다.

"저는 고등학교 1학년에 다니는 여학생입니다. 전 엄마와 갈등이 너무 심해요. 엄마는 언제나 남과 저를 비교합니다. '누구네 집 딸은 어떤데, 넌 왜 이러니?' 라는 말을 입에 달고 살아요. 꼭 컴퓨터 프로

그램화된 것 같아요. 자동처리 장치라니까요.

누구는 부모한테 공손하고 말도 잘 듣는데 넌 말대답에 반항까지 하니 아주 못쓰겠다. 누구는 방 청소를 깨끗이 하고 동생 숙제도 돌봐 주는데 네 방은 돼지우리 같아서 엄마가 치워줘야 깨끗해진다. 누구 네 집에 갔더니 공손히 인사하고는 뒷걸음질 쳐서 나가더라. 너처럼 버릇없이 어른한테 반말하는 아이와는 질적으로 차원이 다르다. 누구는 화분에 물도 주고 여성스러운데 너한테 화분을 맡겨 놓았다가는 다 말려 죽일 것이다. 한번 화분에 물을 안 줬다고 이런 식으로 야단을 맞는 제 기분이 어떤지 아시겠어요?

또, 누구는 자기 옷은 자기가 빨아 입고 집안일도 돕는데, 너는 빨래는커녕 네 방 이불도 개지 않는다. 누구는 이번 모의고사에서 몇 등 했는데 그 애 부모는 참 좋았겠다. 그런데 너는 대체 이게 몇 등이야? 대체 너는 누굴 닮아서 영어를 이렇게 못하는 거야? 누구는 영어 경시대회에서 상을 탔는데, 넌 대체 왜 이 모양이냐? 등등.

엄마는 아주 구체적으로 그리고 아주 정확히 엄마의 친구 딸 누구라고 호명합니다. 아니면, 제 친한 친구들 중에 저의 집에 놀러왔다가 엄마가 생각할 때 장점이라고 느낀 것을 기억해 두었다가 두고두고 이야기해요. 언제나 제가 조금 실수라도 하는 일이 있으면 끄집어내는 거예요. 했던 이야기도 또 하고 또 하고…… 지긋지긋해서 그런 이야기를 더 이상 듣고 싶지 않아요. 그런데도 엄마는 계속 비교에 비교를 하지요. 엄마는 비교하기 위해 태어난 사람 같아요."

여고생의 고민 글을 읽으면서 여학생의 생채기 난 마음이 그대로 느껴졌다. 그래서 필자의 마음도 안타깝고 아팠는데 가까이 있다면 "엄마들은 원래 그러니 아파하지 말라."며 다독여주고 싶었다.

아이를 가장 아프게 하고 스트레스를 받게 하는 말이 누군가와 비교하는 말이다. 아이는 가장 가까운 사람, 엄마로부터 비교하는 말을 들으면 가슴에 난도질당하는 듯한 고통을 느낀다. 그 고통이 오죽했으면 한 설문조사에서 아이들이 가장 듣기 싫은 말이 부모의 비교하는 말이라고 하지 않던가!

비교는 내 아이의 잠재력과 가능성을 말살시키는 것은 물론 위축들게 만들어 사회성이 부족한 아이로 자라게 한다. 이는 결과적으로 실패하는 인생을 사는 사람으로 전락하게 만든다.

내 아이는 왜 이렇게 소극적일까?

필자가 운영 중인 유치원에서 아이들의 놀이상황을 관찰해 보면 놀이행동의 특성이 다 다르게 관찰된다. 아이들의 자유선택활동 시간을 예를 들어보겠다. 자유선택활동 시간은 언어영역, 조형영역, 쌓기영역, 역할영역, 음률영역, 과학영역, 수·조작영역 등 여러 가지 놀이영역 중에 하고 싶은 놀이를 선택하여 주제와 관련된 교구를 조작하며 놀이를 하는 시간이다. 자유선택활동 시간은 여러 가지 지식 및 개념을 습득하기도 하고 또한 여러 가지 다양한 문제 상황에서의 해결력을 길러주기도 하고 창의성, 또한 대·소근육 같은 신체기관의 발달과 함께 친구와 선생님과 상호작용을 나누며 언어발달에도 많은 영향을 미치는 중요한 시간이다.

자유선택활동이 시작되는 상황에서 지완이는 쌓기 놀이를 하기 위해 쌓기영역으로 간다. 블록의 모양과 색들을 선택하여 만들기를 시작한다.

"저는 축구공을 만들 거예요. 진짜 찰 수는 없지만요."

지완이는 진지한 표정으로 블록으로 축구공을 만든다. 어느 정도 완성해 가다가 몇 번을 시도해도 마무리가 잘 되지 않자 "선생님, 이것 좀 도와주세요. 축구공을 만들고 있는데 잘 안 끼워져요."라고 말하며 선생님에게 도움을 청한다. "그랬구나, 우리 지완이가 너무 멋진 축구공을 만들고 있는 걸? 선생님이 도와줄게요."라는 칭찬과 함께 선생님의 도움을 받는다.

같은 시간, 가영이는 교실 한 쪽에 서서 친구들의 놀이하는 모습을 바라보고 있다. 놀이하고 싶은 것을 선택하여 놀이하자고 이야기를 나누었는데 무엇을 가지고 놀이할 것인지 고민하는 듯 한 쪽에 서 있다. 선생님이 다가가 "가영이는 왜 놀이 안 해요? 무슨 놀이 할지 아직 결정 못했어요?"라고 물으니 대답 없이 선생님을 물끄러미 바라본다. "가영아, 무슨 놀이 할까요? 선생님이랑 한 번 찾아볼까요?"하며 이곳 저곳, 놀이영역에서 교사와 함께 이야기를 나누었다. "하고 싶은 놀이가 없어요? 놀이 안 할거예요?" 라고 물으니 "네."라고 대답하고 선생님의 무릎에 앉아 친구들의 놀이 모습을 바라본다.

이 상황을 부모가 관찰한다면 당연히 '우리 아이는 왜 놀이도 못하고 말도 잘 못하고 그러는 걸까?' 하는 생각과 함께 많은 걱정이 시작될 것이다. 하지만 며칠 후 선생님과 함께 이야기를 나누는 가영이에게서 장점이 발견되었다. 교사와 함께 친구들의 놀이 모습을 바라보던 가영이가 그 날의 놀이 상황을 거의 정확하게, 그리고 자세하게 회상하여 이야기를 한 것이다. 가영이는 놀이상황에서 장난감들이 주어졌을 때 바로 장난감을 선택하여 놀이를 시도하거나 적극적이지 않지만 또한 본인의 의사를 잘 표현하지 않지만 관찰력, 집중력, 기억력이 높은 편이었다.

이처럼 모든 아이들은 성격이 다르고 저마다 다른 장점을 가지고 있다. 다른 친구들과 다르다고 해서 못하는 것은 아니다. 만약 관찰력이나 집중력을 요하는 활동이나 상황에서는 가영이가 더 잘한다는 평가를 받았을 것이다. 상황에 따라 그리고 어른들이 가지고 있는 기준에 따라 평가가 달라지는 것이다.

엄마를 위한 해결책 및 대처법

나이를 떠나 모든 사람은 장단점을 고루 갖고 있다. 아이를 키우는 부모들도 완벽한 부모가 없듯이 내 아이의 단점을 바꾸려고 간섭하거나 잔소리를 하는 것보다는 새로운 기회로 보는 프레임을 가져야 한다. 아이의 있는 그대로를 받아들여야 한다는 말이다.

세상에 모두 나쁘기만 하거나 모두 좋기만 한 일은 없다. 엄마의 눈에는 아이가 어느 날에는 단점이 많은 아이로, 또 어떤 날에는 장점이 많은 아이로 보인다. 이는 엄마가 그날의 기분이나 감정에 따른 색안경으로 아이를 바라보기 때문이다. 내 아이에게도 장점과 단점이 골고루 있다는 것을 기억해야 한다.

엄마니까 때로 자신도 모르게 내 아이가 다른 아이들에 비해 모든 면에서 뛰어나야 하고 항상 좋은 점과 장점이 많아야 한다고 생각할 수도 있다. 이럴 땐 즉각 프레임을 바꿔야 한다. 현명한 엄마는 아이의 장점에 초점을 맞추고 아이의 미래를 기대하면서 한결같이 관심과 애정을 쏟는다.

다른 아이와 비교하게 되면 엄마 또한 다른 엄마와 비교나 평가대상이 된다는 점에 유의하길 바란다.

06 | 모든 것의 기준은 내 아이가 되어야 한다

 **내 아이는 왜 매사에 의욕이 없을까?**

"우리 아이는 의욕이 없어요. 남들 다 쉽게 하는 것도 겨우겨우 따라 가는 정도라니까요. 친구들이 다 하는 축구, 미술, 음악 무엇 하나 부족함 없이 다 가르쳐 주려고 하는데, 도통 따라와 주질 않으니, 속이 터져요. 머리가 좋은 아이라, 조금만 노력하면 더 높은 성적을 받을 수 있을 텐데, 왜 하려는 의지가 없는지 모르겠어요."

10세 아이를 둔 한 엄마가 필자를 찾아와 고민을 토로했다. 엄마는 아이를 위해서라면 무엇이든 다 해주는데도 남들보다 앞서가지 못하는 아이를 보면 답답하다 못해 속이 터진다고 말했다. 그러면서 무엇이 문제인지 도통 모르겠다는 것이다.

그러나 자세히 들여다보면 답은 이미 나와 있다. 바로 '기준'이 문제이다. 이 사례에서 누구의 '기준'인가를 살펴보면 아이가 왜 의욕이 없는지에 대한 원인을 찾을 수 있다. 아이가 스스로 공부에 대한 의욕을 느낄만한 상황이 아니라는 것을 알 수 있다. 오로지 부모는 아이에게 다른 친구들이 하는 것 이상으로 가르치면 더 잘할 수 있어야 한다고 믿고 있다. 그런데 이것이 문제다. 부모의 생각과 판단, 그것은 곧 기준이라는 족쇄가 되어 아이를 묶어버린다. 이는 결과적으로 아이의 더 잘하고자 하는 욕구를 꺾게 된다.

지인의 아들에 관한 이야기를 할까 한다.

지인의 아들은 초등학교 5학년까지 좋은 말로 표현하자면 하위그룹, 꼴찌대열에 속해 있었다. 그러나 아들은 자신이 공부를 못한다는 것에서 아무런 창피함을 느끼지 않았다. 오히려 공부와 담을 쌓았는지 친구들과 어울려 노는 것에만 정신이 팔려 있었다.

그런데 놀라운 일이 일어났다. 아들이 중학교에 올라간 뒤 공부를 가까이 하더니 차츰 성적이 오르기 시작한 것이다. 그리고 3학년이 되자 전교 1등을 함으로써 가족은 물론 주위 사람들을 놀라게 했다. 그리고 고등학교 입학 때 1등으로 입학해 또 한 번 사람들의 입에서 감탄사를 자아내게 했다. 초등학교 시절 늘 꼴찌대열에 속해 있던 아이가 이처럼 우수한 성적을 보이자 하나같이 기적이라고 말했다.

그런데 지인의 아들이 공부를 잘하게 된 것은 기적이 아니었다. 아들이 공부를 열심히 하게 된 데에는 공부에 대한 동기부여가 되었던 계기가 있었다. 초등학교 5학년 때의 일이다. 하루는 어두운 표정으로 아이가 말했다.

"엄마, 친구 할머니께서 내가 공부를 제일 못한다고 나만 집에 못 놀러오게 하셔. 할머니께 잘 보이려고 뛰어가서 인사도 잘하는데 나만 미워하셔."

엄마는 아들의 말을 듣고 나니 너무 황당하고 기가 막혔다. 아이는 풀이 죽어 있었다. 그런 아들에게 이렇게 위로했다.

"그래서 많이 속상했겠구나. 그 할머니께서 너를 잘 몰라서 그래. 너는 앞으로 공부도 잘하고 무엇이든 최고가 될 거야. 그때 그 할머니께서 아마 너를 찾아와 놀러오라고 사정하게 될 테니까 걱정 마. 아마 땅을 치고 후회하실 테니까."

엄마의 위로에는 아들에 대한 확신과 믿음이 담겨 있었다. 그 사건과 엄마의 말에 자극을 받은 아들은 뒤늦게 공부에 눈을 뜨기 시작했다. 그동안 친구들과 노는 것에만 정신이 팔려 있었지만 공부를 해보니 갈수록 점점 공부가 재미있게 생각되었다. 뿐만 아니라 공부를 할수록 잘하게 되었다.

어느 날 아들이 뛰어 들어오면서 기쁜 표정으로 이렇게 말했다.

"엄마 말이 맞았어. 아까 길에서 친구네 할머니를 만났는데, 이제 나에게 집에 놀러오라고 하셨어!"

할머니의 말은 아들에게 공부에 대한 자극과 함께 강한 동기부여가 되었다. 그때부터 아들은 누가 강요하지 않아도 스스로 공부하기 시작했다. 공부를 잘하면 어떤 좋은 점이 있는지 스스로 깨닫게 된 것이다.

지인은 아들이 공부를 못한다고 해서 다른 아이들과 비교함으로써 받게 되는 상처를 주지 않았다. 보통 엄마들 같았으면 다른 아이들과 비교하는 말을 함으로써 자존심에 상처를 주었을 것이다. 그러나 지인은 비록 지금은 아들이 공부보다 놀이에 더 집중하지만 아이에 대한 믿음을 가지고 있었다. 그래서 아이에게 힘이 되는 진심어린 위로의 말을 건넬 수 있었던 것이다.

이야기 속에 나오는 엄마처럼 내 아이가 기준이 되어야 한다. 엄마들이 아이를 다른 누군가와 비교하는 것은 내 아이가 아닌 다른 아이가 기준이 되기 때문이다. 그러다보니 그 아이처럼 내 아이를 만들기 위해 간섭하고 잔소리하게 된다.

동기부여는 어떻게 시작해야 할까?

아이 스스로 열심히 공부하게 만드는 비결은 아이를 있는 그대로 인정하고 믿고 기다려주는 것이다. 엄마가 인정하고 믿고 기다려주는 것보다 더 공부를 잘하게 만드는 동기부여는 없다. 이는 공부 이외의 다른 분야 역시 마찬가지이다.

'피겨 여왕' 김연아 역시 과거에는 하루에도 몇 번씩 엉덩방아를 찧으며 좌절하던 시기가 있었다. 그때 곁을 지키고 있던 그녀의 엄마는 절대 다른 뛰어난 피겨 선수들과 연아를 비교하지 않았다. 오히려 연아가 제 실력을 제대로 발휘할 수 있도록 묵묵히 지원해주며 칭찬과 격려를 아끼지 않았다. 지금처럼 김연아가 세계 최고의 피겨 선수가 될 수 있었던 것은 연아에 대한 확신과 믿음을 가졌던 엄마의 덕분이라고 해도 과언이 아닐 것이다.

그런데 요즘 엄마들을 보면 안타깝게도 아이가 하고 싶어 하는 것에는 관심이 없다. 아이가 무엇을 원하는지 알려고 하지도 않는다. 그저 다른 친구들이 다 하니까, 내 아이가 뒤처질까봐 아이의 의사도 묻지 않고 이것저것 시킨다. 결국 내 아이의 개성은 사장시킨 채 다른 아이들 뒤를 따라가기 바쁘다. 이는 내 아이가 기준이 되기보다 다른 아이들을 기준으로 삼았기 때문이다.

엄마가 세운 기준치는 아이에게 버겁기 마련이다. 스스로가 기준이 아니기 때문에 늘 다른 누군가와 비교당하며 끊임없이 아등바등 노력해야 한다. 원해서 배우는 것이 아닌 만큼 성과는 미미하고 그럴수록 아이는 좌절하고 무기력해진다.

유치원에 다니고 있는 5살 유정이 엄마는 걱정이 많다. '우리 아이만 뒤처지는 것은 아닐까, 못하고 있는 것은 아닐까' 하는 생각 때문이다. 자신의 이름을 알고 글자로 쓰는 아이, 간단한 글자를 읽을 줄 아는 아이, 모든 것을 골고루 먹는 아이만 보면 불안함에 걱정이 앞선다. 선생님에게 자주 "다른 아이들은 어때요? 잘하나요? 우리 유정이는 너무 느린 것 같아요. 상담을 받아봐야 할까요?"라고 물으며 확인

받으려고 한다. 유정이에게는 "다른 친구들은 벌써 혼자서 밥 먹는다더라, 너도 할 수 있잖니, 이제부터 해보자. 넌 다들 하는 걸 왜 못하니?"라며 몰아붙인다.

요즘 아이들은 어른 못지않게 많은 스트레스에 시달린다. 이는 자신이 기준이 되기보다 부모가 만든 또래 아이들이라는 기준을 넘어서야 한다는 압박감 때문이다. 심지어 아이들 가운데 이런 스트레스를 이기지 못해 돌이킬 수 없는 일을 저지르는 아이도 있다. 모든 엄마들은 내 아이를 다른 아이들보다 잘 키우고 싶은 욕심이 있다. 그러나 이런 욕심이 지나치게 되면 후회하는 일을 초래하게 된다. 그래서 필자는 엄마들에게 이렇게 조언한다.

"다른 아이가 아닌 내 아이가 기준이 되어야 합니다. 내 아이가 기준이 되려면 '아이의 기준'을 먼저 파악하는 것이 전제가 되어야 합니다. 아이가 만족하는 기준치, 아이의 한계가 고려된 기준치를 찾아야 한다는 뜻입니다. 그것의 시작은 바로 아이가 관심 있어 하는 것, 하고 싶어 하는 것을 탐색하는 것입니다."

만약 아이가 그림 그리기를 좋아한다고 가정해보자. 이때 아이가 그림을 조금 더 예쁘게 그리고 싶은데 잘 되지 않는다면 미술학원에 보내주는 등의 도움을 줄 수 있다. 내 아이가 기준이 되면 더 이상 내 아이와 다른 아이들과 비교할 일이 생기지 않는다. 굳이 비교한다면 그저 아이의 실력이 어제보다 오늘 얼마나 더 발전했나 하는 정도에 그치게 된다. 따라서 내 아이가 기준이 되면 엄마나 아이나 스트레스 받을 일이 없다.

지금부터라도 다른 아이들이 아닌 내 아이를 기준으로 삼아야 한다. 내 아이를 바라보는 프레임을 바꾸어야 한다는 말이다. 특정 결과보다 아이의 성장 과정 그 자체를 즐기는 태도가 중요하다. 부모가 아이의 성장 기준을 정하거나 다른 아이의 행동이나 성취가 내 아이의 성취를 평가하는 기준이 되어서는 안 된다.

'이 부분이 부족한데……', '남들은 벌써 이것도 하던데……' 하면서 조바심 내고, 초조해지며 스트레스 받기보다는 아이를 있는 그대로 받아들여 아이가 가진 개성과 특성을 키워 나가겠다는 생각으로 아이를 대해야 한다. 어떤 아이도 모든 면에서 부모가 바라는 기준을 충족하기 어렵다는 것을 기억해야 한다.

엄마가 아이의 개성과 특성을 인정할 때 아이도 자신과 다른 사람의 생각을 인정하는 것을 배우게 된다. 무엇보다 아이는 자신의 실력이 다른 아이들과 부족하다고 해서 쉽게 좌절하거나 열등감에 시달리지 않는다. 다른 아이들의 실력이 기준이 아닌 스스로를 기준으로 생각하기 때문이다.

엄마를 위한 해결책 및 대처법

내 아이의 능력과 한계점, 관심과 흥미를 모두 고려한 기준은 아이에 맞고 실현 가능한 안정적인 기준이 된다. 부모는 내 아이의 기준이 성장할 수 있도록 옆에서 묵묵히 안내자와 지지자의 역할을 해줄 필요가 있다. 내 아이가 기준이 되기 위해선 다음 2가지를 기억할 필요가 있다.

① 아이를 믿는다

아이를 신뢰하지 못하는 엄마들이 아이가 잘하지 못할 거라는 염려 때문에 간섭하고 잔소리하게 된다. 아이가 잘 하지 못할 거라고 단정 짓지 말고 아이의 능력을 믿어야 한다. 엄마가 아이에게 신뢰를 줄 때 아이는 혼자서도 잘 해낼 수 있다.

② 아이가 실수를 해도 괜찮다고 생각한다

때로 아이가 실수하더라도 아직 어린 아이니까 충분히 그럴 수 있다고 생각해야 한다. 만일 아이의 실수를 크게 야단친다면 아이는 실수에 대해 두려움을 가지게 된다. 아이가 실수하더라도 격려하면서 더 잘할 수 있다는 신뢰를 줘야 한다. 그래야 아이는 실수를 통해 깨달음을 얻고 배워나갈 수 있다.

07 | 엄마의 조급증은
아이에게
스트레스가 된다

 **형은 잘 하는데 얘는 왜 이럴까?**

며칠 전 초등학교 2학년인 준서 엄마가 상담을 요청했다.

준서 위로 중학교에 다니는 형이 있는데 늘 상위권인데다가 학교 활동에 적극적이며 인기 있는 '모범적인 아들'이라는 것이었다. 그래서 엄마는 동생인 준서도 형처럼 늘 완벽하게 자라야 한다는 조급증을 가지고 있다며 입을 열었다. 이런 조급증으로 인해 자신이 얼마나 힘든지에 대하여 고민을 토로했다.

그런데 더 큰 문제는 준서가 형처럼 남들보다 뛰어나게 자라주었으면 하는 조급증이 자신뿐 아니라 준서에게도 스트레스를 받게 한다는 것이라고 했다. 시험 점수가 기대치에 못 미치면 친구도 만나지 않고 방안에 틀어박혀서 혼자 꼼짝 않고 공부만 한다는 것이다. 성적에 대해서만 그러는 것이 아니라 다른 일에서도 결과가 만족스럽지 못하면 자기 비판적이 되어 스스로를 학대하는 것 같다며 준서 엄마는 이렇게 말했다.

"가만히 생각해보면 모든 것이 제 잘못이라는 생각이 듭니다. 지금과 같이 준서가 과정보다 결과만 생각하고 자기 학대를 하는 것은 어려서부터 모든 면에서 뛰어났던 형과 비교하며 가졌던 나의 조급증 때문이었어요. 자식이 잘되기를 바라는 마음에서 그랬는데 결국에는 자식을 힘들게 하고 말았네요."

못난 엄마라고 후회하는 준서 엄마의 모습이 지금도 생생하다.

주변에는 몇 개월에는 이걸 떼고 몇 살에는 저걸 배우고…… 이런 육아 조급증에 걸린 엄마들이 의외로 많다. 이런 엄마들의 공통점은 아이의 발달 수준이나 관심은 무시한 채 일방적인 기준대로 아이를 교육시킨다는 것이다. 아이가 잘되기를 바라는 마음에서 비롯되는 조급증은 결과적으로 아이를 망치는 결과를 초래한다. 그래서 전문가들은 이런 조급한 마음이 엄마나 아이 모두에게 스트레스가 되어서 오히려 아이의 발달을 저해한다고 충고한다.

가끔은 목표 달성과 도전을 위해서 엄마의 독촉과 재촉은 필요하다. 그러나 준서의 엄마처럼 지나친 조급증은 아이에게 자기 가치감과 학업 성취도, 자존감, 자신감을 떨어뜨리게 된다.

남들 배우는 거 다 가르쳐야 하지 않을까?

지인 가운데 초등학생 자녀를 둔 직장맘이 있다. 그녀는 늘 아이가 학교에서 수업 진도를 잘 따라가는지, 왕따를 당하는 건 아닐까 전전긍긍한다. 그러다 보니 사소한 일에도 아이를 다그치게 되고 혼내게 된다. 그 분과 대화를 나누면서 그 이유를 알게 되었다. 어린 시절 자신이 힘든 학창시절을 보냈고 그래서 아이만큼은 자신과 같은 고통을 겪지 않게 하겠다는 강박관념을 가지고 있었던 것이다. 이런 강박관념이 아이에 대한 조급한 마음으로 나타나 결국 자신과 아이 모두 고통스럽게 하고 있었다.

한 여중생으로부터 다음과 같은 메일을 받았다.

"안녕하세요? 저는 중학교에 다니는 여학생입니다. 제가 중학생이 된 이후부터 잘 때나 쉴 때나 긴장이 많이 되고 항상 불안해요. 그리고 학교에 갈 때나 친한 친구들과 있을 때나 심지어는 가족들과도 있을 때 긴장되고 불안합니다. 예전에는 이러지 않는데 중학생이 된 이후 그러니까 3월쯤부터 이런 증상이 생긴 것 같아요. 심지어는 손도 떨게 되고 굉장히 예민해졌습니다."

여중생의 메일을 거듭 읽으면서 정말 안타까운 마음이 앞섰다. 평소 긴장이 많이 되고 불안하게 되면 생활이 불편한 것은 물론 심한 스트레스를 받게 된다. 원인을 추정해 볼만한 구체적인 내용이 없어서 확실하게 단정할 수는 없지만 필자의 생각에는 중학생이 된 이후 어떤 특별한 이유로 긴장이 되고 불안해지지 않았을까? 라는 생각이 든다. 중학교에 들어가면 대부분의 아이들이 초등학교와 다른 학습방법과 낯선 환경, 그리고 엄마의 높은 기대치 등으로 인해 스트레스를 받기 때문이다. 그 결과 남들이 나에 대해서 어떻게 생각할지에 대한 두려움과 스스로 해내지 못할 것 같다는 자신감 부족이 손이 떨리는 증상같은 예민한 반응으로 나타나게 된 것이다.

내 아이를 위한다면 절대 다른 아이들과 비교해선 안 된다. 비교는 조급증으로 나타나기 때문이다. 엄마의 조급함은 아이를 위축시켜 수동적인 아이로 만들어 목표를 스스로 계획하지 못하게 한다. 즉, 주도적인 인생을 살 수 없게 된다는 말이다. 그래서 아이를 조급하게 내몰기보다 아이의 수업 방식과 아이의 수준을 잘 파악해 즐겁고 행복한 학교생활을 할 수 있도록 도와주어야 한다.

엄마의 조급함 때문에 불안정한 정서를 가진 아이가 있었다. 다른 친구들이 적극적으로 놀이 활동을 할 때는 늘 매트에 누우려고 했고, 어느 활동에도 집중하지 못했다. 이곳저곳을 안절부절 못한 채 돌아다니면서 다른 친구들의 수업을 방해해 선생님을 힘들게 했다.

그 아이는 유치원이 끝나면 여러 개의 학원을 다녔고 늦은 시간이 되어서야 집에 올 수 있었다. 평소 아무런 의욕도 없고 다른 친구들이 먹는 양에 비해 밥을 적게 주어도 매일이다시피 밥 먹기를 거부했다.

필자는 고민 끝에 부모님을 만나 아이의 정서적 안정을 위해 방과 후 학원에 보내지 않는 것이 좋겠다고 조언했다.

"제가 그동안 지켜본 바, 지금 아이는 무척 힘들어 합니다. 무엇보다 지금과 같은 상황에서 방과 후 여러 개의 학원에 보내는 것은 아이에게 그다지 도움이 되지 않습니다. 오히려 아이에게 스트레스를 가중시켜 지치게 만들 뿐 아니라 무기력한 아이로 만듭니다. 제 생각에는 아이를 여러 개의 학원에 보내는 것은 아이에 대한 조급한 마음 때문이 아닌가 하는 생각이 듭니다. 조급한 마음은 아이나 부모 모두에게 도움이 되지 않습니다. 조급증을 내려놓아야 합니다."

그리고 며칠 후 예전과 달리 밝은 모습으로 등원하는 아이를 볼 수 있었다. 아이는 방과 후 여러 개의 학원과 부모의 조급증에서 오는 스트레스에서 탈피했다는 것을 알 수 있었다.

엄마를 위한 해결책 및 대처법

엄마들이 아이에 대한 조급한 마음을 가지는 것은 내 아이의 발달 속도를 이해하기보다 다른 아이의 발달과 비교하기 때문이다. 사실 걸음마를 익히고 기저귀를 떼는 시기부터 피아노를 배우는 시기까지 아이마다 발달 속도나 관심 범위가 다르게 마련이다. 그런데 엄마들은 자꾸만 또래 아이와 비교를 한다. 옆집 아이가 태권도 학원에 다니면 아이는 태권도를 배우고 싶어 하지 않는데도 불구하고 강제로 태권도 도장으로 이끈다. 옆집 아이가 명작 전집을 읽었다는 말을 들으면 곧장 아이에게 비싼 전집을 사주고 읽으라고 강요한다.

엄마는 내 아이가 좀 더 잘되게 하기 위해 이것저것 시키고, 닦달하고 야단도 친다. 그러나 정작 이런 조급증은 아이에게 아무런 도움이 되지 못한다. 오히려 아이에게 큰 스트레스가 될 뿐이다.

엄마의 조급증은 다음과 같은 3가지 문제를 초래한다.

① 발달의 불균형을 유발한다

엄마의 조급증 속에서 자란 아이는 나이에 맞는 균형 잡힌 발달이 힘들다. 그래서 아이들 가운데 글은 읽을 줄 아는데 여전히 소변을 가리지 못하거나 말은 잘하는 아이가 젖병을 빨고 있는 등의 모습을 보인다. 이처럼 부모가 조급함을 보인 면에서는 빠른 발달을 보이지만 다른 면에서는 오히려 느리거나 뒤떨어지게 된다.

② 대인관계의 어려움을 가져온다

아이가 또래들과 어울리는데 어려움을 겪기도 한다. 조급증을 가진 엄마 아래 자란 아이는 항상 다른 사람들의 눈치를 보게 되고, 충분히 해낼 수 있는 일조차 자신이 없어 포기하게 된다. 또한 엄마가 시키는 일 외에는 무기력증을 보인다.

③ 엄마의 스트레스로 쌓인다

최선을 다해 아이를 뒷바라지하는데 아이가 부족한 모습을 보이면 엄마는 엄마대로 실망하게 된다. 아이에 대한 실망은 아이의 사소한 실수나 잘못에도 짜증이나 화를 내게 된다. 뿐만 아니라 성격이 예민해져 가족들에게도 신경질적이 되고 가정에 충실하지 못하게 된다.

지금 꽃씨를 심었다고 해서 당장 잎을 틔우고 꽃을 피우지 않는다. 그처럼 아이 역시 엄마의 조급한 마음에 맞춰 억지로 크지 않는다는 것을 기억해야 한다. 또래 아이들과 내 아이를 비교해서 따라가다 보면 엄마나 아이 모두 지치고 스트레스를 받게 된다.

따라서 주변의 또래 아이들이나 각종 언론매체에서 말하는 기준을 따르기보다 내 아이의 발달 단계에 맞춰 교육을 하는 것이 바람직하다. 그러기 위해선 비교하기보다 내 아이를 믿고 기다려주는 자세가 무엇보다 중요하다.

08 | 자존감이 높은 아이의 미래는 눈부시다

 **내 아이는 왜 친구가 없을까?**

학교에서 외톨이로 지내는 아이들에게는 공통점이 있다. 바로 자존
감이 낮다는 것이다. 자존감이 낮은 아이들은 스스로를 친구들에게
사랑받지 못하는 존재라고 여기게 된다. 그래서 마음속으로는 또래
들과 가까이 지내고 싶지만 실제로는 그렇게 하지 못한다.

흔히 책과 언론에서 자존감이라는 말을 자주 하는데 자존감이란
무엇을 말하는 것일까? 자존감이란 '자신이 사랑받을 만한 가치가 있
는 소중한 존재이고 어떤 성과를 이루어낼 만한 유능한 사람이라고
믿는 마음'을 뜻한다. 따라서 자존감이 높은 사람은 타인들이 아무리
비난하더라도 자신에 대한 애정과 신뢰를 저버리지 않는다. 반면에
자존감이 낮은 사람은 타인들의 비난에 자신을 보잘 것 없는 존재로

인식하게 된다. 그 결과 매사 의욕이 없고 자신감이 부족해 실패하는 삶을 살게 된다.

하버드 대학교 교육 대학원의 조세핀 킴 교수는 "자존감이란 인생을 성공적으로 살아가는 데 필요한 핵심 요소 중 하나로 자신에 대한 신념의 집합이다."라고 말했다. 행복한 인생, 성공하는 인생을 살기 위해 꼭 필요한 자존감은 두 가지로 구성되어 있다. 자기 존재감과 자신감이다. 자기 존재감은 나는 다른 사람의 사랑과 관심을 받을 만한 가치가 있는 사람이라는 생각이고, 자신감은 나는 주어진 일을 잘 해낼 수 있다고 믿는 마음을 말한다. 이 두 가지가 균형을 이룰 때 자존감이 높은 사람으로 성장할 수 있다.

자존감이 높은 아이는 대체적으로 공감 능력, 리더십, 성취도, 긍정적인 자아상, 신뢰감과 자부심도 높다. 그렇다면 내 아이의 자존감은 어디에서 비롯되는 것일까?

자존감은 부모의 관심과 사랑에서 시작된다. 그래서 영아기에는 수유와 스킨십을 충분히 해주고 웃는 표정으로 아이를 대하는 것이 중요하다. 아이의 호기심과 활동량이 크게 늘어나는 4~5세경부터는 부모의 양육 태도가 아주 중요하게 작용하는 만큼 "이건 이렇게 해야 돼.", "그렇게 하면 안 돼."라는 식으로 아이에게 기준을 정해주듯이 대해선 안 된다. 부모가 아이에게 강압적인 태도로 대하게 되면 아이는 주눅들게 되고 부모뿐 아니라 주변 사람들의 눈치를 보게 되기 때문이다.

아이에게 너무 엄격한 남편, 어떻게 할까?

너무나 착해서 필자의 마음을 짠하게 했던 진우라는 아이가 있었다.

진우는 항상 또래들에게 치이고, 사소한 일도 시키는 대로 하는 모습을 자주 볼 수 있었다. 그래서 이대로 두면 안 되겠다는 생각에 진우의 엄마에게 상담을 요청했다. 엄마에게 진우의 모습에 대해 조심스럽게 이야기를 꺼내자 예상과는 달리 엄마는 진우가 친구들 사이에서 이렇게 지내고 있는 것을 알고 있었다. 엄마로부터 진우의 성장 과정과 양육 환경에 대해 구체적으로 듣게 되었다.

처음에 진우는 지금과 같은 소극적이고 무기력한 모습의 아이가 아니었다. 진우 아버지의 엄격한 교육관으로 인해서 진우는 자꾸만 의기소침해졌고, 게다가 기대치에 못 미쳤을 때 진우에 대한 아버지의 체벌이 심하다는 것이었다. 그러나 자신은 이런 남편의 행동과는 반대로 아버지를 상대로 진우의 대변인이 되어 옹호해주는 태도를 취한다고 말했다.

이런 경우 아이의 부모에 대한 신뢰감이 무너질 수 있다. 어느 장단에 맞춰서 춤을 춰야 할지 모르기 때문이다. 이처럼 상반된 교육관을 가진 부모 사이에서 아이는 정체성을 잃고 방황하게 된다.

앞서 언급했듯이 자존감은 부모의 양육태도에서부터 형성된다. 긍정적인 사고와 태도가 자존감을 만들어주기 때문에 평소 부정적인 사고와 태도를 가진 부모 아래서 자란 아이의 자존감은 떨어지기 마련이다.

많은 연구에서 자존감이 높은 아이는 성장하면서 학업성취도가 높아 학업이 우수하고 많은 친구들을 사귀며 자신의 의견을 당당하게 표현하는 것으로 나타났다. 뿐만 아니라 어떠한 문제도 주저 없이 해결하고 새로운 도전을 즐기며 성공으로 이끈다.

자존감이 높으면 힘든 일도 해내겠다는 자기 자신에 대한 믿음과 여유가 있다. 그래서 자신이 하는 일에 대한 책임의식 뿐 아니라 타인에 대한 배려심도 깊다. 이 두 가지는 주도적인 인생을 살아가는데 있어 원동력이 된다.

내 아이는 왜 눈치를 볼까?

유치원에 지우라는 남자 아이가 있다. 그런데 지우에게 한 가지 좋지 않은 점이 있었다. 또래 아이들과 달리 유독 선생님이나 다른 친구들의 눈치를 본다는 것이다. 눈치를 보는 탓에 스스로의 생각은 전혀 표현하지 못하는가 하면 주도적인 행동을 하지 못했다.

지우는 그림도 제법 잘 그리고, 옷을 항상 단정하게 입고 다닌다. 얼굴도 귀엽게 생겨서 입학 후 선생님들의 관심과 사랑을 한 몸에 받았다. 그러나 시간이 지나면서 지우는 항상 옆에 다가오는 사람들이 있으면 긴장한 채 경계했다.

그림 그리기 시간에 선생님이 잘 그렸다며 보자고 하면 "싫어요." 하고 강하게 거부했다. 선생님이 "왜? 그림을 보여주지 않으려고 하니?"하고 물으면 "못 그려서요."하면서 잘 그린 그림도 감추기 일쑤였다. 특히, 자신의 생각대로 잘 안 되면 언제나 우는 것으로 해결하려고 했다. 몇 달 동안을 엄마가 보고 싶다고 하면서 불안해하고 초조해 했다.

지우 엄마와 상담을 해본 결과 엄마에게 문제가 있다는 것을 알았다. 엄마는 평소 우울증이 심했는데 지우가 어려서부터 사소한 실수나 잘못을 했을 때 심하게 혼을 내거나 체벌을 했다. 지우가 장난감을 가지고 놀 때도 한 가지만 가지고 논 후에는 다시 제자리에 갖다 놓아야 다른 장난감을 가지고 놀게 했다. 또한 식사를 할 때 조금이라도 흘리게 되면 몹시 화가 나서 밥 먹는 모습을 옆에서 꼭 지켜보곤 했다는 것이다. 성격이 깔끔한 탓에 집은 항상 모델하우스처럼 깔끔하게 정리된 상태를 유지해야 직성이 풀렸다. 만일 식탁 위에 지우의 장난감이나 다른 물건이 올라가 있으면 신경질을 내곤 했다.

엄마와의 상담을 통해 지우가 유독 다른 사람들의 눈치를 보는 이유를 알게 되었다. 필자는 지우를 위해 단 한 달만 지우를 통제하지 말고 자유롭게 해줄 것을 권유했다. 엄마는 그러겠다고 약속하고 돌아갔다. 그리고 채 사흘도 지나지 않아 지우 엄마가 유치원으로 찾아왔다. 엄마는 짜증 섞인 어조로 말했다.

"정말 속이 답답하고, 너무 힘든데 언제까지 해야 하나요?"

"지우는 아직 48개월도 안 된 어린 아이입니다. 어머님은 3일이 정말 힘드셨겠지만 지우는 지금껏 사는 48개월이 얼마나 힘들었겠어요. 지우를 위해 기다려주세요."

그 뒤로 엄마는 지우가 집안에서 어떻게 하든 묵묵히 참으며 견뎠다. 그러자 3주 정도 지나갈 무렵부터 지우는 웃음을 되찾았으며 또래들과 당당하게 어울리는 등 자신감을 조금씩 회복해 가는 모습을 보이기 시작했다.

대부분의 엄마들은 아이의 장점보다 단점을 찾아내는데 있어 고수들이다. 그리고 찾아낸 단점을 자신의 기준에 맞춰 고치기 위해 애쓴다. 그러나 문제는 아이의 발달 단계를 무시한 지나친 아이의 행동 수정은 역효과를 불러온다는 것이다. 예를 들어 아이가 신발을 짝짝이로 신는다고 해서 아이에게 똑바로 신으라고 혼을 내거나 가위질을 하는 아이에게 왼손으로 가위를 잡으면 안 된다고 야단친다면 아이의 자존감 지수가 떨어질 수밖에 없다. 그 결과 자신은 엄마의 간섭 없이는 어떠한 것도 해낼 수 없는 아이라고 생각하게 된다.

그런가 하면 아이의 자존감을 높여주기 위해 지나치게 칭찬하는 엄마들이 있다. 하지만 무조건적인 칭찬은 아이의 자아상을 부풀려 놓게 된다. 이는 아이가 자신을 객관적으로 바라보지 못하게 하는 결과를 초래한다.

엄마를 위한 해결책 및 대처법

내 아이를 행복한 어른으로 자라게 하기 위해서는 아이의 자존감 지수를 높여주는 양육 태도를 가져야 한다. 아이가 스스로 할 수 있는 일은 묵묵히 기다려주고, 때로 아이가 어려운 일에 부딪쳤을 때 비판이나 설득보다는 아이의 말에 공감해 주는 자세가 필요하다. 부모의 이런 양육 태도 속에서 아이의 자존감은 높아지게 된다.

또 다른 방법으로는 아이에게 작은 성공의 경험을 맛보게 해주면 자존감을 높이는데 도움이 된다. 그러기 위해선 우선 쉽고 간단한 과제부터 출발하는 것이 좋다. 아이는 쉬운 것을 성취함으로써 차츰 난이도가 높은 과제를 수행할 수 있는 자신감을 가지게 된다. 만일 처음부터 어려운 과제가 주어지면 좌절감을 경험하게 되어 아이는 주눅이 든 나머지 다른 것에 도전하지 않으려고 한다. 마지막으로 아이가 과제를 마칠 때까지 기다려 주는 자세가 중요하다.

자존감이 높은 아이는 여유 있는 사고방식으로 인해 살아가면서 부딪치는 문제에 유연성 있게 대처하게 된다. 그리하여 가족관계, 일, 사랑, 우정, 인간관계에서 성공하는 인생을 살 가능성이 그만큼 높다.

09 | 남보다 뛰어나게가 아니라 남과 다르게 키워라

 **지금 내 아이를 제대로 키우고 있는 것일까?**

아이를 키우는 엄마라면 누구나 아이를 남보다 뛰어나게 최고로 키우고 싶어한다. 그러다 보니 엄마들은 저마다 제각각의 고민거리를 안고 있다. 그 가운데 내 아이가 친구들과의 관계에 있어서 잘 어울리는지, 학습은 잘 하고 있는지에 대한 궁금증이 가장 많다. 그러면서 내 아이를 다른 아이들보다 더 잘 키우고 싶은 욕심에 방과 후 학원이나 홈스쿨링으로 아이를 혹사시킨다.

그런데 아이에 대한 욕심을 가질수록 마음 한 편으로는 '지금 내 아이를 제대로 키우고 있는 것일까?'라는 불안한 생각이 든다는 엄마가 많다. 이런 생각이 드는 것은 어쩌면 당연한 것인지도 모른다. 남보다 뛰어나게 키운다는 것은 일등이 되기를 바란다는 뜻이다. 그러니 언제 이등, 삼등으로 뒤처질지도 모르고 또 일등을 한다고 해서 아이가 꼭 성공을 한다는 보장이 없기 때문이다.

과학자 아인슈타인, 심리학자 프로이트, 지휘자 번스타인, 작가 토마스 만, 패션디자이너 캘빈 클라인 등은 각 분야에서 최고가 된 사람들이다. 이들에게는 하나의 공통점이 있다. 바로 유태인이라는 사실이다. 세계 경제의 흐름을 주도하는 핵심에는 유태인들이 있다. 미국의 격주간 종합 경제지《포춘》지가 선정한 세계 100대 기업 소유주의 30~40%가 유태인이고, 전 세계 백만장자의 20%가 유태인이다. 세계 인구의 1%에도 못 미치는 이들이 뛰어난 역량을 발휘하는 배경에는 부모의 특별한 자녀교육법이 있다. 그들의 부모는 다른 아이들보다 뛰어나게 키우기보다 내 아이를 남다르게 키우기 위해 노력했다. 프랑스의 작가 앙드레 지드의 말이 떠오른다.

"누구나 해낼 수 있는 일을 하지 마라. 누구나 말할 수 있는 말을 하지 마라. 글을 쓸 때나 그림을 그릴 때도 마찬가지로, 누구나 쓸 수 있는 것이나 그릴 수 있는 것을 쓰거나 그리지 마라. 단지 너에게만 존재하는 것에 충실함으로써 너 자신을 이 세상에서 꼭 필요한 존재로 만들어라."

이 말은 독창성을 발휘하여 자신을 이 세상에서 독특한 존재로 만들라는 뜻이다. 즉, 남들보다 뛰어나기 위해 눈치 보며 살기보다 개성 있게 살아야 한다는 말이다. 흔히 지금 시대를 개성의 시대라고 일컫는다. 모든 면에서 개성이 존중되고 또 자신만의 개성을 발휘해야 성공적으로 살 수 있는 시대가 되었다. 따라서 다른 아이들과 비슷한 붕어빵 같은 아이는 평범한 길을 걸어가지만 자기만의 개성을 발휘하는 아이는 비범한 인생을 살 확률이 높다.

배려심 있는 아이

사실 아이를 남들보다 뛰어나게 키우기는 쉬워도 남과 다르게, 개성 있게 키우기는 힘들다. 그저 남들보다 뛰어나게 키우기 위해선 다른 아이들보다 더 열심히 가르치고 훈련하면 된다. 하지만 남과 다르게 키우는 것은 그저 열심히 가르치는 것만으로는 안 된다. 평소 아이의 세심한 부분에까지 관심을 가지고 인내력 있게 지켜봐야 하기 때문이다. 아이가 무엇을 원하는지, 무엇을 좋아하는지 등에 대해 세세하게 파악해야 한다는 말이다. 그래야 내 아이의 강점이 무엇인지, 개성이 무엇인지 알 수 있다.

　좋은 예로 지윤이 엄마는 아이의 마음을 잘 읽어주는 모습이 감동적이다. 부모가 다 알아서 질문하고 답하는 일방적인 것이 아니라 아이와 함께 이야기를 나누며 공감해주는 부분이다. 지윤이가 친구들과 놀이하는 모습, 선생님과 이야기하는 모습을 보면서 확실히 다른 아이들과 차별된다는 것을 알 수 있었다.

며칠 전 지윤이 엄마와 잠시 대화를 나눌 기회가 있었는데, 지윤이는 유치원에서 있었던 일을 조잘조잘 이야기하고, 기억력이 좋아서 친구들 이야기까지 전달한다는 것이었다. 하루는 지윤이가 유치원에서 친구가 못살게 굴어서 힘들었다고 말하길래 "선생님한테 도와달라고 하지 그랬니?"하고 말하니까 "그럼 친구가 혼나서 슬프잖아. 그리고 친구가 이제 안 그런다고 사과해서 이해해줬어."라고 말해서 아이의 속 깊음에 놀랐다며 웃었다. 그러면서 지윤이는 평소 밝고 적극적인 성격이라 엄마가 화가 나면 엉덩이춤을 춰서라도 단시간 안에 엄마의 기분을 좋게 만드는 장점도 가지고 있다고 덧붙였다.

지윤이 엄마는 아이 훈육에 있어 아이의 감정을 다스리는 것이 무엇보다 중요하다고 생각하는 듯 했다. 지윤이 엄마는 지윤이와 인형놀이를 많이 한다고 한다. 지윤이가 좋아하는 인형으로 감정을 대입해 역할놀이를 하면서 지윤이는 자연스럽게 속마음을 이야기하고 그러면 그에 대한 대처방법도 놀이를 통해 알아간다는 것이었다.

지윤이 엄마의 말을 듣고 나니 지윤이가 평소 늘 밝은 얼굴로 친구들 사이에서 가장 인기 좋은 아이로 지내는 이유를 알 것 같았다.

사회성이 좋은 아이

채은이는 한마디로 아주 똑 부러지는 아이다. 아직 6살이지만 책을 혼자 읽고 발표력, 언어표현력도 아주 대단하다. 또 채은이는 사회성도 아주 남다르다. 새 학기가 되면 새로운 친구에게 먼저 다가가 "내 이름은 채은이야. 너는?" 하며 물어볼 정도로 사회성이 뛰어나고 덕분에 채은이는 늘 친구들에 둘러싸여 있다.

평소 채은이의 엄마를 만나면 항상 에너지가 넘친다는 것을 느낀다. 특히 4살짜리 채은이 동생을 유모차에 태우고 채은이와 함께 어딘가 바쁘게 가는 것을 볼 때마다 이런 인상을 받는다. 채은이 엄마는 틈이 날 때마다 또래 아이들과 어울릴 수 있는 기회를 만들어주기 위해 아이들을 데리고 친구집을 서로 방문한다고 한다.

"채은이는 요리도 아주 잘해요. 계란풀기 같은 것은 채은이 담당이에요."

딸 자랑 하는 채은이 엄마를 보면서 나도 모르게 흐뭇한 생각이 들었다. 사실 학습보다 중요한 것이 집이라는 작은 사회 안에서 작은 일들을 도우며 따스한 경험들을 쌓아가는 것이다. 채은이 엄마는 아이에게 그 소중한 두 가지 경험을 풍성하게 훈육하고 있으니 채은이를 볼 때마다 나도 모르게 채은이의 미래가 눈부시리라는 예감이 든다.

엄마를 위한 해결책 및 대처법

내 아이를 성공적인 인생을 사는 사람으로 키우고 싶다면 남보다 뛰어나게 키우고자 하는 마음을 버려야 한다. 나무보다 먼저 숲을 보는 자녀관을 가질 필요가 있다. 남보다 뛰어나게 보다 남과 다르게 키우도록 힘써야 한다. 한 그루의 나무보다 울창한 숲을 먼저 생각하면서 아이를 키워야 한다는 말이다.

아이들은 어릴 때일수록 자신의 특기나 개성을 잘 드러내는 법이다. 그러나 불행히도 엄마들은 그것을 인식하지 못한 채 그냥 지나치기 십상이다. 그러면서 아이의 학교 점수에 지나치게 집착하며 아이의 정작 중요한 시기를 놓치고 마는 것이 현실이다. 그리하여 아이가 초등학교에 들어가 어느 한 두 과목의 시험에 높은 점수를 맞으면 바로 그것이 아이의 특기이고 적성인 것처럼 생각하게 된다.

그러나 공부만으로 아이의 미래를 예단하는 것은 아이의 미래를 망치는 지름길이다. 아이는 계속 성장하고 발전하기 때문에 아무도 섣불리 미래를 예단하거나 결정해선 안 된다. 따라서 아이의 학교 점수를 떠나 내 아이의 잠재능력을 제대로 파악하기 위한 꾸준한 관찰과 객관적인 사고가 필요하다. 지혜로운 엄마는 세상에서 가장 특별한 내 아이를 절대 남보다 뛰어나게 키우려고 하지 않는다. 그 대신 아이의 개성을 잘 살려 남과 다르게 키우기 위해 애쓴다. 그럴 때 아이가 행복하고 성공하는 인생을 살아갈 확률이 높기 때문이다.

2장

비교하는 엄마가
아이를 망친다

01 | 아이는 엄마라는 거울을 보며 자란다

아이는 부모의 장점보다 단점을 먼저 배운다

아이 때문에 엄마가 상담을 요청하는 경우가 종종 있다. 엄마와 아이의 문제에 대해 이야기를 하다보면 사실은 아이의 문제가 아니라 부모에게 문제가 있음을 알게 된다. 그래서 엄마 자신에게 문제가 있다고 말씀드리면 화를 내는 엄마들이 많다. 오로지 아이의 문제라고만 여기는 탓에 자신에게 문제가 있다는 것을 수용하지 못하기 때문이다.

필자는 다른 아이들과 달리 문제 행동을 보이는 아이의 엄마에게 "먼저 부모부터 달라지지 않는 한 아이의 문제 행동을 수정할 수 없다."라고 말한다. 그 이유는 아이는 부모에게서 배우기 때문이다.

그런데 흥미로운 점은 아이가 부모의 장점보다 단점을 먼저 배운다는 것이다. 폭력적인 아버지 밑에 자란 아이는 그렇지 않은 아이들에 비해 성격이 급하고 공격적인 성향을 띤다. 습관적으로 욕설을 내뱉는 부모 아래의 아이들 역시 입을 열었다 하면 욕을 하게 된다. 그래서 아이의 행동거지를 보면 부모를 알 수 있다.

그동안 많은 아이들을 관찰하면서 부모가 어떤 문제에 대하여 꽉막혀 있다면 아이 역시 그 문제에 대하여 꽉 막혀 있다는 것을 알 수있었다. 그래서 아이의 문제가 발생했을 때는 오히려 부모의 문제를개선하기 위한 좋은 기회로 삼아야 한다고 조언한다. 다소 시간이 좀걸리더라도 원인 제공자인 부모의 문제부터 치료해야 비로소 아이의문제 행동까지 수정이 된다.

예를 들어 가정 폭력을 일삼는 아버지 밑에서 자란 아이는 폭행을하는 아버지와 구타 당하는 엄마를 보고 자라기 때문에 여성을 얕잡아보는 인식을 가지게 되고 성인 남성에 대해서는 두려워하는 행동을보인다. 아이는 무의식적으로 부모와 같은 행동을 하게 되는 것이다.

성공하는 아이로 키우기 위해선 무엇보다 인성 지도가 중요하다. 학교에서 일어나는 폭력 사건의 대부분이 폭력적이거나 결핍된 가정과 관련이 있다. 폭력을 행사하는 아이들 중 거의가 부모에게서 받은상처를 또래들에게 해소하는 것이다.

또는 부모들 가운데 지나치게 완벽을 추구하는 부모가 있다. 그러다 보니 아이를 온갖 수단과 방법을 가리지 않고 통제하게 된다. 이처럼 가정에서 지나치게 통제받는 아이는 억눌렸던 스트레스를 학교에와서 선생님이나 다른 학생들에게 풀곤 한다.

또한 부모 가운데 한 사람이 우울증에 걸려 있으면 아이들 또한 우울증을 겪게 된다. 부모가 강박증을 가지고 있으면 아이들 역시 강박증에 걸릴 확률이 높다. 따라서 아이의 우울증이나 강박증을 치료하려면 부모부터 먼저 치료해야 한다.

부모는 아이에게 사회생활의 첫 번째 상대자이자 첫 번째 스승이다

유아교육 박사에다 현재 대학 강사인 재용이 엄마는 아기와 부모는 심리적으로 통하는 게 확실하다고 생각한다. 재용이 엄마의 말에 의하면 재용이가 돌이 될 즈음 엄마 아빠가 다툴라 치면 숨을 죽이고 가만히 앉아 있거나 의자 뒤에 숨었다가 조용해지면 엄마 품에 파고들었다는 것이었다. 14개월 즈음에는 재용이 엄마가 짜증나는 일이 있어서 이불을 발로 찼는데 그날부터 재용이는 이불만 보면 발로 쿡쿡 차며 때리는 시늉을 했다. 이때부터 재용이 엄마는 사소한 말과 행동 하나까지 신경을 쓰고 있다고 했다.

아이들은 태어난 직후부터 부모라는 선생님으로부터 모든 것을 배운다. 그래서 아이를 키우는 엄마는 선생님과 같다. 아이가 둘이면 학생이 두 명이고 셋이면 학생이 세 명인 셈이다. 그러나 부모의 언행을 한 순간도 빠짐없이 관찰하고 모방하는 아이들 앞에서 바람직한 언행만 하기란 사실 쉽지 않다. 특히 유아기 아이는 부모와 24시간 함께 그림자처럼 함께 지내야 하기 때문이다.

아이를 키우는 부모는 매사 언행을 조심해야 한다. 사실 내 아이를 진정으로 아끼고 사랑한다면 굳이 의식하지 않아도 아이에게 긍정적인 영향을 주는 언행을 하게 된다. 내 아이가 지금 내가 하는 말과 행동을 그대로 배우고 있다는 것을 염두에 두고 있기 때문이다.

유치원에 다니는 다섯 살 된 남자 아이 명석이 이야기이다. 유치원에서 있었던 개별 면담에서 명석이 엄마가 자랑스럽게 선생님에게 들려준 이야기다.

하루는 엄마와 함께 병원에 갈 일이 생겼다. 병원 계단은 꽤 높았는데 발 빠른 명석이가 먼저 올라갔고 엄마는 뒤따라 천천히 올라가고 있었다. 그 때 병원 정문에서 미니스커트를 입은 젊은 여자가 나오더니 계단을 내려오기 시작했다. 짧은 치마의 이 젊은 여자를 본 순간 석이는 큰소리로 "우와!" 하고 소리를 질렀다.

명석이 엄마는 당시 상황을 이렇게 회상했다.

"우리 애는요, 아빠하고 똑같아요. 애 아빠가 길가는 여자나 텔레비전에 나오는 연예인들의 몸매나 얼굴에 대해 스스럼없이 이야기하거든요. 그런데 글쎄 애도 꼭 어른처럼 말해요."

담당선생님은 명석이 엄마의 말을 들으며 좀 어이가 없었다고 한다. 명석이 아버지와 같은 행동은 아이에게 여성 편향적인 사고를 가지게 할 수 있다. 그래서 아이를 키우는 부모로선 결코 바람직하지 못하다.

아이들은 부모와 생활하면서 남자다움, 여자다움을 배우게 되고 여자나 남자와의 관계, 부모와 자녀와의 관계, 가족과 다른 사람과의 관계를 형성해 나가는 방법을 배우게 된다. 따라서 어렸을 때 자신도 모르게 흡수한 지식과 정보는 10대 시절 뿐 아니라 결혼한 후에도 계속 영향을 미치게 된다.

유치원에서 역할 놀이 영역을 관찰하고 있노라면 아이들의 다양한 모습들을 볼 수 있다. 출근할 때마다 엄마 역할을 맡은 아이에게 뽀뽀하려는 남자 아이, 여자 아이는 계속 조잘대며 말을 하는데 신문을 펼쳐들고 안 듣는 척 하는 남자 아이, 술에 취해 비틀거리며 들어오는 남자 아이, 그에 대해 잔소리하는 여자 아이들이 있다. 이러한 아이들의 모습을 보며 부모님이 어떤 분들인지 어느 정도 추측할 수 있다.

엄마를 위한 해결책 및 대처법

부모는 아이에게 첫 사회생활의 상대자이자 인생에 있어 첫 번째 스승이다. 또한 함께 가장 많은 시간을 보내는 존재가 부모이기에 아이의 인격과 사고가 성장하는 시기에 부모의 역할은 매우 중요하다. 아이 앞에서 어떤 말을 하고 행동하느냐에 따라서 아이의 인성 뿐 아니라 미래까지 달리지게 된다.

부모가 바라는 아이의 모습이 있다면 부모가 먼저 그런 모습을 행동으로 보여주는 것이 중요하다. 아이가 착하고 예의 바른 아이로 자라길 바란다면 엄마 아빠가 먼저 선행을 베풀고 예의 바른 생활을 솔선수범해야 한다. 공부 잘하는 아이로 자라길 원한다면 책을 많이 읽고 항상 무언가를 생각하는 모습을 자주 보여주어야 한다. 그래야 아이 역시 그런 부모의 모습을 그대로 따라하게 된다.

아이의 마음을 지옥 혹은 천국으로 이끌고, 미래를 불행하게 혹은 행복하게 만들 수 있는 존재가 바로 부모라는 것을 명심하자.

02 | 엄마의 말이 아이의 미래를 결정한다

 ## 사람은 말하는 대로 이루어진다

'사람은 말하는 대로 이루어진다.', '말이 씨가 된다.' 라는 말이 있다. 그렇듯이 우리가 하는 말은 대단한 영향력을 갖고 있다. 어릴 때부터 부모로부터 "넌 할 수 없어.", "네가 무슨 재주로?" 이와 같은 부정적인 말을 자주 듣고 자라게 되면 정말 부모의 말처럼 그 사람은 아무 것도 할 수 없는 무능력한 사람이 되고 만다.

반대로 부모로부터 "네가 못하면 누가 할 수 있겠니?", "넌 무엇이든 해낼 수 있어." 이런 긍정적인 말을 듣고 자라면 못하는 일이 없는 사람이 된다. 그 결과 꿈을 이루고 성공하는 인생을 살게 된다.

부모 가운데 특히 엄마의 말이 중요하다. 아이는 아빠보다 엄마와 함께 하는 시간이 더 많기에 더욱 친밀하다. 그래서 엄마의 말은 아빠의 말보다 더 큰 영향을 미치게 된다. 그래서 필자는 엄마들에게 "여러분의 말이 아이의 미래를 결정짓는다."라고 충고한다. 아이가 성장해서 긍정적인 사고를 가지느냐, 부정적인 사고를 가지느냐는 유아시절, 엄마와의 대화에서 형성되기 때문이다. 내 아이를 행복한 아이, 자신감이 강하고 당당한 아이로 키우고 싶다면 그에 맞는 말을 해야 한다. 엄마의 말이 달라지는 순간 아이가 달라진다.

힘든 여건 속에서도 자식을 훌륭하게 키워낸 엄마들을 살펴보면 절대 내 아이를 다른 아이들과 비교하지 않았다는 것을 알 수 있다. 오히려 매사 아이에게 자신감을 불어넣어주는 말을 자주 들려주었다. 그들은 내성적이고 자신감이 부족한 아이에게 가장 효과적인 것이 긍정적인 말이라는 것을 잘 알았기 때문이다.

그런데 안타깝게도 많은 엄마들이 아이를 위한다는 명목으로 다른 아이와 비교하곤 한다. 그들은 비교하는 말이 아이의 기를 죽이고 결국 아무 것도 못하게 만드는 독약이라는 것을 간과하는 것이다.

엄마 역시 아이를 비교하면서도 은근히 자존심이 상한다. 하지만 엄마의 자존심이 상하는 것보다 더 중요한 것은 아이의 마음에는 상처라는 대못이 박힌다는 것이다. 대못이 박힌 아이의 마음에는 열등감이 자리잡기 시작한다. 그래서 해보지도 않고 쉽게 포기하는 아이로 전락하고 마는 것이다.

지우가 다니는 학교에서 1학년은 매주 한 번씩 받아쓰기 시험을 본다. 우리가 어렸을 때만 해도 한글을 떼지 못하고 학교에 가는 게 큰 흉이 아니었지만 요즘은 그렇지 않다. 다행히 지우는 그림책을 보면서 자연스럽게 한글을 떼어 받아쓰기를 잘 하는 편이다. 받아쓰기가 그리 중요한 시험은 아니지만 그래도 신경이 쓰이게 된다. 받아쓰기를 하고 온 날이면 지우 엄마는 지우에게 "지우야 오늘 받아쓰기 몇 점 받았니?"하고 묻는다. 그러면 지우는 "100점 받았어요. 잘했죠?" 하고 대답한다. 지우엄마는 "정말 잘했네. 우리 지우가 열심히 연습해서 좋은 결과를 얻은 것 같구나."하고 칭찬해 준다. 여기까지는 별 문제가 없다. 그러나 뒤이어 지우 엄마는 "그런데 반에 100점 맞은 친구들 몇 명 정도 되니?"하고 묻는다. 이는 아이의 노력한 결과에 대해 있는 그대로 칭찬하고 격려한 것이 아니라 남들과 비교해서 더 우월감을 느끼고 기뻐하는 것이다.

내 아이가 100점을 받아도 똑같이 100점 맞은 아이들이 많으면 그 기쁨은 반감되고, 내 아이 점수가 내 기대 이하였더라도 다른 아이들보다 높으면 행복을 느끼게 된다. 아이는 자신의 가치와 존재의 중요성보다는 부모의 자기만족 속에서 결과에 의해 비교당하고 부정적인 평가를 받게 된다.

아이가 어떤 일에 대해 만족스러운 결과를 얻었을 때는 아이가 노력한 과정에 초점을 맞추어 칭찬해 주고 옳지 못한 행동에는 그 행동에만 초점을 맞추어 훈육해야 한다. 군이 누구와 비교하고 대입시켜 아이에게 쓸데없는 상처를 내선 안 된다.

내 아이를 행복한 아이로 키우고 싶다면 엄마의 말부터 달라져야 한다. 현명한 엄마는 아이가 때로 자신을 실망시키더라도 절대 부정적인 말을 함으로써 기를 죽이지 않는다. 기가 죽은 아이는 자신 있게 자신의 생각을 표현하거나 계획을 실행하지 못한다. 이런 아이는 당당하고 자신감 있는 아이들의 옆에서 들러리 역할밖에 하지 못한다.

엄마의 긍정적인 말

독일의 철혈 재상 비스마르크와 제너럴일렉트릭(GE) 전 회장 잭 웰치의 성공 이면에는 어린 시절부터 긍정적인 사고와 자신감을 심어주는 엄마의 말이 있었다.

독일의 철혈 재상 비스마르크는 간신히 대학을 졸업했다. 그러자 그의 엄마는 왕궁과의 연줄을 이용해 지방법원에 취직시켰다. 그러나 얼마 못가 쫓겨나게 된다. 다시 취직시켰지만 이 역시 3개월 만에 그만두게 되었다. 그럼에도 엄마는 "도대체 너는 뭐가 되려고 그러니?", "얼마나 고생해서 얻어준 직장인데 그렇게 쉽게 그만두니?" 등의 말로 질책이나 비난하지 않았다. 오히려 아들에게 "무엇이든 네가 잘할 수 있는 일이 있을 거야."라며 격려했다.

그녀는 아들이 직장을 옮겨 다니는 동안 군인 기질이 있음을 발견하고 군 입대를 권했다. 아들은 즐겁게 군 생활을 마쳤고 훗날 정계에 입문해 수상 자리에까지 오르는데 밑거름이 되었다.

제너럴일렉트릭(GE) 전 회장 잭 웰치. 그는 어릴 적 키가 아주 작고 말까지 더듬는 보통 이하의 아이었다. 그런 그를 전설적인 경영의 귀재로 만든 것은 엄마의 긍정적인 말이었다. 잭 웰치의 친구들이 '말더듬이'라고 놀릴 때 엄마는 그에게 "네가 말을 더듬는 것은 네가 매우 똑똑하기 때문이야. 네 머릿속의 생각이 네가 말하는 속도보다 빨리 움직이고 있기 때문에 말을 더듬는 것이란다. 어느 누구의 혀도 네 똑똑한 머리를 따라갈 수 없을 걸?"이라고 말해 아이의 열등감을 자부심으로 바꿔줬다.

어린 잭 웰치는 엄마의 말을 믿고 그 후로 말을 더듬는 자신을 조금도 부끄러워하지 않았다. 오히려 자신이 다른 친구들에 비해 비상하다는 생각을 가지며 도전을 두려워하지 않았다.

그가 가장 좋아하는 엄마의 가르침은 "자신을 속이지 마라. 열심히 하지 않는다면 너는 커서 아무것도 되지 못할 것이다. 지름길은 없다."라는 말이다. 그는 엄마의 가르침에 따라 양심에 어긋나는 일은 하지 않으면서 매사 최선을 다했다. 그 결과 제너럴일렉트릭(GE)의 최연소 최고경영자가 되어 GE를 세계최고 기업으로 성장시키는 '경영의 달인'이 될 수 있었다.

미국 국무장관 힐러리 클린턴. 그녀가 네 살 때 가족은 가난한 사람들이 모여 사는 시카고 시내에 살다가 교외의 부자 동네로 이사했다. 빈부 격차가 심해 많은 수모를 당했던 힐러리는 울면서 집으로 돌아오기 일쑤였다. 하루는 힐러리가 도망치듯 울면서 집으로 돌아오자 엄마가 막아섰다. "힐러리, 네 스스로 어려움과 싸워야 해. 가서 네가 두려워하지 않는다는 것을 보여주려무나."라고 말했다. 이 말은 힐러리에게 용기를 심어주었다. 그리하여 시련과 역경이 닥쳐도 포기하지 않고 극복할 수 있었다.

세상의 모든 아이는 태어날 때부터 천재다. 무엇이든 될 수 있고, 무엇이든 해낼 수 있는 잠재력을 갖고 태어났다는 말이다. 그런데 희한하게도 성장하면서 비범한 아이와 평범한 아이, 우등생과 열등생으로 나뉘게 된다. 이는 아이를 훈육하는 부모의 영향 탓이다. 아이가 타고난 천재성을 잃어버리고 평범해지는 것은 어려서부터 아이에게 다른 아이들과 비교하는 말이나 부정적인 말을 들려줌으로써 자존감을 떨어뜨리고 기를 죽였기 때문이다. 아이가 잠재력을 발휘하도록 이끌어주느냐, 아니면 잠재력을 사장시키느냐는 아이가 아닌 부모의 말에 달려 있다.

엄마를 위한 해결책 및 대처법

현명한 엄마는 상황에 따라 다른 말을 쓴다. 사실 아이를 키우다보면 아이에게 이 말을 했을 때 상처가 되지 않는지, 이런 말을 해도 되는지 등이 염려스러울 때가 있다. 특히 아이가 해야 할 일을 하지 않을 때는 잔소리를 늘어놓으며 기를 죽이기보다 "네가 왜 속상한지 엄마가 알아. 그렇지만 안 되는 건 안 되는 거란다."라고 아이가 이해하도록 설명해준다.

짜증이 나거나 화가 난다고 해서 "왜 안 해? 안 하면 혼날 줄 알아!" 이런 말은 절대 해선 안 된다. 그 대신 아이의 입장에서 말을 해야 한다. 그래야 고민이나 어려운 일이 생기면 제일 먼저 엄마에게 털어놓게 된다. 어릴 때부터 이러한 대화가 오가면 아이는 성장하면서도 엄마와 진실한 대화를 할 수 있다.

아이를 키우는 엄마라면 지금 자신이 하는 말이 내 아이의 미래를 결정한다는 것을 기억해야 한다. 따라서 아이에게 이 말을 했을 때 상처가 되지 않는지, 이런 말을 해도 되는지 등을 늘 고민해봐야 한다.

03 비교 당할수록 아이는 불행해진다

 **아이들이 가장 싫어하는 말은 무엇일까?**

자녀교육 특강에서 엄마들에게 이렇게 물었다.

"아이들이 가장 싫어하는 말이 무엇일까요?"

그러자 다양한 대답들이 쏟아졌다.

공부해라, 목욕해라, 게임 그만하고 책 좀 읽어라, 일찍 일어나라, 방 청소해라, 책상 정리해라 등등.

아니다. 아이들이 가장 싫어하는 말은 '누군가와 비교하는 말'이다. 예를 들면 이렇다.

"옆집 철수 좀 봐라. 이번에 또 상 받았다더라. 넌 뭐니? 학원도 보내줘, 책 사달라는 대로 다 사주는데 성적이 그게 뭐냐? 에휴, 철수 부모는 복도 많지."

아이들은 비교 당하기를 싫어한다. 어른도 역시 누군가로부터 비교 당하면 듣기 좋을 리 없다. 따라서 비교는 감정을 상하게 하여 서로에 대해 부정적인 감정만 생기고 불화의 원인이 된다.

한 중학생으로부터 이런 메일을 받았다.

"이번에 중학교 2학년이 되는데요. 엄마한테 학원을 보내달라고 했더니 이렇게 말씀하시는 거예요. '다른 애들은 선생님 말씀만 듣고도 공부만 잘하더라.' 솔직히 저는 학교 수업만 듣고는 수업 내용을 따라잡기가 너무 힘들거든요. 그래서 엄마한테 학원에 보내달라고 할 때마다 엄마는 다른 아이들과 저를 비교하는 말씀을 하세요. 그럴 때마다 자존심이 너무 상하고 엄마가 점점 싫어져요."

간혹 일부 엄마들은 아이 실력 향상을 위해 남과 비교하곤 한다. 그래서 "형보다 넌 더 생각이 깊어.", "정말 잘 했어! 그 누구도 너처럼 잘하지 못할 거야."라고 칭찬 섞인 비교라든지, "다른 아이들은 학원에 다니지 않고도 공부만 잘하더라.", "옆집 애는 이번에 일등 했다더라. 너는 불가능하겠지.", "형의 반이라도 따라갔으면 엄마가 소원이 없겠다."라는 식의 질책하는 비교 등은 아이의 자존심에 상처를 입혀 자존감을 저하시킨다. 이는 결과적으로 아이의 내면을 열등감과 적대감으로 가득 차게 하는 원인이 된다.

자존감이 높은 아이

자존감이 높은 아이들이 있다. 이런 아이들의 공통점은 엄마가 아이의 있는 그대로를 인정하고 믿고 참고 기다린다는 것이다. 이런 엄마들은 아이의 개성을 존중하고 다양한 가능성에 마음을 열어놓고 있기 때문에 내 아이를 다른 아이들과 비교하지 않는다. 절대 아이에게 비교하는 말을 하지 않기 때문에 아이는 다른 아이와 경쟁할 필요성을 느끼지 않고 나름대로의 개성을 마음껏 추구할 수 있다. 그러니 자존감이 높을 뿐 아니라 매사 적극적이고 당당할 수밖에 없다.

자존감이 높은 아이들은 다음과 같은 특징이 있다.

· 자신을 있는 그대로 인정한다.
· 불안해하거나 소외감을 느끼지 않는다.
· 집단생활에 잘 적응한다.
· 풀고자 하는 문제에 대해 집착과 집중력을 보인다.
· 때로 실패해도 쉽게 좌절하지 않고 실패의 원인을 찾으며 성공할 때까지 새롭게 도전한다.
· 다른 사람에게서 배우려 하고 자신의 장점으로 흡수하려 한다.

자존감이 낮은 아이

반면에 자존감이 낮은 아이들에게는 어김없이 비교하는 부모 혹은 엄마들이 있다. 비교를 당할수록 아이들의 잠재력이 상실되고 가능성이 줄어들게 된다. 자존감이 낮은 아이에게는 이런 특징이 있다.

· 쉽게 포기한다.
· 내성적이고 의기소침하다.
· 산만하고 집중력이 약하다.
· 사소한 일로 잘 다툰다.
· 다른 사람을 비난한다.
· 집단생활에 잘 적응하지 못한다.
· 친한 친구가 없다.
· 최선을 다하지 않고 쉽게 지친다.

자존감이 낮은 아이는 사회성이 낮아 학교생활에 잘 적응하지 못할 뿐 아니라 학습능력도 떨어지게 된다. 친구들로부터 괴롭힘 혹은 왕따를 당하는 아이들의 특징은 자존감이 낮다는 것이다. 따라서 엄마는 비교 당할수록 내 아이가 불행해진다는 것을 알아야 한다. 다음의 사례들은 아이를 키우는 엄마들 사이에서 흔히 볼 수 있는 모습이다. 먼저 친구들과의 비교이다.

만 5세의 승윤이는 또래 친구인 성수와 함께 같은 미술학원을 다니고 있다. 승윤이의 엄마는 성수네 집을 방문하여 승윤이의 또래 친구 엄마들과 이야기를 나누던 중 우연히 성수가 미술학원에서 만들어온 작품을 보게 되었다. 승윤이의 작품을 보며 다수의 엄마들이 칭찬과 함께 어느 미술학원을 다니기에 이런 작품을 만들 수 있느냐며, 미술학원에 대한 정보를 얻으려고 여러 가지 질문을 했다. 같은 미술학원에 자녀를 보내고 있던 승윤이 엄마는 자존심이 상했다. 같은 날 미술학원을 마치고 자신의 미술작품을 보여주려고 온 승윤이에게 이렇게 말했다.

"왜 같은 미술학원에서 같은 수업을 받고 있는데 우리 승윤이는 성수보다 작품이 못할까?"

이 후 승윤이는 학원에서 가저 온 미술작품을 엄마에게 보여주는 것을 망설이거나 숨기려는 모습을 보였다.

다음은 자녀들 간의 비교와 관련된 사례를 살펴보자.

만3세, 만5세 민찬이와 민재의 엄마는 두 아이를 같은 유치원에 보냈다. 같은 유치원에 보내다 보니 엄마는 자연스럽게 두 아들의 모습을 비교하게 되었다.

"민찬아 형은 민찬이 나이였을 때 동시 발표에서 훨씬 늠름한 모습을 보였는데, 민찬이는 왜 자신감이 없는 모습을 보였니?"

"민재야, 민찬이 창의성 측정 결과인데 민재가 민찬이 나이에 받았을 때보다 훨씬 수치가 높게 나왔네!"

이야기를 들은 형제는 관련 분야에 대하여 항상 콤플렉스를 갖게 되었다. 그리하여 자신이 칭찬받았던 분야의 실력만 향상되었지만 그 외 분야는 그대로거나 오히려 뒤처졌다.

모든 것이 미성숙하고 완벽하지 않은 아이에게 있어 비교만큼 나쁜 것은 없다. 그래서 필자는 엄마들에게 비교는 내 아이의 인생을 망치는 '독'이라고 강조한다. 물론 대부분의 엄마들이 아이를 누군가와 비교함으로써 자극을 유발해 더욱 잘하도록 만들고 싶은 마음은 십분 이해한다. 그렇더라도 비교는 바람직하지 않다.

자존감이 높은 아이로 키우는 3가지 방법

진정으로 내 아이를 위한다면, 그리고 자존감이 높은 아이로 키우고 싶다면 다음에 소개하는 3가지를 염두에 두고서 양육해야 한다.

① 아이의 개성을 존중해준다.

첫째가 태어난 환경과 둘째가 태어난 환경이 다르고 내 아이와 다른 아이의 성장 환경이 다르다. 그리고 부모의 성향과 아이의 기질이 상호작용을 하기 때문에 엄마의 똑같은 행동에도 아이들이 각자 받아들이는 느낌은 다를 수밖에 없다. 그러므로 아이들을 올바르게 키우기 위해서는 먼저 내 아이의 있는 그대로를 인정하는 것이 우선시되어야 한다. 아이가 갖고 있는 개성과 특징을 파악한 후 그에 맞는 사랑을 주는 것이 현명하다.

② 절대 비교하지 않는다.

다른 아이와 비교를 하면서 혼내면 아이는 두 번 상처를 받게 된다. 비교 우위에서 졌다는 생각에 자존심도 상하지만 엄마가 자신을 덜 사랑한다는 생각을 할 수 있다. 원래 덜렁대던 아이가 오늘 조금 얌전하고 침착한 행동을 보여줬다면 그것이 많이 모자란다 할지라도 "네가 오늘 애쓰는구나. 오늘 참 차분하게 잘했어."라고 칭찬해주도록 해야 한다. 이를 통해 아이는 엄마가 자신을 독립적인 개인으로 존중해준다고 느껴 자존감이 높아지는 것이다.

인성을 이야기할 때는 욕심이 많고 적극적인 아이에게는 "넌 정말 활달하구나.", 내성적인 아이에게는 "넌 정말 배려심이 많구나."라고 각자가 지닌 특성의 긍정적인 면을 부각시켜 칭찬해주는 것이 필요하다. 아이는 이를 통해 자신에 대한 긍정적인 자아상을 지니고 자신의 장점을 더 키워갈 수 있다.

물론 어느 정도 선의의 경쟁을 부추기는 것은 성장 과정에도 도움이 된다. 그러나 지나친 경쟁심은 아이에게 스트레스 요인이 되어 오히려 역효과를 불러일으킨다는 것을 명심해야 한다.

③ 일관성 있게 행동한다.

두 명 이상의 자녀를 둔 엄마는 같은 상황에서 일관성 있게 행동해
야 한다. 때로 같은 상황에서 첫째에게는 양보만을 강요하고, 둘째
의 투정을 받아주는 엄마가 있다. 이는 바람직하지 않다. 항상 일관
성 있게 행동함으로써 아이들이 편애를 받는다거나 자신만 항상
참는다는 느낌을 갖지 않도록 해야 한다. 엄마는 항상 똑같이 사랑
한다는 것을 느끼게 해주는 것이 중요하다.

엄마를 위한 해결책 및 대처법

아이의 있는 그대로를 인정하고 믿고 기다리는 엄마가 자존감이 높은 아이로 자라게 한다. 자존감이 높은 아이는 주변 환경에 크게 휘둘리지 않는다. 뿌리 깊은 나무처럼 거센 비바람이 불어도 쓰러지지 않는다. 오히려 꿋꿋이 자기가 원하는 바를 위해 자신감 있게 나아간다. 때로 친구들 사이에서 따돌림을 당하더라도 좌절하기보다 극복하기 위해 노력하는가 하면 결국에는 그런 아이들마저 친구로 만든다.

현명한 엄마는 절대 내 아이를 누군가와 비교하지 않는다. 비교는 아이를 주눅 들게 하고 자신감 없게 만들기 때문이다. 때로 주위 사람들로부터 듣게 되는 수많은 이야기들과 일들을 마음속에 담아둬선 안 된다. 누가 내 아이에 대해 부정적인 말을 한다면 쿨하게 넘기자. 절대 남의 말에 휘둘려서 내 아이를 힘들게 하는 못난 엄마가 되어선 안 된다.

타인의 이야기는 시간이 지나가고 나면 별것도 아닌 일이 된다. 결코 별것도 아닌 이야기로 본인은 물론 내 아이를 아프게 하지 말자.

동화 작가 댄 그린버그의 말을 가슴에 새겨 보라.

"사람은 비교 당할수록 더욱 불행해진다. 내 아이가 정말 불행하길 바란다면 주변의 괜찮은 아이, 장점이 많은 형제와 끊임없이 비교해줘라."

04 | 아이는
엄마를 다른 엄마와
비교하지 않는다

5살인데 아직 한글을 못 읽어요

"아이가 또래들에 비해 모든 면에서 늦는 거 같아 걱정입니다. 초등
학교 3학년이 되면 다 똑같아진다며 걱정하지 말라고 하지만 다른 아
이들은 벌써 한글까지 배우고 있는데 우리 아들은 그러질 못하니 걱
정이네요."

필자는 현재 유치원을 운영하는 관계로 하루에도 몇 번씩 엄마들
과 직접 아니면 전화로 상담을 한다. 그동안 엄마들과 상담하면서 한
가지 특징을 알 수 있었다. 바로 아이를 금쪽 같이 여길수록 다른 아
이들과 비교해가며 아이를 더 힘들게 한다는 것이다.

"옆집 애는 안 그러는데 너는 왜 그러니?"

"앞 동에 사는 ○○는 공부도 잘하는데 너는 이게 뭐니?"

"○○는 부모 말을 그렇게 잘 듣는다는데 너는 왜 안 들어?"

이처럼 내 아이를 다른 아이들과 비교해가며 아이의 자존심에 상처를 입힌다. 엄마로부터 비교 당하는 말을 들은 아이는 스트레스와 함께 열등의식을 가지게 된다. 심해지면 '역시 나는 안 되나봐.', '여기까지가 내 한계야.' 와 같은 부정적인 사고가 자리하게 된다.

엄마들이 매일이다시피 '옆집 아이' 나 '친척 아이' 와 비교하며 괴로워하는 이유는 무엇일까? 가장 큰 이유는 내 아이를 아끼고 사랑하기 때문이다. 그래서 내 아이가 다른 아이에게 뒤처지는 것이 싫은 것이다. 그래서 모든 면에서 다른 아이들보다 뛰어나기를 바라고 최고가 되었으면 하는 욕심을 가지고 있다.

한 엄마가 메일을 보내왔다.

"5살 된 아들을 둔 엄마입니다. 그런데 아이가 유난히 노는 것을 좋아해서 책을 보려고 하지 않아서 걱정이에요. 같은 또래의 옆집 여자아이는 제법 글의 양이 많은 책도 혼자 척척 잘 보던데요. 나도 모르게 자꾸만 옆집 아이와 비교되기도 하고 걱정도 됩니다. 우리 아이는 친구들과 어울려 노는 것을 좋아하고 책보다는 피아노, 미술, 예체능을 더 좋아해요. 아이가 책과 가까워질 수 있도록 일부러 일주일에 한

번 정도 서점에 가는데도 책을 좋아하지 않으니 걱정이 됩니다."

필자는 다음과 같이 조언했다.

"5세 아이에게는 읽는 독서보다는 듣는 독서가 더 큰 비중을 차지하는 시기로 볼 수 있습니다. 따라서 듣는 독서가 읽는 독서보다 더 중요합니다. 들을 수 있는 힘이 있어야 나중에 읽을 수 있는 힘도 커지고 쓰는 힘도 커지기 때문입니다.

엄마들 중에 책읽기를 빨리 하는 것이 독서력이 앞서는 것이 아닌가 생각하시는 분들이 많습니다. 꼭 그렇지 만은 않습니다. 외국의 한 연구에 따르면 초등학교 고학년이 되어 읽기에서 어려움을 겪는 아이들 중에 상당수가 유아에서 초기 아동기 때 듣기 활동에서 어려움을 겪었던 경우가 많다고 합니다.

옆집 여자 아이는 혼자서도 척척 읽는다고 하셨는데 독서 능력 발달단계상 남자 아이와 여자 아이의 차이가 분명 있다는 것을 고려해야 합니다. 12세 전까지는 여자 아이가 남자 아이보다 발달이 앞서지만 이후에는 비슷한 수준이 되고, 그 이후는 남자 아이가 더 앞섭니다. 마지막으로 아이의 독서를 위해 책을 꾸준히 읽어주시는 것이 좋습니다. 참고로 말씀드리자면 책을 읽어주실 때 아이와 마주 앉기보다 아이를 무릎에 앉히고 함께 책을 바라보면서 읽어주면 아이가 책과 친숙해지는데 많은 도움이 됩니다."

대부분의 엄마들은 '우리 아이는 아직 부족해', '더 뭘 시켜야 할 것 같아' 하는 불안한 마음들 때문에 하루도 마음이 편할 날이 없다. 그러나 진정으로 내 아이를 사랑한다면 아이를 가혹하게 내몰기보다 있는 그대로를 인정하고 믿고 기다려주는 여유를 가져야 한다.

아이가 옆에 있어도
거침없이 아이의 단점을 말하는 엄마

엄마들과 상담을 하다보면 아이가 앞에 있는데도 아랑곳하지 않고 이런 말을 하는 엄마가 있다.

"우리 아이는 한글도 일찍 떼고 영어도 제법 잘 하는데 왜 저렇게 스스로 하려는 마음이 안 드는지 모르겠어요."

"얼마 전 같은 반 ○○는 엄마가 하라는 잔소리를 안 해도 척척 알아서 책보고 공부하던데 우리 애는 잔소리를 해도 들어먹지 않아요."

"우리 아이는 글씨를 언제쯤 되어야 알 수 있을까요?"

"우리 아이는 다른 아이들보다 뭐가 다르고 부족하길래 그렇게 한글 배우는 것이 안 될까요?"

필자는 옆에 있는 아이가 마음에 상처를 입을까 염려되어 "아이를 누군가와 비교하는 말은 좋지 않아요."라고 말하면 "아직 어려서 괜찮아요."하고 대꾸한다. 그러고 보면 엄마들은 참으로 이기적인 존재라는 생각이 든다. 내 아이를 아직 어린 존재라 인식하면서도 모든 면에서 다른 아이들보다 더 잘하고 뛰어나기를 바라니 말이다.

엄마들은 아이가 실망시킬 때 "너는 왜 누구보다 못하니?", "너는 어떻게 동생(형)보다 못하니?", "옆집 누구 좀 봐라."라는 말을 쉽게 한다. 예를 들어 심부름을 보냈는데 잘못했을 때, 성적이 좋지 않았을 때, 생활습관이 나쁠 때 무심코 다른 아이와 내 아이를 비교하게 된다. 물론 이것은 다른 아이가 내 아이보다 모든 면에서 꼭 뛰어나서라기보다 구체적인 이름을 대서라도 아이에게 자극을 주기 위해서라고 엄마들은 여긴다. 그러나 이런 자극은 아이의 마음에 상처를 입히고 스트레스를 준다. 이는 아이로 하여금 자존감을 저하시켜 위축 들게 만든다. 그 결과 열등의식에 빠져 노력도 하지 않은 채 자신보다 잘하는 다른 아이들을 비난하거나 험담하게 만든다.

지금 아이가 공부를 조금 더 잘하고 다른 아이보다 대체로 빠르다고 나중에 반드시 앞서는 것은 아니다. 아이는 아직 완전하지 않은 존재이기 때문에 성장하면서 얼마든지 달라질 수 있다. 아이들 가운데 또래들에 비해 숫자를 빨리 세는 아이가 있는데 그렇다고 해서 한글까지 빨리 배우는 것도 아니다. 신체발달이 빠르다고 언어발달도 빠른 것은 아니며, 지능이 높다고 사회성이 높거나 운동발달이 빠르다고 단정 지을 수 없다.

아이의 행동이 마음에 들지 않는다고 자꾸 다른 아이와 비교해서 간섭하거나 잔소리하게 되면 그때마다 아이의 자존심은 짓밟히게 된다. 이는 오히려 아이에게 역효과가 불러와 엄마에게서 멀어지거나 진저리를 치면서 흥미를 잃을 수 있다.

아이는 자기 엄마가 엄마인 것에 대해 아무런 불평도 하지 않는다. 아무리 간섭하고 잔소리하며 야단쳐도 다른 사람이 우리 엄마였으면 하고 생각하지 않는다. 오히려 마음속으로 자기 마음을 좀 더 엄마가 이해해주고 알아주었으면 하는 바람을 가지고 있다. 이런 내 아이의 마음에 비교라는 대못을 박는 못난 엄마가 되어선 안 된다.

엄마를 위한 해결책 및 대처법

아이는 땅에 갓 심은 꽃씨와 다를 바 없다. 지금 땅에 꽃씨를 심었다고 해서 당장 꽃이 피지 않는다. 꽃씨는 햇볕과 비바람을 맞으며 어느 정도의 시간이 흐른 후 스스로 잎을 띄우고 줄기를 말아 올려서 꽃을 피우게 된다. 마찬가지로 아이도 스스로 잠재력의 꽃을 피울 때까지 옆에서 이끌어주면서 기다려주는 인내가 필요하다.

아이가 행복한 인생, 성공하는 인생을 살기를 바란다면 절대 또래들과 비교하는 못난 엄마가 되어선 안 된다. 비교하는 것은 엄밀히 말하면 내 아이가 가지고 있는 기질과 특성, 개성, 잠재력을 믿지 못하기 때문이다. 아이의 잠재력을 믿는 엄마는 절대 비교하지 않는다. 지금 당장은 다른 아이들에 비해 늦고 뒤처지더라도 언제까지나 늦고 뒤처지지 않는다는 것을 알기 때문이다. 그래서 비교하는 대신에 내 아이만의 장점이나 강점, 개성을 살려주기 위해 노력한다. 또래들과 다른 기질이나 특성이 내 아이만의 개성이 되고, 그것이 바로 가치가 되기 때문이다.

진정 아이의 행복을 원한다면 비교하는 대신, 아이가 가지고 있는 능력과 개성을 존중해 주어야 한다. 아이를 다른 누군가와 비교하는 것은 그 누군가처럼 똑같아지기를 바라는 것과 같다. 비교는 내 아이만의 강점이나 개성의 싹을 싹둑 자르는 가위질이 된다. 이런 아이가 어떻게 행복하고 성공하는 인생을 살 수 있을까?

05 | 비교는 자신감과 학습 의욕을 꺾는다

 **비교는 경쟁을 부르고 경쟁은 스트레스와 열등감을 부른다**

한 중학생으로부터 다음과 같은 메일을 받았다.

"집에서 부모님이 특별히 못해주는 것도 없는데 부모님이 자주 성적을 친척집 아이들과 비교를 하십니다. 그럴 때마다 정말 짜증이 나고 의기소침해져요. 물론 저도 나름대로 열심히 공부하는데도 성적이 오르지 않을 때면 속상해 죽겠는데 말이죠.

언제부턴가 저도 이런 버릇이 생겨났어요. 나도 저런 스마트폰 있으면 공부 잘할 거 같은데… 나도 저런 비싼 브랜드의 옷을 안 사주나? 누구는 주말마다 맛있는 거 사먹는데 나는 안 사주나? 물론 저도 제가 하는 생각들이 정말 어이없는 것들이라는 것을 잘 알고 있습니다. 그런데도 자꾸 부모님한테 비교를 당하다 보니 나까지 다른 사람과 비교하는 것 같아요."

필자는 메일을 읽으면서 가슴 한 구석이 아려왔다. 사실 학생들은 "공부 열심히 해라."라는 말을 하지 않아도 충분히 많은 스트레스와 열등감에 시달리고 있기 때문이다. 그런데도 많은 부모들이 아이에게 경각심을 심어주기 위해 앞집 아이, 옆집 아이, 친척집 아이와 끊임없이 비교하는 말을 한다. 가장 가까이에 있는 부모로부터 비교하는 말을 들을 때마다 아이의 마음은 가차 없이 난도질당하게 된다.

많은 엄마들이 쉽게 아이를 평가하고 다른 아이와 비교하며 조금이라도 우리 아이가 다른 아이들에 비해 부족하다면 참지 못한다. 비교는 경쟁을 부르고 경쟁은 스트레스와 열등의식을 불러온다. 따라서 비교하는 부모 아래 아이는 부모의 비교 속에 말 못할 스트레스를 짊어지고 생활한다.

"누구는 영어를 그렇게 잘 한다더라."

"다들 하는데, 너만 못하는 거니?"

"누구는 경시대회 나가서 상 타왔다더라."

물론 부모는 내 아이가 다른 아이들에 비해 처지고 부족하니 조바심이 나는 건 당연하다. 그런 답답한 마음에서 하소연하듯 아이에게 좀 더 잘하라는 뜻으로 비교의 말을 하지만 정작 부모로부터 비교의 말을 듣는 아이는 한없이 움츠러들고 작아진다. 부모의 기대는 하늘처럼 높기만 한데 자신의 능력은 땅바닥에 떨어졌으니 절로 자신감이 꺾인다. 그 결과 더 잘해야지, 하고 마음먹었던 결심은 온데간데없이 사라지고 노력해도 소용없을 것 같은 무기력함만 남는다.

비교는 학습 의욕을 꺾는다

한 엄마가 유치원으로 필자를 찾아왔다. 그 엄마는 자신의 아이가 다른 아이들에 비해 부족한 것 같아 염려가 되어 찾아왔다는 것이었다.

　"선생님, 다른 친구들에 비해 제 아이는 어떤가요? 다른 애들은 자기 이름을 다 쓸 줄 아나요? 우리 애는 아직 자신의 이름도 쓸 줄을 몰라요. 너무 뒤처지는 거 아닌가 걱정이 되네요. 말은 그냥 하는 편인데, 글자를 보고 이해해서 읽을 줄을 몰라요. 또래 친구들은 곧잘 하던데, 우리 애는 책 읽기에도 별로 관심이 없는 것 같아요."

　엄마의 아이에 대한 비교는 끝이 없다. 혹여 다른 아이들보다 늦거나 부족하면 당장 큰일이라도 날듯이 생각한다. 그러면서 내 아이를 다른 아이들과 하나하나 비교해가며 잘하거나 뛰어난 점이 있으면 흡족해하며 반대로 부족한 부분을 찾게 되면 이내 지레 염려하고 걱정하며 스트레스를 받는다.

비교하는 말은 내 아이의 미래를 망치는 독설과 같다. 꼭 아이에게 험한 말이나 거친 말을 해야 독설이 아니다. 비교하는 말은 아이의 자존심에 상처를 입혀 자존감을 떨어뜨린다. 이는 자신감과 학습 의욕 저하로 이어지게 된다. 자신감과 학습 의욕이 부족한 아이는 학교 성적은 둘째 치고, 친구들과 원만한 관계를 맺을 수 없다. 또한 사회에 나가서도 사람들과 원만한 사회생활을 할 수 없게 된다. 늘 혼자 지내며 고립된 생활을 하게 된다.

한 아이가 "엄마 나 오늘 90점 받았어요."라며 웃는 얼굴로 들어왔다. 엄마는 "그래? 너보다 잘한 아이는 몇 명인데?"라고 받아친다. "음, 한 10명이요."라고 아이가 말하자 "그럼 다 잘한 거네, 너만 잘한 것도 아니잖아. 이번에 문제가 쉬웠나보다." 아이의 표정이 어두워지기 시작한다. 엄마는 아이의 표정은 살피지 않고, "네 친구 서영이는?"라고 묻는다. 아이가 "걔도 나랑 같은 90점이에요."라고 말하며 이런 저런 이야기를 꺼내려고 하자, 엄마는 대충 아이의 말을 듣는 둥 마는 둥, "아, 그래 잘했어."라고 하며 이야기를 끝내 버린다.

위와 같은 상황이라면 아이는 공부하기 싫어진다. 어차피 좋은 점수를 받아와도 더 잘한 아이와 비교를 당할 텐데 고생해서 공부할 의욕이 사라지기 때문이다. 또한 다른 친구와 비교하는 말을 해가며 자존심에 상처를 입힌 엄마에 대한 보복 심리로 일부러 공부를 안 하게 된다. 이런 비교하는 말은 결국 아이의 학습 의욕을 떨어뜨리는 것은 물론 누구보다 친밀해야 할 엄마에 대한 반감을 가지게 한다.

내 아이가 행복한 인생을 살기를 바란다면 내 아이에게만 초점을 맞춰야 한다. 절대 다른 아이들에게 기준을 두고서 그 기준에 맞춰 내 아이를 저울질해선 안 된다. 다른 아이가 아무리 똑똑하고 공부를 잘해도 그 아이는 내 아이가 아니다. 지금 나에게 가장 중요한 존재는 바로 내 아이라는 사실을 기억해야 한다. 따라서 "다른 아이들은 어떨까, 우리 아이보다 잘하지 않을까?"라는 생각 자체를 하지 말아야 한다. 이런 생각을 버릴 때 비로소 부모의 초점은 내 아이에게 오롯이 집중된다.

비교는 습관이다

얼마 전 상담을 했던 한 엄마는 돌아가신 아버지에 대해서 아직도 못마땅한 기억을 가지고 있었다. 그녀의 아버지는 늘 동생이나 친구 아들과 비교하며 잔소리하거나 야단치시곤 했다는 것이었다.

"넌 그걸 공부라고 하는 거냐?", "언니가 되어서 동생만도 못하냐?", "아버지 친구 아이들은 공부를 모두 잘하는데 너는 항상 제대로 하는 게 없으니 걱정이다."

늘 이런 식이었다. 한번은 60점대의 시험점수를 받던 과목을 100

점 받았는데, 그 때도 아버지가 점수를 보고 하시는 말씀이 "이번에는 시험문제를 다 알려줬나 보구나?", "너희 반 아이들 모두 다 100점이지?" 하셨다는 것이다.

그녀는 어린 시절 분노를 아직도 잊지 못한다고 토로했다.

그녀는 아버지에 대한 반감의 표출로 그 후로 학교도 많이 결석하고, 지각과 조퇴도 많이 했다. 그리고 아버지가 말씀하시는 것들은 모두 반항하게 되고 삐뚤어진 행동만 하게 되었다. 그러다 보니 고등학교만 겨우 마치게 되었다.

그녀는 자주 어린 시절의 기억을 떠올리며 내 아이만은 그렇게 키우지 않으려고 절대로 비교는 하지 않으려고 노력하는데도 그게 잘 안 된다는 것이었다. 자신도 모르게 "네 친구들은 성적이 어떻게 나왔니?" 하면서 비교가 되더라고 말했다.

절대 아이에게 비교하는 말을 해선 안 된다. 아이가 잘하고 싶어도 부모로부터 다른 아이와 비교하는 말을 들으면 의욕이 상실된다. 의욕 상실만 되는 것이 아니라 '그 아이보다 못하면 어쩌지' 하는 불안감 때문에 자신감을 잃게 된다. 그래서 시도해보지도 않고 쉽게 "못해요."라고 포기하게 된다.

엄마를 위한 해결책 및 대처법

아이의 행복과 성공은 자신감과 학습 의욕에 있다고 해도 과언이 아니다. 성공한 사람들의 거의 대부분은 강한 자신감과 학창시절에 열심히 공부한 사람들이기 때문이다. 따라서 아이에게 자신감을 높여주고 학습 의욕을 고취시켜 주기 위해선 결과보다는 과정 중심으로 칭찬과 격려를 해줘야 한다. 중요한 것은 모든 과정에 있어 '아이가 노력을 했는가, 안했는가?' 이다. 과정에 충실했다면 결과에 연연하지 말고 아이가 노력한 모습과 열심히 한 모습을 충분히 칭찬해주어야 한다. 아이는 결과보다 과정을 중시하는 부모의 모습을 보면서 결과에 대한 불안감이나 두려움에서 벗어나게 된다.

무엇보다 아이 스스로 결과보다 과정을 즐기며 최선을 다하는 모습을 중요하게 여기게 된다. 이는 매사 최선을 다해 생활하는 아이로 자라게 한다.

비교하는 말보다 칭찬과 격려를 해줌으로써 공부에 싫증을 느끼기보다는 의욕과 도전의식을 불러일으켜 더 좋은 결과를 가져오게 해야 할 것이다.

06 | 엄마의 스트레스를 아이에게 풀지 마라

워킹맘은 피곤하다

한 지인과 모처럼 함께 저녁을 먹다가 요즘 우울증 약을 먹고 있다는 말을 들었다. 그동안 그녀에게서 늘 활달한 모습만 봐왔던 터라 그녀가 우울증 약을 먹고 있다는 말은 충격 그 자체였다.

"얼마 전부터 특별한 일이 있었던 것도 아닌데 만사가 귀찮고 피곤하기만 해요. 아이와 함께 있으면 즐거움보다는 짜증이 나고 귀찮다는 생각이 더 강해서 아이에게 미안하다는 생각마저 들어요."

얼마 전 신의진 연세대 소아정신과 교수는 "워킹맘의 23.1%가 전문가의 도움을 받아야 할 정도로 우울 성향을 보였다."라는 결과를 내놓았다. 그만큼 엄마들 가운데 양육으로 인한 스트레스가 심하다는 것을 의미한다.

　육아전문지 '맘&앙팡' 이 조사한 결과(여성포털사이트 이지데이 2009년 12월, 2288명 대상), 아이를 키우며 직장에 다니는 엄마들이 가장 스트레스를 받는 항목은 '아이와 놀아주지 못할 때 생기는 죄책감과 피로' (41%, 940명)였다. 이는 과로나 직장에서의 스트레스보다 아이와의 관계에서 느끼는 스트레스가 더 크다는 것을 뜻한다.

　문제는 엄마의 우울증이다. 엄마의 우울증은 결국 아이의 스트레스로 이어지기 때문이다. 신의진 교수는 서울 시내 유치원에 다니는 워킹맘 자녀의 스트레스를 조사한 결과 31.2%의 아이들이 지속적인 관찰과 주의를 필요로 한다고 말한 바 있다.

　얼마 전 한 엄마가 필자를 찾아왔다. 그녀는 직장 업무와 가사에서 얻는 스트레스를 자신도 모르게 아이에게 화풀이할 때가 있다고 말했다. 그러면서 아이에게 잘해주고 싶은데 뜻대로 잘 안된다고 토로했다. 지금은 아이 양육에만 집중하기 위해 직장을 그만두는 것에 대해 남편과 상의하고 있다고 했다.

비교하는 순간 엄마의 스트레스는 끝이 없다

다음은 인터넷에서 발견한 한 엄마의 고민 글이다.

"혹시 내 아이를 다른 아이와 비교하면서 얻는 스트레스와 조바심을 값비싼 아이용품을 사들이면서 푸시는 어머님들 계신가요?

제일 안 좋은 것이 내 아이의 개성을 무시한 채 다른 아이와 비교하면서 조금만 뒤처지는 것 같아도 조바심이 나거나 안달 나서 아이를 닦달하는 거라고 하더군요. 저는 아이를 가지기 전에 전혀 그러지 않을 거라고 장담하던 엄마였습니다. 그러나 우리 아이가 말문이 조금씩 트이고 일상에서 단어를 조금씩 알아가고 하는 것이 신기하기도 하고 기특해서 자꾸만 다른 아이와 비교를 하게 되더군요. 같은 개월수의 다른 아이와 비교해서 조금만 뒤처지는 것 같아도 겉으로 내색을 전혀 하지 않고 있다가도 집에 와서는 남편을 닦달하고 제 자신을 닦달하는 모습을 요즘 종종 발견하네요. 이제 겨우 세살인데, 배우면 뭘 얼마나 많이 배운다고 말이죠.

아이와 단둘이 있으면 전혀 조바심나거나 맘이 다급하거나 그러지 않은데 주변에 같은 월령의 아이들과 엄마들을 만나고 오면 마음이 다급해지는 제 자신을 발견합니다. 그렇다고 제 아이가 발달이 현저하게 느린 건 아니지만 그냥 다른 아이들처럼 뭐든 뛰어났으면 좋겠어요. 이런 마음은 어떤 부모든 다 마찬가지겠죠. 그래서 닥치는 대로 사들입니다. 아이 용품, 육아에 관한 책, 아이 교육에 관한 부모지침서, 아이와 놀아주면서 교육할 수 있는 교구 등등. 사실 이런 것보다 정말 중요한 것이 아이와 엄마의 교감인데 왠지 돈을 들여 눈에 보이는 아이 용품들을 사들이면 그것 자체만으로도 뿌듯함이 느껴지고 뭔가 채워지는 것 같거든요. 어떻게 하면 좋을까요?"

내 아이에게 최고로 잘해주고 싶은 마음은 엄마라면 누구나 가지고 있다. 그래서 자신도 모르게 내 아이를 다른 아이들과 비교하게 된다. 그런 과정에서 혹여 내 아이가 또래들에 비해 뒤처진다고 생각되면 모든 역량을 동원해 부족한 부분을 채우기 위해 분투한다.

그러나 엄마가 알아야 할 것은 아이마다 성장발달이 다르다는 것이다. 그래서 절대 내 아이를 다른 아이들과 비교해선 안 된다. 세상에는 내 아이보다 더 뛰어난 아이들이 많다. 그래서 비교하는 순간 엄마의 스트레스는 끝이 없다. 지혜로운 엄마는 아이 양육에서 오는 스트레스를 잘 관리한다. 그래서 그 스트레스가 절대 아이에게 미치지 않게 한다. 아이를 밝고 건강하게 양육함에 있어 스트레스보다 더 나쁜 영향을 주는 것도 없기 때문이다.

엄마의 양육 스트레스는 다음과 같은 사이클로 반복된다.

아이와 못 놀아줘서 죄책감을 느낀다

↓

그로 인해 스트레스를 받는다

↓

아이에게 화풀이한다

↓

엄마로 인해 아이는 스트레스를 받는다

↓

아이가 받을 스트레스가 미안해 엄마도 스트레스를 받는다

엄마는 스스로 '이렇게 해선 안 되는데' 하고 자각하면서도 똑같은 과정을 반복하게 된다. 이런 악순환에서 벗어나기 위해서는 힘들더라도 내 아이와 다른 아이들과 비교하는 것을 멈춰야 한다. 비교를 멈춘다면 자연히 양육 스트레스는 줄어들게 되고 그만큼 내 아이에게 신경을 쓸 수 있게 된다.

한 엄마가 이런 메일을 보내온 적이 있다.

"친한 친구의 아이가 우리 아이와 동갑이에요. 우리 아이보다 3개

월 빠른데 객관적으로 봤을 때 여간 똘똘한 게 아니더라고요. 아이들끼리는 서로 너무 재밌게 놀고, 잘 지내는데 저는 집에만 오면 그 아이와 비교를 해서 아이에게 스트레스를 줍니다.

어제도 함께 만나서 식사했는데, 같은 4살인데 그 아이는 벌써 자기 이름도 쓰는데, 우리 아이는 아직 글씨와는 거리가 멀거든요. 영어도 잘하고, 그림도 잘 그리고, 말할 때도 똑소리가 나요. 친구의 아이를 보다 내 아이를 보니 지극히 평범하다는 생각에 괜히 제가 스트레스 받아요."

사실 4살짜리 아이들 가운데 영어도 잘하고 그림도 잘 그리는 아이는 드물다. 물론 아주 쉬운 글자 정도 쓸 수 있는 아이도 있다. 그런데 대부분의 아이들은 글자 쓰는 것은커녕 연필 잡는 것도 힘들어 한다. 따라서 위 사례의 아이는 지극히 정상이라고 할 수 있다. 그런데도 왠지 모르게 내 아이가 다른 아이에 비해 뒤처지는 것 같은 조바심이 생겨나는 것은 비교의식 때문이다. 비교의식은 엄마 자신이 알고 있는 내 아이에 대한 기질과 성향, 특성에 대해 그릇된 판단을 내리게 한다. 그리하여 내 아이가 뒤처지고 부족하다고 여기게 되는 것이다.

엄마를 위한 해결책 및 대처법

필자는 아이들에게 "엄마의 모습들 가운데 어떤 모습이 가장 싫고 화가 나는가?"하고 물어보았다. 아이들이 가장 많이 꼽은 것이 바로 '다른 사람과 자신을 비교하는 것' 이었다. 사실 다른 사람과 비교 당해서 기분 좋은 사람은 아무도 없다. 마찬가지로 엄마 역시 내 아이로부터 "누구네 엄마는……" 하면서 비교 당하면 기분 좋을 리 없다. 이처럼 비교는 엄마와 아이 모두의 내면에 열등감과 스트레스가 쌓이게 한다. 또한 엄마와 아이 모두 서로에 대해 부정적인 감정만 생겨 소통이 단절된다.

내 아이를 진심으로 아끼고 사랑한다면 비교하지 않는 엄마가 되어야 한다. 비교하지 않을 때 양육 스트레스에서 벗어날 수 있기 때문이다. 아이를 밝고 건강하게 키우고 싶다면 자신의 스트레스를 제대로 관리해야 한다. 스트레스를 잘 관리하는 엄마가 행복한 아이를 만든다.

07 | 형제간의 비교,
형제 사이 나빠지는
지름길이다

 **형제끼리 자주 싸우는 원인**

형제가 있는 아이들이라면 때로 형제끼리도 강한 질투를 느끼게 된다. 이 질투는 부모로부터 받는 사랑이 자기보다 형제가 더 크다고 생각되며, 상대적으로 자신은 사랑을 덜 받을 것이라는 두려움에서 비롯된다. 아이들이 형제자매에게 질투를 느끼는 것은 지극히 정상적인 행동이다. 형제가 더 많은 사랑을 받는다고 느낄 수도 있지만 그렇기 때문에 서로 경쟁을 벌이는 것인지도 모른다. 하지만 부모로부터 관심과 애정을 받으면 바로 안심을 하게 된다.

형제는 운명과도 같이 한 부모 밑에서 태어난 존재들이기 때문에 끊임없이 다른 형제와 비교대상이 될 수밖에 없다. 이런 비교는 부모로부터 행해지지만 정작 부모의 의도는 형제간의 특성을 파악하려는 의도보다 다른 형제와 비교해서 자극을 줌으로써 자녀가 좀 더 발전된 방향으로 나아가기를 원하는 의도가 더 강하다고 볼 수 있다.

8살 종수와 연년생 남동생 종민이는 엄마가 감시를 해야 할 정도로 자주 다투고 싸운다. 싸우게 된 이유를 살펴보면 거의가 별 거 아닌 사소한 것들이다. 예를 들면 종민이가 그림을 그리고 있는데 형 종수가 그림을 못 그리게 방해하거나 크레파스로 낙서를 해서 엉망으로 만들어 놓는 것이다. 또 형제끼리 카드 게임을 하다가 계속 진 종민이가 짜증을 내며 형 얼굴을 향해 카드를 내던져서 격한 싸움으로 번지게 되기도 한다.

그동안 엄마는 아이들이 아직 어린데다가 장난기가 가득한 사내아이들이기 때문에 치고 박고 싸우며 크는 것이 당연하다고 생각했다. 하지만 첫째가 초등학생이 되고 둘째도 이제 말귀 다 알아듣는 7살이 되었는데도 싸움이 잦아들기는커녕 하루에도 몇 차례씩 두 아이를 서로 떼어놓아야 하는 상황에 처하면서 더 이상 지켜만 보면 안 되겠다는 위기의식마저 들었다. 그래서 형제가 싸울 때마다 앞으로 싸우지 않도록 자극을 주기 위해 자신도 모르게 형제간에 비교하는 말을 하곤 했다.

"종수 너는 형이 되어가지고 어떻게 동생보다 의젓하지 못하니?", "종민이 너는 형처럼 공부 잘하려면 그림만 그리지 말고 책도 좀 보고 그래."

그런데 예전에는 형제가 싸우더라도 잠시 후면 화해하고 잘 지내곤 했는데, 언제부턴가 둘 사이가 멀어지기 시작했다.

자주 형제간의 비교를 하는 부모들이 있다. 비교는 우애 있게 지내야 할 형제들의 사이를 갈라놓는 지름길이라는 것을 간과하기 때문이다. 물론 부모들이 형제간의 비교를 하는 것은 서로 자극이 되어 더욱 잘하라는 취지에서이다. 그러나 현실은 이와 다르다. 형제간의 비교는 실력이 우월한 쪽은 우쭐해지면서 거만해지는데 비해 실력이 뒤처지는 쪽은 의기소침해지게 된다. 뿐만 아니라 다른 형제보다 못한 자신의 능력을 부모의 입을 통해서 확인하게 되어 그로 인해 좌절감과 심한 자책에 빠져들게 된다.

엄마의 오빠 편애주의

다음은 한 여중생이 보낸 메일이다.

"세 살 많은 오빠가 있습니다. 엄마는 오빠를 너무 좋아하셔서 오빠가 잘못한 일에는 아무렇지 않게 넘어가시고 만일 제가 잘못한다면 크게 야단치세요. 제가 집에 늦게 들어가면 크게 혼내시면서 오빠는 친구들과 놀다가 밤늦게 들어와도 '일찍 다녀라.' 라는 말만 하시더라고요. 억울해서 제가 따지면 엄마는 '오빠는 남자고 넌 여자잖아.' 이렇게 말씀하세요. 그리고 맛있는 반찬은 오빠한테 많이 챙겨주고 그래서 제가 엄마한테 '오빠만 잘해주느냐'고 따지자 엄마가 하는 말씀이 '오빠는 남자니깐 엄마랑 같이 지낼 것이고 넌 시집가면 시엄마랑 살잖니'라고 하시는 거예요.

만날 그래요. 오빠는 공부를 잘해서 뭐든지 잘한다 하시고, 저는 공부를 못한다는 이유로 비교당하고요. 엄마가 저와 오빠를 비교하면서 차별하는 것이 정말 화가 나고 싫어요. 자꾸만 엄마가 싫어지고 집에서 나가고 싶은 생각마저 들어요.

오늘은 엄마가 이런 말을 했어요. '자식 중에서 다 챙겨주고 싶지만 한 사람에게 관심 간다는 말이 사실인 것 같다.'라고요. 그때 오빠가 '그럼 나?'라고 했는데 맞데요. 그 순간 눈물이 나오는 걸 간신히 참았어요. 엄마가 툭하면 제 흉을 보고요. 만약에 오빠가 딸이었으면 저를 안 낳았을 거라는 말까지 해요.

저는 정말 외롭다는 생각이 들어요. 내 주위에는 나와 같은 편이 되어줄 사람이 없다는 생각도 들고요. 세상은 왜 이렇게 불공평할까요? 엄마도 원망스럽고 밉지만 오빠는 더욱 얄미워요. 말 섞기도 싫고 오빠가 없어졌으면 하는 생각마저 들어요."

필자는 여중생의 메일을 읽으면서 마음속으로 '그러면 안 되는데……'라는 안타까움이 들었다. 사실 여중생의 엄마처럼 형제와 비교하면서 아이에게 상처를 주는 사람이 적지 않다. 비교하는 순간 형제간의 우애는 깨지게 마련이다. 당연히 엄마에 대한 원망이나 미움도 커질 뿐 아니라 오빠의 얼굴도 보기 싫고 말도 섞기 싫어진다. 당연히 형제 사이는 회복하기 어려울 만큼 나빠지게 되는 것이다.

동생만도 못한 언니의 하소연

한 여학생은 초등학교 5학년 동생과 비교를 당하고 있다고 필자에게 하소연하는 메일을 보내온 적이 있다.

"저는 중학교 2학년 학생입니다. 저에게는 초등학교 5학년 동생이 한 명 있는데요. 제 동생이 저보다 공부를 더 잘합니다. 전교에서 1, 2등 하는데 부모님께서 자꾸 성적으로 저와 동생을 비교하시네요. 솔직히 전 초등학생 때 상위성적에 드는 편이었지만 동생처럼 특출나게 잘하지는 못했거든요. 그래서 부모님은 툭하면 '동생은 학원도 안다니면서 전교 1, 2등 하는데 넌 학원 다니면서 왜 동생만큼 못하느냐?'라고 신경질내시면서 비교하세요.

부모님이 자꾸 동생을 칭찬하시니까 동생도 기고만장해져서 저를 얕잡아봅니다. 제가 뭐라도 할라치면 '언니가 그것도 할 줄 알아?'라고 말하고요. 부모님이 자꾸 동생과 비교하시니까 기분도 나쁘고 집에 들어가기도 싫고 그러네요. 저도 나름으로 최선을 다해 노력하는데 성적이 자주 들쑥날쑥합니다. 그래서 저 역시 마음이 너무 괴로워요. 5등씩 떨어졌다가 5등씩 올라가기도 하고 이렇게 들쑥날쑥 해요. 제 소원은 반에서 1등해서 부모님에게서 칭찬 듣는 거에요.

오늘도 밥 먹고 있는데 '그 성적에 밥이 넘어가니?' 그러시는 거에요. 너무 힘듭니다. 하루하루가 가시방석에 앉아있는 기분입니다."

부모가 우등생인 동생과의 비교를 통해 언니에게 상처를 주는 행위는 톡 까놓고 말하면, "엄마는 공부 못하는 너보다 어리지만 기특하게 공부 잘하는 동생이 더 예쁘고 사랑스러워.", "난 네가 싫고 동생이 더 좋아."라고 말하는 것과 같다. 그러니 엄마로부터 동생과 비교 당하는 말을 들을 때마다 언니의 감정이나 자존심은 어떨까? 아마 진창길 같을 것이다. 반면에 동생은 또 어떨까? 나이만 많았지, 자신보다 공부도 못해 매일같이 부모님으로부터 혼이나 나는 언니를 존중하지 않게 된다. 그 결과 상대방의 입장은 조금도 헤아릴 줄 모르는 이기적인 사람으로 자랄 확률이 높다.

엄마를 위한 해결책 및 대처법

그렇다면 부모가 자녀들과 관계를 잘 유지하려면 어떻게 해야 할까?

다음 몇 가지를 체크해볼 필요가 있다.

① 아이들이 친하게 지내는 친구들의 이름을 각각 알고 있는가?

② 아이들 각자의 취미, 활동, 관심사를 함께 나누고 있는가?

③ 각 자녀를 볼 때 동일한 의욕과 관심을 갖게 되는가?

④ 동일한 기대감을 갖고 자녀들을 바라보는가? 아니면 어떤 아이에게는 더 큰 기대감

   을 갖고, 다른 아이에게는 더 낮은 기준을 적용하는가?

⑤ 모든 아이들에게 동일하게 반응하는가? 아니면 어떤 아이를 더 엄격하게 대하는가?

위 질문들 중에 '아니오.'라는 대답이 나오는 사항은 '예.'라는 대답이 나오도록 개선해야 한다. 또한 아이에게 조금 더 가까이 다가가 관심과 사랑을 표현해주는 노력이 요구된다. 때로 마음을 담은 편지도 주고받으면서 아이가 부모에게 자신이 사랑받고 있다는 것을 느끼게 해주는 것도 좋은 방법이다.

형제들 사이에 자신감이 부족하고 의기소침한 아이가 있다. 물론 기질이나 성향의 문제

일 수도 있겠지만 가장 큰 원인은 형제간의 비교로 인한 열등감을 꼽을 수 있다.

"너는 왜 형처럼 공부를 잘하지 못하니?"

"너는 누나처럼 깔끔하게 하고 다닐 순 없니?"

"넌 동생만도 못하구나."

아이들을 대할 때 각각의 개성을 존중해야 한다. 절대 '누구처럼'이라는 비교를 하지 말아야 한다. 아이들 각자 강점과 약점, 장점과 단점을 가진 개성적인 존재라는 것을 명심해야 한다.

사춘기의 아이들이 하나같이 부모들을 향해 하는 말이 있다.

"나는 나예요! 나를 다른 사람과 비교하지 마세요!"

내 아이가 훗날 진짜 잘되기를 바란다면 이 말을 절대 한쪽 귀로 흘려버려선 안 된다.

08 | 절대로
    아이들을
    편애하지 마라

 **나만 없으면 완벽한 가정이 될까?**

우리나라 정서 중 가장 크게 작용하는 것으로 '장남'에 대한 편애를 꼽을 수 있다. 옛날에는 많은 부모들이 가난한 형편에도 유독 장남에게만 따뜻한 밥을 먹였는가 하면 맛있는 반찬이 있으면 장남의 차지였다. 그리고 다른 자식들은 고등학교까지 보낼지언정 장남은 대학 뒷바라지 하는 것을 당연하게 여겼다.

그러나 이렇게 한 아이만 편애하는 것이 괜찮을까? 과거에는 먹고 살기도 힘들었고 장남이 부모를 모신다는 정서가 팽배해 있었기 때문에 형제들 간에도 장남은 예외적인 존재였다. 그러나 지금은 그렇지 않다. 무엇보다 '열손가락 깨물어서 안 아픈 손가락이 없다.'라는 속담처럼 편애를 당하는 다른 자식들의 마음은 어떨까?

두 중학생의 사례이다. 먼저 부모님의 지나친 기대로 부담스러워하는 한 중학생은 이렇게 토로했다.

"부모님의 지나친 관심과 애정이 사실 부담스럽고 답답해요. 차별당하는 형은 늘 저에게 적대적이고, 시험 기간이면 제 눈치를 보는 부모님도 짜증나요. 마음속으로 자주 부모님에게 '부담스럽다'라고 말하고 싶지만 용기가 없어서 그냥 참아요."

그 학생은 차남에 운동과 공부 등 못하는 게 없는 팔방미인으로 부모로부터 편애를 받는 입장이었다. 그래서 학생의 고민은 진로도 성적도 친구들 관계도 아니었다. 부모의 지나친 기대에 의한 심적 부담감과 형에 대한 미안함이었다.

이번에는 반대로 전교 1, 2등을 하는데다 학교회장인 형과 늘 비교되는 편애를 당하는 학생의 입장이다.

"부모님이 항상 형과 저를 비교해요. '형은 학원도 다니지 않고 성적이 우수한데 너는 학원을 다니면서 성적이 왜 그 모양이니?'라는 소리를 가장 많이 들어요. 저는 그런 비교하는 말을 들을 때마다 나만 없으면 완벽한 가정이라는 자책감이 들곤 해요. 사실 저도 노력은 하는데 생각처럼 되지 않아 괴로워요. 그런데다 한심하다는 듯한 부모님의 눈길을 볼 때면 쥐구멍에라도 숨고 싶은 심정이에요."

이 학생은 또래들에 비해 자존감이 낮은 편이었다. 그래서 또래들과 어울리는 것조차 힘겨워하고 만사에 의욕을 잃은 상태였다.

요즘 하루가 멀다 하고 뉴스에서 청소년들의 문제가 대두되고 있다. 심각한 학교 폭력과 왕따 때문에 시들어가는 어린 학생들의 소식을 접할 때마다 가슴이 철렁 내려앉는다. 그런데 청소년들의 문제는 그들만의 문제가 아니다. 자세히 들여다보면 청소년 문제의 진원지는 그들의 가정과 부모라는 것을 알 수 있다.

아이들에게 있어 부모의 관심과 애정은 올바르고 건강하게 자라기 위한 필수 요소이다. 그런데 아이들이 부모로부터 그러한 사랑을 느끼지 못하고 자라게 되면 결핍된 부모의 사랑을 외부에서 채우려고 한다. 대부분의 범죄자들이 어린 시절의 부모님으로부터 충분한 관심과 애정을 받지 못한 채 자랐다는 것만 봐도 알 수 있다.

요즘 사회 문제가 되고 있는 청소년 폭력 문제 역시 그 내막을 들여다보면 부모로부터 충분한 사랑받지 못한데서 기인했다는 것을 알 수 있다. 아이들은 결핍된 사랑을 채우기 위해 자신들과 마음이 맞는 아이들과 어울리게 된다. 그러는 과정에서 평생 후회하게 되는 범죄를 저지르게 되는 것이다.

왜 나한테만 양보하라고 하지?

유치원에서 우연하게 한 엄마와 상담을 하게 되었다.

그 엄마는 유치원에 큰 아이와 둘째 아이를 모두 보내고 있었다. 직장맘이었던 터라 아이들을 한꺼번에 챙기는 것이 힘겹게 느껴졌다.

7살인 첫째는 스스로 할 줄 아는 것들이 많은데도 큰 아이의 일에는 매우 열성적으로 참여했다. 그에 비해 둘째아이는 아직 부모의 관심과 사랑이 더 필요함에도 불구하고 언어 전달이나, 영어 등 아주 기본적인 숙제조차 제대로 된 도움을 받지 못하고 있었다. 엄마는 필자와 상담을 하면서 둘째 아이가 어떤 친구들을 좋아하는지, 무슨 생각을 하고 있는지, 겉으로는 밝게 보이지만 그 내면에 어떤 상처를 가지고 있는지 전혀 알지 못했다며 미안해했다.

가장 기본적인 관심에 있어서조차 한 아이에게만 쏠리면 당연히 상처받고 아파하는 아이가 생기게 마련이다. 한 아이에게는 엄마의 사랑이 지나친 반면에 다른 한 아이에게는 결핍되는 것이다.

6살이 된 예솔이 엄마가 상담을 요청해 왔다. 동생이 말을 하기 시작하면서 언니의 것을 만지고 가지려 하고, 그 과정에서 엄마는 큰 아이인 예솔이에게 "네가 언니니까 양보해."라는 표현을 자주 하게 되

있다고 한다. 그 때마다 예솔이는 "왜 나한테만 양보하라고 해? 나한 테 엄마는 만날 화만 내."라고 이야기를 한다고 했다. 이런 과정에서 예솔이는 몰래 어린 동생을 꼬집기도 하고 엄마에게 변명이 섞인 거 짓말을 하는 일이 잦았다. 이런 예솔이를 볼 때마다 속상하다고 토로 했다. 그러면서도 더 어린 동생에게 양보하라고 이야기하는 것이 당 연한 것이 아니냐며 반문했다.

형제, 자매가 타툴 때만큼 부모의 지혜가 절실한 때가 없다. 잘잘못 을 정확하게 가려 주는 현명한 판단력을 발휘해야 할 뿐만 아니라 어 느 누구의 마음도 상처받지 않도록 따뜻하게 보듬는 아량도 베풀어야 한다. 위의 사례에서처럼 누구 한 아이만의 잘못으로 몰아가서도 안 되고 정확한 이유를 묻지 않은 채 단정 지어 말하는 것은 아이에게 스 트레스로 남을 수 있다. 이처럼 한 아이에게만 감정을 참으라고 권유 하기보다는 먼저 엄마의 느낌을 솔직하게 표현하는 것이 좋다.

"네가 동생과 싸울 때 엄마는 매우 마음이 아프단다."라는 말로 표 현하면 아이는 충분히 알아듣기 때문이다. 그리고 나서 아이가 스스 로 판단하고 생각할 수 있도록 유도한다. "무슨 마음으로 동생을 때 렸니? 동생은 왜 그런 행동을 했을까?"와 같은 말로 요구가 아닌, 엄 마의 요청으로 아이에게 말을 건네야 한다. 그러면 아이는 일방적으 로 강요할 때보다 훨씬 긍정적인 반응을 보인다.

엄마를 위한 해결책 및 대처법

자녀에 대한 부모의 '편애'는 공공연한 비밀이라는 연구결과가 발표되었다. 미국 데이비스 캘리포니아 대학(UC 데이비스)연구진이 768명의 형제·자매와 그들의 부모를 조사한 결과 아버지의 70%와 어머니의 65%가 자녀 중 한 자녀를 더 예뻐하는 것으로 나타났다.

연구진에 따르면 부모들은 건강하거나 맏이거나 연약한 막내에게 더 큰 애정을 가질 확률이 높았다. 가장 연약한 자녀는 심리적으로 부모의 동정심을 자극해 더 많은 사랑을 받을 가능성이 높았다. 이는 막내를 편애하는 이유와도 일치한다.

그러나 전문가들은 지나친 편애는 아이 정서 발달에 악영향을 미친다고 경고했다. 다른 형제보다 부모의 사랑을 덜 받는다고 느끼는 자녀는 불안감, 낮은 자존심, 우울증에 시달릴 확률이 높아질 수 있기 때문이다.

따라서 전문가들은 다음과 같이 충고했다.

"부모는 편애를 드러내서는 안 되며 자녀가 눈치를 채더라도 계속 부정하는 편이 좋다."

부모로부터 편애를 당하는 아이는 자신이 사랑받지 못한다고 여기게 된다. 그리하여 아이는 '나는 바보여서 아무데도 쓸모없고 아무것도 할 수 없는 무능한 사람이다.'라는 생각을 하게 된다.

아이에게 "네가 다 참아라." 또는 "네가 무조건 양보해라."라고 말하는 것은 아이의 능력 밖의 것을 요구하는 일이 된다. 가장 이상적인 양보는 내 아이의 일방적인 희생을 요구하는 것이 아니라 서로가 상처받지 않고 원하는 것을 가지는 것이다. 형과 동생 사이에서도 무조건 형의 양보만을 강요하지 말고, 동생에게는 왜 도움과 양보가 필요한지 알려주고, 형이 스스로 동생을 아끼고 도와줘야 겠다는 마음을 가질 수 있도록 이끌어야 한다.

형제들 중에 유독 한 아이가 문제가 있다는 생각이 든다면 가장 먼저 부모 자신부터 바뀌어야 한다. 그동안 필자는 상담을 통해 많은 부모들이 자신이 특정한 아이를 편애하고 있다는 사실을 몰랐다고 말했다. 즉, 이 말은 부모 자신이 모르는 사이에 한 아이를 편애함으로써 한 아이를 아프게 하고 있었다는 말이다.

절대, 절대로 한 아이만 편애하지 마라. 편애는 내 아이를 불행한 인생으로 이끄는 엘리베이터라는 것을 기억해야 한다.

필자는 한 아이만 편애하는 엄마들에게 이렇게 충고한다.

"자녀들 중에서 어떤 아이는 바라만 보아도 흐뭇하고 애정을 마구 주고 싶어지지요. 그런데 다른 아이는 생각만 해도 머리부터 지끈 지끈 아파오는 것을 느낍니다. 그러나 많은 부모들이 이것이 편애라는 사실을 모르고 있습니다. 부모는 자신도 모르게 한 아이를 편애하지만 편애를 당하는 아이는 부모가 자신을 바라보는 눈길이 얼마나 차가운지, 형, 동생, 오빠를 바라보는 부모의 눈길이 또 얼마나 따뜻한지를 예리하게 간파하고 있습니다. 따라서 부모부터 달라지지 않으면 결코 문제가 해결되지 않습니다. 오히려 악순환만 되풀이 되면서 눈에 넣어도 안 아픈 내 아이의 인생이 망가지게 됩니다."

09 | 비교하는 엄마가 아이를 망친다

 **비교는 비교로 그치지 않는다**

엄마들이 모이면 많이 나누는 이야기 중 하나가 내 아이와 남의 아이를 비교하는 것이다. "애가 다른 애보다 좀 늦되나 봐.", "요즘 애치고 공부를 안 시켰나 봐.", "엄마가 안 키워서(맞벌이를 해서) 그런지 다르긴 다르네." 이런 비교는 자칫 서로의 마음을 상하게 하기 십상이다. 또한 남의 아이에 비해 내 아이가 뒤처진다고 생각되면 열등감이 생겨나면서 불필요한 걱정까지 하게 된다.

아이들마다 기질과 성향, 개성이 다르다. 그런데도 왜 엄마들은 자신의 아이를 남의 집 아이와 비교하는 것일까? 이는 내 아이가 조금 더 낫다 싶은 부분이 있으면 확인하고 싶은 심리 때문이다. 그리고 엄마가 아이에 대해 객관적인 시각을 가지기 어렵기 때문에 늘 자기 아이가 최고라고 여기고 싶어 은연중에 남의 아이의 단점을 지적하게 된다.

비교하는 사람은 별생각 없이 하는 말이지만, 당하는 엄마는 여간 스트레스가 아니다. 정작 엄마나 아이는 그다지 부족하다는 생각도 하지 않았는데 이런 비교를 당하게 되면 괜히 걱정이 된다. 비교하는 순간 내 아이가 잘하는 면보다 부족한 부분이 먼저 눈에 띈다. 그러다 보니 엄마는 본의 아니게 아이에게 화를 내고, 비교당하는 부분을 채우기 위해 아이를 닦달하고 윽박지르게 된다.

아이들이 엄마에게 가진 불만 가운데 가장 큰 것이 자신을 누군가와 비교하여 질책하는 것이다. 사실 "공부 열심히 하라."는 성화도 듣기 괴로운데 누구는 이렇고 저렇고 하면서 자신을 야단칠 때 아이의 자존감은 바닥으로 떨어지게 된다.

아이에게 있어 비교가 가장 나쁜 것은 비교하는 것으로 그치는 것이 아니기 때문이다. 곧장 다른 아이에 비해 부족한 부분에 대한 질책과 비난이 이어진다. "글쎄, 말을 해도 눈 깜짝 안하고 샘도 없나봐, 도통 말을 듣질 않아요." 이런 말을 들을 때면 아이들은 스트레스를 받게 되고 괴롭다. 물론 엄마로부터 비교 당하는 말을 들을 때마다 아이 역시 샘이 나고 자극이 된다. 사실 아이들은 자신보다 공부나 외모에 있어 월등한 친구를 보면 속이 끓고 뚜껑이 열린다. 아이들도 부모에게 칭찬과 인정을 받고 싶고 친구들보다 더 잘하고 싶은 마음이 굴뚝이다. 그런데 현실은 그렇지 못하니 스트레스가 팍팍 쌓이게 된다.

비교하는 엄마들의 3가지 특징

수지와 재성이는 어렸을 때부터 친한 친구 사이였다. 4살 때부터 함께 자주 만나고 생활하며 문화생활과 학습 부분도 함께 하고 있었다. 성적이나 수준도 서로 엇비슷했고 노는 취미와 덩치도 같은 편이였다. 7살이 되어 유치원이 달라졌고 그 뒤로 둘 사이에 뭔가 차이가 생기기 시작했다. 수지는 키도 훌쩍 자라고 말도 잘 듣고 공부도 열심히 하였다. 재성이는 수지만큼 키가 크지 못했고 유치원에서는 말을 잘 듣지 않아 선생님에게서 전화가 가끔 오곤 했다.

수지 엄마가 "어, 예전에는 키가 비슷하더니 우리 수지가 더 키가 크네. 재성아, 많이 먹고 운동도 많이 해야겠다."라고 했더니 재성이의 대답이 놀라웠다. "수지가 저보다 공부도 잘하고 키도 많이 커서 속상해요, 저 요즘 우유 엄청 먹어요. 수지 키 따라 잡을 거예요."

민망해진 수지 엄마는 얼른 이렇게 마무리 했다고 한다. "그래, 키도 많이 크고 공부도 더 잘 해야지. 수지는 이제 재성이가 더 크고 공부도 잘 할 텐데 더 열심히 해야겠네."

지나치지 않은 비교는 아이에게 경쟁심을 갖게 해 성과를 발휘하는데 있어 도움이 될 수도 있다. 그러나 지나치게 되면 또래들과 어울리지 못한 채 늘 혼자 불만에 쌓여 정서불안 상태에 빠지게 된다. 그런데도 눈치코치 없는 엄마가 계속 다른 아이들과 비교하게 되면 아이는 노이로제 혹은 우울증에 빠지게 된다.

필자는 비교하는 엄마들에게서 다음 3가지 특징을 찾을 수 있었다.

첫째, 아이가 자신의 기대 수준에 못 미쳤을 때 다른 아이보다 뒤쳐진다는 시각을 가진다.

둘째, 아이는 저마다 장점과 결점을 가지고 있다. 그런데도 아이의 장점보다 단점에 초점을 맞춘다.

셋째, 아이는 엄마의 욕심대로 자라지 않는다는 것을 간과한다.

비교하는 엄마들은 한 아이를 '똑똑한 아이'로 분류해 놓으면 다른 아이는 자연스레 '부족한 아이'가 된다는 것을 망각하고 있다. 때로 자신의 아이가 똑똑한 아이가 될 수도, 부족한 아이가 될 수도 있다는 사실도 간과한다. 또한 아이가 가진 기질이나 성향, 개성을 수용하지 못한 채 아이의 약점을 들춰내며 다른 아이와 비교함으로써 엄마 자신은 물론 아이에게까지 열등감을 가지게 한다. 결국 아이는 자신을 바라보는 엄마의 부정적인 태도에 의해 스스로 구제불능이라는 왜곡된 인식을 갖게 된다.

간혹 일부 엄마들은 아이의 실력 향상을 위해 남과 비교하는 전략이 필요하다고 생각한다. 그러나 "형보다 넌 더 생각이 깊어.", "정말 잘 했어! 다른 애들은 너처럼 못할 거야."라고 칭찬 섞인 비교라든지, "친구 ○○는 이번에 ~했다더라. 너, 할 수나 있겠어?", "형 좀 보고 배워라."라는 식의 질책하는 비교 등은 실력 향상을 위한 자극이 되기보다 오히려 열등감과 적대감이라는 결과를 가져온다.

공부나 성적과 같은 결과만을 가지고 비교해선 안 된다. 특히 아이가 못하는 분야, 그래서 스스로 무능력하다고 좌절하는 점을 가지고 비교하지 않도록 해야 한다. 아픈 상처를 건드리지 않는 게 좋다. 물론 내 아이보다 더 잘하는 아이들을 보면 자신도 모르게 내 아이에게 무슨 문제가 있는 건 아닌지 걱정이 되기도 한다. 하지만 이럴 땐 내 아이를 객관적으로 바라볼 수 있어야 한다. 내 아이와 다른 아이들과의 성장발달이 다르다는 것을 기억해야 한다는 말이다.

비교가 아이를 망치는 3가지 이유

엄마의 비교는 다음과 같은 3가지 이유로 아이를 망치게 한다.

① 비교는 아이의 정서에 해를 끼치고 공부에 대한 자신감을 잃게 한다.

비교하는 말을 자주 듣게 되면 아이는 실패와 좌절을 두려워하는 마음이 생겨나 도전을 두려워하게 된다. 정도가 심해지면 심리와 행동의 위축, 적응장애 등을 초래할 수 있다. 아이는 자아의식이 완전히 발달하지 못한 상태여서 마음이 여리고 부모나 선생님의 영향을 받기가 쉽기 때문에 자신에 대한 부모의 부정적인 평가에 민감해질 수밖에 없다. 그 결과 주위 사람들의 눈치를 보는 아이가 된다.

② 비교는 아이의 의욕을 상실하게 만든다.

자주 다른 누군가와 비교하는 말을 들은 아이는 무의식중에 자신
이 부족하다고 생각하게 된다. 그래서 실패할까봐 두려운 나머지
도전을 두려워하게 된다. 결국 자신이 가진 장점과 강점을 살리지
못한 채 의욕을 상실하게 된다.

③ 비교해서 칭찬 받으면 상대방을 얕보게 된다.

아이는 스스로를 잘났다고 생각하기 때문에 우쭐한 마음을 가지게
된다. 또한 비교 당한 아이를 무시하는 마음이 생겨 다른 사람을 존
중하는 마음이 생기지 않는다. 이는 결과적으로 칭찬하기 위한 비
교라 해도 아이의 인간관계는 물론 미래에 까지 부정적인 영향을
끼친다.

엄마를 위한 해결책 및 대처법

절대 아이를 남의 집 아이와 비교하는 어리석은 짓을 해선 안 된다.

"다른 애들은 알아서 척척 잘 한다고 하는 데 넌 그게 안 되니?"

"너, 그 친구처럼 생각하고 행동하면 안 되겠니?"

아이는 이런 말을 들을 때마다 가슴에 대못 하나씩 박힌다는 것을 인지해야 한다. 엄마 자신도 어린 시절 친정엄마로부터 비교당하는 말을 들을 때마다 얼마나 자존심이 상하고 마음이 아팠는지 떠올려볼 필요가 있다.

많은 아내들이 남편으로부터 다른 누군가와 비교를 당할 때 자존심이 상한다고 한다. 예를 들어 남편이 집으로 들어와 저녁식사를 하면서 아내에게 "다른 직원 부인들은 요리를 아주 잘하고 깔끔하다던데, 왜 당신 음식 맛은 이런 맛이야?"라는 말을 했다고 가정해보자. 이때 아내의 기분은 어떨까? 아마 부부싸움까지는 가지 않더라도 서로 감정이 격해지거나 상처를 주는 말을 하게 된다. 마찬가지로 내 아이도 다른 아이와 비교 당하면 어른들과 똑같이 자존심에 상처를 입고 커다란 좌절감을 맛보게 된다는 것을 결코 잊어선 안 된다.

3장

좋은 엄마 콤플렉스가
엄마와 아이 모두를 망친다

01 │ 엄마의 스트레스, 비교에서 비롯된다

3살짜리 아이에게 글자공부를 시켜야 할까?

5살 된 남자 아이와 3살 된 여자 아이를 둔 엄마가 상담을 요청했다.

"5살짜리 큰 아이도 아직 자신의 이름과 동생 이름을 겨우 쓰는데, 시댁 형님의 아이가 3살 난 딸아이와 같은 나이임에도 불구하고 20단어 이상을 알고 있다는 거예요. 시부모님과 남편까지도 형님네 아이와 딸아이를 비교해서 너무 스트레스를 받아요. 3살 난 아이에게 글자공부를 시켜야 하는지에 대해서도 확신이 안서고, 그러면서도 빨리 익히는 다른 아이들을 보니 조급한 마음이 들어요."

특별한 읽기 장애아가 아닌 이상 한글은 자연스럽게 익히는 것이 좋다. 그런데 대부분의 엄마들은 아이가 한글을 빨리 떼고 책까지 읽기를 기대한다. 수에 대해 탐색하고 이해하기 전에 구구단을 먼저 외우게 한다. 그렇게 조기 교육에만 급급해 내 아이가 또래 아이들과 더불어 협력할 줄 모르고 자기가 좋아하는 것이 무엇인지도 모르는 무기력한 아이로 만든다.

서너 살부터 학교 가기 전 시기는 자신이 어떤 사람으로 살아갈 것인가에 대해 중요한 인식을 갖게 되는 때이다. 이 시기에 아이는 움직임이 활발해지고 활동 반경이 넓어지면서 무한한 활동 목표를 갖게 된다.

언어가 풍부해지고 모르는 것을 끊임없이 질문하면서 세상에 대한 이해의 폭을 넓혀간다. 또한 끊임없이 호기심을 갖는 것도 이 시기 아이의 특성이다. 그래서 어른인 부모와의 관계가 중요한 때이다. 어른이 되었을 때의 모습에 대해 궁금해 하기도 하고, 역할 놀이 속에서 어른의 모습을 따라 흉내 내기도 한다. 가정에서는 형제자매들, 놀이터나 유치원에서 친구들과 어울리며 사회성도 익히게 된다.

그러나 엄마들은 이 시기에 공부만 시키려 한다. 잘 노는 것이 얼마나 중요한지 모른다. 막상 알면서도 당장 아이가 뒤처질까봐 걱정이 되어서 아이들이 맘껏 놀 수 있는 여건을 마련해 주지 않는다.

아이는 절대로 엄마의 바람대로 자라지 않는다

다섯 살짜리 아이를 둔 엄마들과 학기 초 상담을 가졌을 때의 일이다.

엄마들의 고민은 하나같이 다른 아이들은 얼마만큼 배우고, 어느 정도의 학습지를 하고 있느냐에 관한 것이었다. 세상에 태어난지 갓 다섯 살 되는 아이들이 유치원에서 어떻게 지내고 있는지, 우리 아이가 가장 좋아하는 친구는 누구인지에 대해 묻기 전에 아이가 이뤄낸 성과를 더 기대하고 비교하는 엄마들이 대부분의 비율을 차지했다.

내 자식이 어떤 친구들과의 관계 속에서 성장하는지에 대한 이해와 궁금함보다는 내 자식이 얼마나 높은 사고력을 가지고 있으며, 얼마만큼 똑똑해질 수 있는지에 대해 더 많은 관심을 가지고 있다는 것을 알 수 있었다.

비록 여자이지만 씩씩하고 당차게 커야 한다. 피아노는 악보만 보고도 척척 연주할 수 있을 정도는 되어야 한다. 적어도 명문 대학에 갈 정도로 공부해야 한다. 이러한 욕심들은 많은 엄마들의 희망사항이다.

그러나 이와 같은 희망사항은 내 아이의 기질이나 성향, 특성을 고려한 것이 아닌 또래 아이들과의 비교로 인한 엄마의 욕심이다. 이런 욕심이 엄마 자신은 물론 아이까지 스트레스를 받게 한다.

아이들은 초원에서 마음껏 뛰놀고 싶은 망아지와 같다. 이런 아이들을 비교라는 틀 속에서 가둬놓게 되면 아이들은 개성은 물론 창의성, 자존감, 도전정신 등 모든 것을 잃게 된다. 따라서 엄마는 자신의 욕심보다는 아이의 눈높이에서 기준을 정해 양육 전략을 세워야 한다. 아이는 절대로 엄마의 바람대로 자라지 않기 때문이다.

잘하는 아이가 아니라 남보다 잘하는 아이

24개월 된 여자 아이를 둔 엄마로부터 받은 메일이다.

"24개월 된 여자아이의 엄마입니다. 30개월 아이를 둔 엄마가 옆에 사는데 그 엄마는 자녀교육에 엄청난 열성을 가진 엄마입니다. 세미나를 통해서 많을 걸 배워서 아이교육에 잘 활용하고 있더라고요. 입버릇처럼 책이 중요하다고 강조하죠. 그래서 그런지 그 집에는 없는 책이 없더라고요. 동화책, 과학책, 위인전집 등 전집만 수십 권이 되어 저도 책을 빌려와 우리 아이한테 읽어주고 있어요. 요즘 제가 속상한 건 저를 만날 때마다 아이 자랑을 한다는 거예요. 때로는 직접 제 딸아이한테 물어보고 비교하는 걸 느낍니다. 저는 형편이 좋지 않아서 비싼 전집이나 교재는 엄두도 못 내는데 그 엄마는 많이 투자하는 편이어서인지, 아이도 말이 빠르고 영리합니다. 메일을 쓰면서 저도 제가 좀 한심스럽게 느껴지네요. 저는 직장에 다니기 때문에 아이와 함께 하는 시간은 얼마 되지 않습니다. 하지만 퇴근 후 피곤해도 밤 깊도록 아이에게 책을 읽어주고 있어요. 언제부턴지 저도 모르게 은근히 제 아이를 옆집 아이와 비교하게 되는 것 같아요. 그 아이보다 우리아이가 월등했으면 하는 마음이 생겨요. 이런 생각이 자주 들자, 그 엄마까지 마주하기 싫고 솔직히 얄밉습니다. 자주 마주칠 때마다 마음속으로 짜증이 나고 속이 상합니다."

'내 아이가 잘한다' 라는 생각보다는 '내 아이가 다른 아이들보다 잘한다' 라는 생각에 사로 잡혀있는 엄마들이 많다. 이런 엄마들은 내 아이를 다른 아이와 늘 비교를 하기 때문에 남에게 뒤처지는 것을 참지 못한다. 그래서 '보다 빨리', '보다 많이' 아이에게 공부시켜서 공부 잘하는 아이, 무엇이든 앞서나가는 아이로 만들고 싶어한다. 그런 나머지 아이가 불편해하거나 싫어하더라도 상관하지 않고 오로지 다른 아이들보다 뛰어난 아이를 만들기 위해 아이의 손을 이끌고 비싸고 좋은 곳만 찾아 나선다.

엄마라면 누구나 한 번쯤은 내 아이를 다른 아이들과 비교한다. 내 아이가 다른 아이들보다 뛰어나기를 바라는 욕심이 있기 때문이다. 그러나 비교는 스트레스를 낳고 스트레스는 다시 우울증으로 이어지게 된다. 무엇보다 중요한 것은 엄마의 스트레스가 아이에게 그대로 전해진다는 것이다. 그 결과 밝고 활기차게 자라야 할 아이가 소심하고 무기력한 아이로 변하게 된다.

내 아이가 가진 특별한 보석을 놓치는 못난 엄마

어느 날 오후, 작년에 유치원을 졸업한 예진이의 엄마가 유치원에 들렀다. 필자가 현재 '비교하는 엄마'에 대한 자녀교육서를 집필 중에 있다고 하자, 예진이의 엄마는 자신 역시 그토록 싫어했던 비교하는 엄마가 되었다고 말하면서 자신의 경험담을 들려주었다.

"사실 저 역시 과거에 저희 엄마가 저를 다른 아이들과 비교할 때마다 많은 상처를 받았습니다. 그런데 아이를 낳아 키우다보니 엄마의 심정이 이해가 되네요. 얼마 전 초등학교에 입학한 딸아이가 학교에서 시험을 봤다고 시험지를 가져오면 점수를 확인하면서 '1학년인데 뭐', 하면서도 아이의 점수가 공개되길 바라진 않았습니다. 그런데 딸아이는 큰소리로 '엄마, 80점 맞았다!', '엄마, 3개 틀렸어.', '엄마, 5개 틀렸어.' 이렇게 말하는 거예요. 최악은 학기말에 본 심화시험이었는데 6개나 틀렸더군요. 이날 저도 모르게 같은 아파트에 사는 딸아이의 친구와 비교하는 말을 하고 말았습니다. 딸아이는 기분이 상했는지 방에 들어가 한참 동안 나오지 않더군요. 그때 저는 내가 그토록 엄마에게서 듣기 싫어했던 비교의 말을 내 딸아이한테 똑같이 반복하고 있다는 것을 깨닫게 되었습니다."

그러면서 그녀는 이런 말을 덧붙였다.

"저는 그 날 이후 다짐을 했어요. '모든 아이들은 저마다 다른 재능과 성향을 갖고 태어났다. 따라서 내 아이와 다른 아이들과의 학업성적 등을 가지고 절대로 비교하지 말자' 라고 말입니다. 저는 다른 아이들과 내 아이를 비교함으로써 내 아이가 가진 특별한 보석을 놓치는 못난 엄마가 되고 싶지 않아요."

엄마를 위한 해결책 및 대처법

아이들은 저마다 한 가지씩 특별한 보석을 가지고 태어난다. 어떤 아이에게는 '착한 마음' 이란 보석이, 어떤 아이에게는 '공부'라는 보석이 있다. '미술적 재능'이나 '음악적 재능', '운동 신경'이란 보석을 갖고 태어난 아이도 있다.

그런데 안타깝게도 많은 엄마들이 저마다 내 아이가 가진 특별한 보석에 관심을 가지기 보다 다른 아이들이 가진 보석에만 관심을 가진다. 내 아이의 어느 한 부분이 다른 아이들 보다 뒤처지거나 부족하더라도 절대 다른 아이들과 비교하며 조바심을 내선 안 된다. 무엇 보다 엄마의 시선이 오로지 한 가지에만 집중돼 있으면 자칫 아이가 지닌 특별한 보석을 발견하지 못할 수 있다는 것을 기억해야 한다. 내 아이를 다른 아이들과 비교하기보다 내 아이가 가진 특별한 보석을 찾아서 칭찬하고 계발해주는 엄마가 되어야 한다.

이스라엘의 종교 철학자였던 마틴 부버의 말을 기억해보라.

"현명한 랍비 수스자는 죽기 직전 이렇게 말했다. '다음 세상에서 신은 나에게 너는 왜 모세 같은 이가 되지 못했느냐?라고 묻지 않을 것이다 대신 너는 왜 랍비 수스자 그대로가 아니었느냐?라고 물을 것이다."

02 | 엄마 자신이 가진 열등감에서 벗어나라

엄마의 열등감은 유죄다

비교하는 엄마들에게는 또 한 가지 공통점이 있다. 바로 내면에 열등 감을 가지고 있다는 것이다. 사람에 따라 그 열등감을 가지게 된 시기 는 다르다. 어린 시절이나 학창 시절, 혹은 사회생활을 하면서, 결혼 후에 가지게 된 이들도 있다. 그런데 중요한 것은 이 열등감이 내 아 이 뿐 아니라 행복한 결혼생활까지 망치게 된다는 것이다.

한 엄마로부터 다음과 같은 메일을 받았다.

"만 3살 아들을 둔 엄마입니다. 남편은 이제 막 시작한 직급 낮은 공무원인데, 월급이 너무 박봉이다 보니 친정 부모님에게 의존하고 있습니다. 제가 사는 동네가 부유한 동네는 아닌데도 다른 아이 엄마들은 제가 가지고 싶은 것들을 모두 가지고 있고 제가 하고 싶은 취미 생활들을 하며 살고 있습니다. 물론 저는 사람들이 다 같을 수가 없다는 걸 알면서도 마음속에서는 수많은 비교를 하게 됩니다. 그러면서 제 자신을 깎아 내리게 돼요. 다른 사람들에 대해 신경을 쓰지 말자고 다짐하지만 그게 생각처럼 잘 안 됩니다. 그러다보니 제자신이 점점 초라하게 느껴지고 밖에 나가기도 싫고 사람들을 피하게 됩니다. 집 밖에만 나가면 사람들이 다 날 이상하게 쳐다보는 것만 같고 나를 욕하는 것만 같아요. 남편의 월급이 적어서 그렇지 좋은 사람이고 잘해주는 편이에요. 지금 한창 행복해야 할 결혼생활인데 열등감 때문에 자주 남편과 아이에게 짜증을 냅니다. 어떻게 해야 할까요?"

사례에 나오는 엄마는 왜 자신이 초라해지고 힘든지 그 원인을 잘 알고 있다. 바로 남들과 비교하기 때문이다. 비교는 또 다른 비교를 낳고 스트레스, 그리고 열등감으로 이어지게 된다. 그러다 보니 자신도 모르게 사소한 일로 남편과 아이에게 짜증을 내게 되는 것이다.

필자는 비교하는 마음을 내려놓지 않는다면 지금과 같은 악순환이 계속된다고 조언했다. 본인은 물론 남편, 아이에게 더 큰 상처를 주기 전에 비교하는 마음을 내려놓아야 한다. 그러할 때 타인과 자신과의 비교에서 오는 열등감으로부터 벗어날 수 있다.

엄마의 열등감은 아이에게로 이어진다

엄마의 열등감은 아이의 미래까지 망친다. 예를 들어 엄마가 공부에 대해 열등감을 갖고 있으면 아이 역시 공부에 대해 열등감이 많은 아이로 성장하게 된다. 왜냐하면 엄마는 은연중에 아이에게 공부에 대한 자신의 열등감을 비추게 될 테고 이는 말과 행동으로 나타난다. 그러면 이를 알아차린 아이는 엄마의 열등감을 자극하지 않으려고 노력하게 되고, 아이 역시 공부에 대한 열등감을 가지게 된다.

특히 이런 엄마는 아이를 볼 때마다 "너는 성적이 왜 그 모양이니?", "어떻게 넌 공부는 안하고 TV만 보니?" 이처럼 공부하라는 말만 하게 된다. 그리고 공부에 대한 열등감이 있는 엄마는 항상 자기 아이를 다른 아이들과 비교하고 평가하는 버릇이 있다. 그리고 시험 점수에 대하여 극도로 민감하다. 그래서 아이가 만점을 받았을 때조차 그것으로 만족하지 못한다. 반에서 만점을 받은 아이들이 몇 명이 있는지 꼭 물어본다. 그렇게 아이의 자존심을 구기는 것이다. 물론 공부 열등감을 가진 엄마의 입장으로서는 아이의 시험점수가 자신의 사회적 지위와 동일시 되기 때문에 중요한 일이다.

만일 아이의 시험 성적이 낮으면 이내 침울해진다. 그러면서 자신의 인생은 실패한 인생이라고 여기게 된다.

열등감이 많은 엄마일수록 아이의 열등감을 부추기는 경향이 있다. 그래서 열등감이 많은 부모, 엄마에게서 자란 아이들이 대체적으로 그렇지 않은 아이들에 비해 많은 열등감을 갖고 있다. 이런 아이는 매사에 소극적이고 자신감이 부족하다. 학교 친구들에게서 따돌림을 당하는 아이들 가운데 상당수가 이처럼 열등감을 가진 아이들이다.

열등감을 가진 엄마의 4가지 특징

열등감을 가진 엄마는 다음 4가지 특징을 가지고 있다.

① 소극적인 성격으로 자주 우울증에 빠진다.
② 사소한 일에도 다른 사람을 지나치게 의식한다.
③ 타인에 대한 불평과 원망을 자주 한다.
④ 겉으로 굉장히 설치고 나서기를 좋아한다. 그래야 자신의 열등
　감을 숨길 수 있기 때문이다.

내 아이가 밝고 건강하게 자라길 바란다면 엄마는 자신이 가진 열 등감에서 벗어나야 한다. 열등감에서 벗어나지 않는다면 남편과 아이를 계속 다른 누군가와 비교하게 되고, 그 비교는 다시 스트레스로, 더 깊은 열등감으로 이어지게 된다.

열등감을 가진 엄마는 절대 내 아이의 행복, 가정의 행복, 원만한 인간관계를 형성하지 못한다. 열등감 속에는 모든 행복과 기쁨을 망

가뜨리는 화나 분노의 불씨가 숨어 있기 때문이다. 그 불씨는 다음 3 가지로 꼽을 수 있다.

① 자신의 열등감을 남에게 투사한다.

투사는 자신의 흥미와 욕망들이 다른 사람에게 속한 것처럼 지각되거나 자신의 심리적 경험이 실제 현실인 것처럼 지각되는 현상을 말한다. 쉽게 말해 자신이 생각하고 보고 싶은 모습을 타인에게서 보는 것이다. 그래서 투사하는 사람은 남의 어떤 특정한 모습을 참지 못한다. 그 결과 헐뜯고 비방하게 된다.

② 다른 사람의 잘못을 이해하지 못한다.

상대를 있는 그대로 봐주기보다는 자신의 기준에 따라서 판단한다. 뿐만 아니라 자신이 실수나 잘못을 했을 때에도 절대 용납하지 않는다. '내가 왜 그랬을까?' 라는 자책감과 함께 자괴감에 시달린다.

③ 열등감을 가진 엄마는 남이 잘되기를 바라지 않는다.

남의 잘못이나 단점을 보게 되면 그냥 넘기지 못한다. 곧잘 헐뜯으며 깎아내리려고 한다. 상대방을 깎아내리는 만큼 자신이 돋보인다고 생각하기 때문이다.

아이를 키우는 엄마는 아무리 힘들어도 자신이 가진 열등감에서 벗어나도록 노력해야 한다. 자신에게 없는 것보다 현재 가지고 있는 것, 자신의 약점이나 단점보다 강점과 장점에 초점을 맞추는 노력을 기울일 필요가 있다. 세상은 어떤 색안경으로 보느냐에 따라 한없이 아름답고 행복하게 보이기도 하고, 반대로 끝없이 추하고 불행하게 보이기도 하기 때문이다.

열등감이 많은 아이는 소극적이다. 시도해 보지도 않고 노력해도 좋은 결과가 나타나지 않을 것이라고 지레 짐작하게 된다. 그래서 스스로 무능력하다고 생각하거나 열등하다며 쉽게 낙담한다. 결과적으로 열등감이 많은 아이는 어른들의 눈치를 보게 되고 학업성적은 떨어지게 된다. 또한 사소한 실패에도 쉽게 침울해 한다.

엄마를 위한 해결책 및 대처법

엄마 스스로가 열등감에서 벗어나야 하는 가장 중요한 이유는 그것이 바로 내 아이의 자존감, 자신감과 연결되기 때문이다. 아이의 자존감과 자신감이 완성되는 시기는 만 6세부터 12세 사이 초등학교 시절이다. 주로 가정과 학교에서 다른 사람과의 관계나 경험을 통해서 형성된다.

이 시기에 부모나 교사, 친구들로부터 "넌 머리가 좋아.", "그림을 정말 잘 그리네.", "정말 착해.", "책임감이 강해." 하는 식의 칭찬을 받게 되면 자존감이 높아져 덩달아 자신감도 생기게 된다. 만일 이 과정에 문제가 있으면 열등감이 많은 아이로 자라게 된다.

가난하고 스펙이 부족했음에도 강한 자존감과 자신감으로 시련과 역경을 극복할 수 있었던 사람들은 하나같이 열등감이 없는 엄마 밑에서 자랐다. 따라서 내 아이가 꿈을 이루고 눈부신 인생을 살기를 바란다면 엄마 자신이 달라져야 한다.

자, 지금부터라도 엄마 자신이 갖고 있는 열등감을 내려놓는 연습을 하자. 열등감을 내려놓을 때 비교하는 버릇과 비교에서 오는 스트레스 등으로부터 벗어날 수 있다. 무엇보다 열등감에서 벗어날 때 내 아이의 참 모습이 눈에 들어오게 된다.

03 | 엄마 스스로의
자존감을
찾아라

엄마가 행복해야 아이도 행복하다

성재가 언제부턴가 서서히 공격적인 아이로 변했다. 뜻대로 되지 않으면 또래들에게 거친 말을 하거나 욕설을 내뱉기도 했다. 그래서 개인 상담을 통해 성재의 마음 상태를 알아보았다.

뜻밖에 성재의 입에서 이런 말이 나왔다.

"나는 정말 못생기고 똑똑하지도 않아요. 그리고 우리 엄마, 아빠가 나만 보면 야단치고 미워해요. 그래서 자꾸만 화가 나요."

성재는 요즘 심각하다. 친구가 쳐다만 봐도 "왜 쳐다보는 거야?"라며 친구를 멍들도록 때리고, 선생님의 눈을 피해 여러 아이들을 괴롭히며 울린다.

그런데 성재의 부모에게 전화를 거듭했지만 통화가 되지 않았다.

그러기를 몇 주가 지난 뒤 어렵사리 엄마와의 상담이 이루어졌다.

엄마와 대화를 나누면서 알게 된 사실은 심각할 정도로 낮은 자존감과 함께 우울증의 증세를 가지고 있었다. 자주 미래에 대한 불안감과 절망감에 대해 토로했는데 현재의 엄마의 상태로는 성재에 대한 교육에 전혀 신경을 쓸 수 없는 상태였다.

필자는 엄마에게 "보다 좋은 쪽으로 생각하도록 노력해보세요. 비록 지금은 힘들지만 함께 긍정적인 마음가짐으로 노력해 봐요."라고 아무리 이야기를 해봐도 성재에 대한 비판적이고 부정적인 사고에서 벗어나지 못했다.

성재의 엄마는 자리에서 일어나기 전에 이렇게 말했다.

"무능력한 제가 성재에게 해줄 것은 아무것도 없어요. 그래서 늘 미안하고 안쓰럽게 생각되어 가슴이 아픕니다. 가만히 생각해보면 지금처럼 성재가 공격적인 아이로 변한 것은 모두 다 제 탓이에요."

행복한 엄마와 함께 생활하는 아이는 그렇지 않은 아이에 비해 훨씬 행복하다. 그래서 아이의 행복한 미래를 생각한다면 엄마는 자신의 행복부터 찾아야 한다. 그러기 위해선 먼저 낮은 자존감부터 회복해야 한다.

부모의 자존감은 대물림된다

자존감이 낮으면, 패배감, 무시, 좌절, 거부감, 우울감 등 많은 문제들이 발생할 수 있다. 특히, 30대의 엄마들은 양육과 살림, 직장생활까지 하면서 안팎으로 여러 가지 스트레스에 시달리게 된다. 그러면서 자신도 모르게 자존감이 떨어지게 되는 것이다.

자존감이 낮은 엄마는 때로 힘든 문제가 닥치면 문제 해결을 위해 긍정적이고 적극적인 자세로 노력하기보다 자신에게 그럴만한 힘이 없다고 지레 포기해버린다. 이는 고스란히 훈육에도 영향을 미치게 된다. 늘 비판적이고 부정적인 사고를 가지고 있는 탓에 아이가 실수나 잘못을 했을 때 따뜻한 관심과 애정으로 보듬어주기보다 상처를 주는 말이나 잔소리를 늘어놓게 된다.

그 결과 엄마와 마찬가지로 아이 역시 자존감이 떨어질 수밖에 없다. 이런 아이는 친구들과의 관계에서 수동적일뿐 아니라 학교생활에서도 적극적이지 못하다. 엄마가 자신에 대해 신뢰와 확신을 가지지 못하는 것처럼 아이 역시 주눅이 들어 다른 사람들의 눈치를 살피기 마련이다.

몇 년 전 방영된 EBS 다큐 프라임 〈아이의 사생활〉에서 제시된 '부모의 자존감은 대물림된다' 는 메시지는 당시 많은 부모들에게 큰 충격을 주었다. 그 뒤로 필자에게 스스로 자존감이 낮다고 생각하는 엄마들이 찾아왔는데, 그들은 하나같이 아이에게 부정적인 영향을 미칠까 봐 걱정된다며 자존감을 높이는 방법을 가르쳐 달라고 말했던 기억이 난다.

대부분의 엄마들은 자신의 자존감이 낮다는 것을 알고 있지만 자존감을 높이려는 노력을 기울이지 않는다. 그 이유는 두 가지로 꼽을 수 있다. 하나는 자신의 낮은 자존감이 자신의 인생뿐만 아니라 내 아이의 인생에까지 부정적인 영향을 미친다는 것을 알지 못하기 때문이고, 다른 하나는 자존감을 높이는 방법을 알지 못하기 때문이다.

엄마의 자존감은 아이의 미래를 결정하는 매우 중요한 성공 요소라고 할 수 있다. 그래서 전문가들은 입버릇처럼 내 아이를 행복한 사람으로 키우기 위해선 꼭 엄마부터 행복한 사람이 되어야 한다고 주문한다. 행복한 사람이 되기 위해선 엄마의 자존감을 높여야 한다는 것이다.

자존감이 높은 엄마는 자신의 부족한 점이 있거나 실수를 했더라도 자책하지 않고 편하게 받아들인다. "괜찮아, 다음에 더 잘하면 돼.", "나만 실수하는 건 아니잖아. 다들 실수하며 살아가." 이렇게 스스로를 위로하고 격려할 줄 안다.

그러나 자존감이 낮은 엄마는 겉으로는 "괜찮아요.", "잘 견뎌 낼 수 있어요.", "아무 문제없어요."라고 말하지만 내심 자책하며 자괴감에 시달린다. 그만큼 자신에 대한 애정이 부족한 탓에 스스로 믿지 못하기 때문이다.

엄마의 자존감을 높이는 3가지 방법

내 아이에게 예쁘고 좋은 것만 주고 싶은 것이 세상 모든 엄마들의 마음이다. 그러나 먼저 엄마 자신의 마음속에 살고 있는 상처받은 내면의 아이(어릴 적 마음의 상처를 받았던 자신)를 잘 달래줄 필요가 있다. 어린 시절, 부모와의 갈등, 친구와의 갈등, 고통스러웠던 학교생활에서의 상처, 좌절된 욕구와 이루지 못한 꿈 등 상처 받고 속상해하는 내면의 아이를 돌아봐야 한다. 울고 있는 내면의 아이에게 진심으로 사과하고 달래는 과정이 필요하다. 이는 자존감을 높이는 데 꼭 필요한 과정이다. 과거의 상처에 발목 잡혀 있는 사람이 미래를 향해 나아갈 수 없듯이 과거의 상처에 얽매여 있는 내면의 아이와 진심으로 화해하지 않으면 긍정적인 사고는 물론 자기 자신에게 확신과 신뢰, 애정을 가질 수 없다. 그리하여 내 아이를 통해 대리 만족이나 좌절된 욕구를 채우려는 극성맞은 엄마가 탄생되는 것이다.

엄마의 자존감을 높이는 방법은 그다지 어렵지 않다. 다음 3가지를 실천해 보자.

① 말과 내적 감정이 일치하는 의사소통을 하는 연습을 한다.

속으로는 마음이 상하고 화가 치밀지만 겉으로는 "난 행복해요."라고 말하는 것은 자신의 감정을 속이는 것이다. 무엇 때문에 속이 상하고 화가 나는지 자신의 감정을 솔직하게 표현하는 것은 자존감을 높이기 위한 첫걸음이다.

② 다양한 장르의 책을 읽으면서 지식의 욕구를 채운다.

대다수의 엄마들의 독서는 아이의 연령에 따라 함께 책을 보는 것이 전부이다. 이는 아이를 위해서도, 엄마 자신을 위해서도 바람직하지 않다. 아이와는 상관 없이 문학, 예술, 철학, 정치, 경제, 자기계발서, 신문, 잡지 등 엄마 자신의 독서가 먼저 이루어져야 한다. 다방면의 책을 읽다보면 다양한 지식을 쌓을 수 있을 뿐 아니라 아이가 중고등학생이 되었을 때 토론 상대가 되어 줄 수 있다. 또한 책을 많이 읽는 엄마는 아이에게 지식이 풍부한 엄마로 비춰지고 존경의 대상이 된다.

③ 나만의 취미를 가져야 한다.

안타까운 것은 대부분의 엄마들이 출산 후 자신이 좋아하는 취미 생활을 포기한다는 것이다. 아이가 태어나는 순간부터 대부분의 엄마들에게 아이는 자신의 전부가 되고, 살아가는 이유가 되고, 인생의 의미가 된다. 그러다 보면 자신도 모르게 아이에게 집착하게 된다. 그리고 그것을 사랑이라 착각한다.

집착은 사랑이 아니다. 아이에게 자신의 전부를 걸지 말고 엄마 자신의 취미 생활을 가져야하며, 인생을 즐길 줄도 알아야 한다. 실제로 취미생활을 하는 엄마들은 그렇지 않은 엄마들에 비해 아이의 삶과 자신의 삶을 분리할 수 있는 강단을 가지고 있을 뿐 아니라, 취미 생활을 통해 활력을 찾고 성취감을 맛보며 자신과 아이의 삶 사이에서 조화와 균형을 이룬다.

하버드대 교육학과 조세핀 김 교수는 아이의 자존감에 대해 이렇게 말했다.

"자존감이 높은 아이는 대부분의 일을 스스로 해결하고, 실패를 했어도 견디며, 필요하면 주저 없이 도움을 청한다. 반면에 자존감이 낮은 아이는 모른다는 말을 자주 하며 매사에 비협조적이다. 과정 하나하나를 확인받으려고 하고, 무슨 일이 생기면 의존할 대상부터 찾는다. 그래서 자존감이 높은 아이는 그렇지 않은 아이들에 비해 자기주도 학습능력이 높다. 높은 자존감이 공부에 대한 목표와 함께 강한 동기부여를 해주기 때문이다."

아이의 자존감은 만 2~7세 때 형성된다고 해도 과언이 아니다. 이 시기는 학교에 소속되지 않아 부모가 아이를 100% 조절할 수 있기 때문이다. 조세핀 김 교수는 이렇게 조언했다.

"애착 관계가 형성되는 영유아기부터 자기조절 능력이 발달하는 유아기 때 아이가 자기주도적으로 하는 일에 엄마가 관심을 갖고 칭찬해줘야 자존감의 기초를 다질 수 있다."

자존감은 행복한 인생, 성공하는 인생으로 이끄는 견인차와 같다. 따라서 내 아이를 행복하고 성공하는 사람으로 키우고 싶다면 엄마 자신의 자존감부터 살펴봐야 한다. 엄마의 자존감은 자신의 세대에 머물지 않고 고스란히 자녀에게 대물림된다는 것을 기억해야 한다.

마지막으로 조세핀 김 교수의 말을 곱씹어보자.

"스웨덴에서 1400여 명의 부모와 그들의 자녀를 관찰했더니 아이가 부모의 자존감 수준을 닮아간다는 것을 확인했다."

엄마를 위한 해결책 및 대처법

부모의 자존감 체크리스트

☐ 나는 스스로를 현재보다 더 나은 상태로 발전시키는데 어려움을 느낀다.

☐ 나는 어떤 행사에 초대받았을 때 내 모습이 마음에 들지 않아 거절한 적이 있다.

☐ 나는 나 자신보다 남의 생각에 좌우되는 편이다.

☐ 나는 다른 사람들에게 관대한 반면 나 자신에게는 엄격하다.

☐ 나와 관련된 어떤 일이 잘못되어가고 있으면 모두 내 탓인 것만 같다.

☐ 나는 어떤 일에 실망했을 때 다른 사람과 내가 처한 환경을 탓한다.

☐ 나는 부정적인 생각으로 하루를 시작하는 편이다.

☐ 나 스스로 행복할 자격이 없다고 생각한다.

☐ 내 결점이 드러나는 것에 상당한 두려움을 갖고 있다.

☐ 내 안에는 나 자신을 못마땅하게 여기는 자아비판자가 있다.

☐ 나는 스스로를 엄격하게 대하는 것이 자기발전을 위한 최고의 자극 혹은 동기부여라
   고 믿는다.

☐ 내가 갖고 있는 훌륭한 재능을 그저 평범한 것이라 여긴다.

☐ 나는 스스로에 대해 별로 매력이 없는 사람이라고 생각한다.

☐ 나는 나 자신이 별 가치를 인정받지 못하는 사람이라고 생각한다.

☐ 나는 외로움을 자주 느낀다.

☐ 나는 평소 열등감으로 인해 많이 괴로워하는 편이다.

☐ 나는 내 의견보다 다른 사람 의견에 의존하는 경향이 있다.

☐ 나는 어떤 일을 할 때 다른 사람이 어떻게 생각할까?라는 문제로 주저하는 편이다.

▲ 해당 항목이 많을수록 자존감이 낮다는 것을 의미한다. 이것은 미국의 심리학자 마

  셜 로젠버그, 스탠리쿠퍼스미스의 자존감 체크리스트를 조합한 내용이다.

— 조세핀 킴, 《우리 아이 자존감의 비밀》

04 | 행복한 엄마가
행복한 아이를
만든다

 **아이는 엄마의 거울이다**

항상 밝고 자신감 있게 행동하는 아이들에게는 한 가지 공통점이 있
다. 바로 행복한 엄마가 있다는 것이다. 가장 가까이에서 함께 생활하
는 엄마로부터 늘 밝고 긍정적인 모습, 자신감 있고 당당한 모습을 보
기 때문에 아이도 자연스레 닮아간다는 것을 알 수 있다.

아이들 중에 또래들이 장난치고 깔깔거리며 놀 때 무기력한 모습
을 보이는 아이들이 있다. 이런 아이는 매사에 하고 싶은 의욕이 없
다. 딱히 관심을 보이는 일도 없고, 좋아하는 일도 없고, 좋아하는 친
구도 없다. 그러다 보니 호기심도 없고 이루고 싶은 목표나 꿈도 없
다. 필자가 이처럼 무기력한 아이들을 관찰해보고 상담해본 결과 부
모로부터 지나친 간섭이나 잔소리를 받는 경향이 짙다는 것을 알 수

있었다. 아이의 입장에서는 매일 같이 부모의 간섭이나 잔소리를 견뎌내야 하기 때문에 무기력해지는 것을 택한 것이다. 그래야 부모의 지나친 간섭을 견뎌낼 수 있기 때문이다.

분리불안증을 겪는 아이들도 있는데, 이런 아이들은 부모 혹은 다른 양육자로부터 분리되는 것에 대해 심한 불안과 고통을 겪게 된다. 이런 아이들 역시 부모 모두 아니면 한 사람이라도 분리불안을 가지고 있는 경우가 많았다.

엄마가 결벽증이 있으면 아이도 엄마의 행동을 보고 결벽증을 가지게 될 확률이 높다. 아이는 엄마의 일거수일투족을 보며 그대로 따라 하기 때문이다. 또한 엄마가 다른 사람과 대화할 때 말에 집중하지 않고 딴 짓을 한다면 아이 역시 다른 사람의 말에 집중하지 않거나 산만한 아이가 되기 십상이다. 그리고 부모가 매사에 부정적이면 아이도 매사에 부정적인 말을 잘 하게 된다.

아이는 엄마의 모습을 보며 그대로 답습하게 된다. 그래서 아이를 키우는 엄마라면 특히 매사 언행에 신중해야 하는 이유가 여기에 있다. 아무리 아이를 특별하게 생각한다고 하더라도 평소에 엄마가 부정적인 말과 올바르지 않은 행동을 보인다면 아이 역시 부정적이고 올바르지 않은 행동을 하게 된다.

모든 엄마들이 내 아이를 아끼고 사랑하는 마음은 비슷하다. 그런데도 아이를 양육하다 보면 자신도 모르게 아이에게 짜증을 내거나 간섭하고 잔소리하게 된다. 물론 엄마가 되어 아이를 먹이고 재우고 씻기는 등의 반복적이고 끊임없이 이어지는 고단한 일들이 결코 쉽지 않다는 것을 잘 알고 있다. 하지만 어쩌겠는가. 엄마로서 감당해야 할 부분인 것을. 이왕 엄마 노릇할 거라면 제대로 해야 한다. 엄마 스스로가 즐겁고 행복해야 내 아이 역시 건강하고 행복하게 자랄 수 있기 때문이다.

아이의 행복은 엄마의 행복을 넘지 못한다

형철이 엄마는 결혼 10년 차의 두 아이를 둔 주부이다. 첫째 아이를 임신하고 아이 양육에 전념하기 위해 10년 동안 다니던 회사를 그만두고, 전업 주부가 되었다. 오전에 남편을 출근시키고, 큰 아이는 초등학교에 둘째아이는 유치원 보내고 난 뒤에는 아이들이 오기 전까지 집안일을 한다. 집안 일이 끝나자마자 집으로 온 아이들의 간식을 챙겨 먹인다. 큰 아이는 피아노 학원과 영어 학원에 보내고, 큰아이가 학원에서 돌아오기 전까지 둘째 아이의 방문 활동지를 매일 돌봐주게 된다. 큰아이가 돌아오면 두 아이를 씻기고, 저녁을 먹이고, 큰아이의 학교 숙제를 봐주고, 방문 활동지, 한자, 컴퓨터 자격증 시험공부를 도와준다. 남편이 돌아오면 남편의 저녁을 챙겨 주고, 아이들에게 동화책을 읽어주거나 놀이를 같이하다가 아이들을 재운다. 아이들을 재우고 나면 장난감을 정리하고 저녁 먹은 설거지를 하고, 씻고 잠자리에 든다.

문화생활은 커녕 건강을 위한 운동조차 못하고 있다. 회사에서 돌아온 남편에게도 두 아이 이야기 빼고는 특별히 할 이야기도 없다.

아이에게 모든 시간과 열정을 쏟는 전업주부라면 형철이 엄마의 모습과 크게 다르지 않을 것이다. 형철이 엄마의 모습에서 아이를 양육하는데서 오는 기쁨과 행복이나 보람은 찾아볼 수 없다. 오히려 아이 양육으로 인한 스트레스와 피로로 인해 심신이 지쳐간다는 것을 엿볼 수 있다. 이런 상황에서 아이 역시 우울하거나 어두운 모습의 아이로 성장할 확률이 높다.

내 아이의 경험은 엄마 자신의 경험에서 벗어날 수 없고 세상을 보는 창도 엄마의 창과 다르지 않다는 것을 엄마는 알아야 한다. 뿐만 아니라 아이의 행복도 엄마의 행복을 넘지 못하며 감정 역시 엄마의 감정이 아이에게 고스란히 전달된다는 것을 기억해야 한다. 따라서 엄마가 행복해야 아이도 행복하게 자랄 수 있다.

행복한 엄마가 되는 3가지 방법

행복한 엄마가 행복한 아이를 만든다. 아이에게 가장 많은 영향을 미치는 존재가 엄마이기 때문이다. 따라서 내 아이를 진정으로 아끼고 사랑한다면 엄마 자신부터 행복한 사람이 되어야 한다.

그렇다면 행복한 엄마가 되기 위해선 어떻게 해야 할까? 다음 3가지를 염두에 두고 생활해야 한다.

① 나 자신보다 소중한 사람은 없다.

여자는 결혼 후 아이가 세상에 태어난 순간부터 많은 부분을 내려놓아야 한다. 다니던 직장을 그만두거나 취미생활에도 제약을 받게 된다. 모든 일상의 중심은 아이에게로 옮겨간다. 물론 이런 일들은 누가 강요한 것은 아니다. 엄마로서 아이를 잘 키우기 위해서 스스로 택한 일이다. 그러나 아기가 성장하고 서서히 엄마의 손길을 필요로 하지 않게 되는 순간부터 엄마는 점차 소외감과 허탈함에 빠지게 된다. 이런 마음은 급기야 자신의 인생은 아이 빼고는 남은 게 없다는 생각마저 들게 한다. 따라서 소외감과 허탈감에 빠지기 전에 엄마는 자기 자신을 챙길 줄 알아야 한다. 자신이 좋아하는 취미 생활을 하는 등 자신만을 위한 시간을 가져야 한다. 생활의 중심에 자신을 놓아야 한다. 그러할 때 하루하루 기쁘고 행복하게 생활할 수 있다.

② 아이에 대한 지나친 집착을 버린다.

신생아 때는 엄마가 하나부터 열까지 챙기고 보살피게 된다. 그런데 많은 엄마들이 이때의 습관을 아이가 성장하여 많은 것을 스스로 할 수 있는 시기가 왔음에도 쉽게 버리지 못한다. 엄마의 이런 태도는 아이에게 혼란을 가져올 수 있고, 아이의 긍정적 발달에 지연을 초래하기도 한다. 그러므로 아이가 자라면 아이에 대한 지나친 관심과 집착을 버리고, 엄마 자신이 몰두할 수 있을 만한 일거리를 찾고 자신을 위해 투자해야 한다.

③ 남편과 함께 아이를 양육한다.

대부분의 엄마들은 육아는 엄마의 몫이라고 여긴다. 남편이 사업 혹은 직장 일로 바빠서, 가정을 위해 밖에 나가 돈을 버는 남편에게 미안해서, 등의 이유로 혼자서 아이를 도맡아 키우다시피 한다. 문제는 혼자서 모든 집안 일과 육아를 해내는 것이 결코 쉽지 않다는 것이다. 많은 엄마들이 아이 육아에서 오는 스트레스와 피로감으로 신음하고 있다. 그러다 보니 아이의 사소한 잘못에도 민감하게 반응하여 심하게 야단치거나 혼내게 된다. 이는 아이의 정서 발달상 분명 부정적인 영향을 끼친다. 따라서 가능한 범위 내에서 융통성 있게 남편의 도움을 받는 것이 좋다. 그것이 가정의 행복은 물론 엄마의 행복, 아이의 행복까지 지킬 수 있다.

엄마를 위한 해결책 및 대처법

선생님에게 함부로 말하거나 무조건 반항하는 아이들이 있다. 이런 아이들은 어김없이 가정에서도 부모에게 반항한다. 그렇다면 이 같은 경우 아이의 문제일까, 아니면 부모의 문제일까? 거의가 후자일 가능성이 높다. 그런데 불행히도 이런 아이들의 부모는 곧잘 "우리 아이가 집에서 얼마나 얌전한데 절대 그럴 리가 없다."라고 항변한다. 대부분의 부모는 이처럼 자기 아이에 대해 한참 모르고 있다.

흥미로운 사실은 이런 부모일수록 권위적이거나 억압형의 부모라는 것이다. 부모가 너무 권위적이거나 억압적이라면 아이는 가정에서 억눌려 살 수밖에 없다. 그러는 사이 아이의 마음속에는 스트레스와 분노, 반감 등의 감정이 쌓인다. 그리하여 학교에서 반항하거나 또래 아이들을 괴롭히는 행동으로 표출하게 되는 것이다. 이런 아이들의 문제 행동을 수정하기 위해선 먼저 부모의 행동이 수정되어야 한다. 부모가 달라질 때 자연스레 아이 역시 달라지기 때문이다. '엄마학교'를 운영하고 있는 서형숙 대표의 말을 기억해보자.

"아이에 대한 욕심과 두려움을 없애면 육아에 대한 즐거움과 행복감을 얻을 수 있다. 먼 미래를 바라보며 기대하고 욕심을 부리는 것을 떠나 아이를 키우며 느끼는 순간순간의 행복감을 놓치지 않는 것이 중요하다."

05 지금 빠르다고 반드시 앞서가는 것은 아니다

조기교육은 창의성과 도덕성을 잃게 한다

대부분의 부모들은 또래들에 비해 내 아이가 조금이라도 뒤처지면 큰일이라도 난 것처럼 걱정한다. 이런 분위기에 편승해 '영재교육'과 '조기교육' 열풍이 식지 않고 있다. 그러나 조기교육이 무조건 좋은 점만 있을까?

그렇지 않다. 전문가들은 하나같이 조기교육의 부정적인 영향에 대해 목소리를 높인다. 일찍부터 조기교육을 시키면 오히려 아이의 창의성과 도덕성을 잃게 한다는 것이다. 따라서 아이를 건강하고 똑똑하게 키우기 위해선 아이 개개인의 발달 시기에 맞게 키워야 한다.

아는 것만을 강조하는 분위기 속에서 부모가 아이에게 조기교육을 시키게 되면 아이가 가장 먼저 상실하는 것은 창조성이다. 생각하고,

관찰하고, 이해하기보다는 다른 아이들보다 더 잘하기 위해 로봇처럼 달달 외우려고만 하기 때문에 생각하는 힘을 잃게 된다. 그러다 보면 점점 자신의 생각을 표현하는 능력마저 떨어지게 된다. 이는 자신감 부족으로 이어져 소극적인 아이로 자라게 하는 한 원인이 되기도 한다. 지금 다른 아이들보다 조금 빠르다고 해서 나중에 반드시 앞서가는 것은 아니다. 오히려 역효과를 불러올 수 있다. 《느림보 학습법》을 펴낸 아동심리 전문가 신의진 교수의 말을 들어보자.

"부모들의 욕심이 문제예요. 남의 말에 흔들려 '이거 시켜야지' 하다가 안 되면 또 '이거 시킬까?' 이러면 곤란합니다. 아이가 진도를 따라가지 못하면 왜 아이가 못 따라갈까 혹은 왜 싫어할까에 대해서는 생각지 않고 학습지나 학원을 바꿔서 똑같이 시키려고 합니다. 이러면 아이는 일찍 싫증내는 것부터 배우게 되죠. 뿐만 아니라 도덕성도 결여됩니다. 도덕성이란 남의 감정을 이해하는 데서 시작되는데 어린 나이에 부모의 지나친 강요를 받게 되면 스스로 생각하고 이해하면서 남과 소통하는 방법을 배울 수가 없게 되죠. 또 학습으로 인한 스트레스는 아이의 공격성을 부추기게 됩니다. 부모는 잘 모르지만 사실 요즘 아이들은 공부 때문에 엄청난 스트레스를 받고 있습니다. 학생들 사이에 나타나는 '왕따 현상'도 아이들이 지나치게 공부에 억압당하고 있기 때문이라고 봐요."

선행학습은 관찰력과 사고력을 떨어뜨린다

서울 초등학교 4학년 과학시간, 실험을 통해 직렬연결과 병렬연결의 차이를 배우는 수업이 진행되고 있었다. 아이들은 모둠으로 나눠져 실험에 들어갔고, 대부분은 '직렬로 연결하면 전구가 더 밝게 빛난다' 라는 실험결과를 관찰보고서에 적어냈다.

그런데 아이들의 보고서에는 함정이 있었다. 한 모둠은 전지와 전구의 전압이 틀려 실험에 실패했다. 그런데도 아이들은 관찰기록에는 정답을 적어냈던 것이다. 교사가 이유를 물으니 그 아이들은 얼굴이 빨개지면서 "학원에서 '직렬이 더 밝다' 는 것을 배워서 그렇게 썼다."라고 대답했다.

교사로 근무하는 한 지인에 따르면 선행학습이 널리 퍼지면서 요즘 초등학교 과학시간에는 '이렇게 되면 안 되는데……' 라는 푸념이 자주 들린다고 한다. 아이들이 학원이나 학습지를 통해 이미 결과를 알고 있기 때문이라는 것이다. 실험이란 게 원래 7~8개 모둠 가운데 한두 모둠은 실패할 수밖에 없는데도 아이들은 정답만 써낸다는 것이다.

"실험의 실패도 관찰력과 사고력을 기른다는 차원에서 하나의 좋은 공부가 됩니다. 그런데 학원에서 미리 배운 것에 맞춰 실험결과를 결과적으로 조작하다보니 관찰하고 탐구하는 과정은 기대하기 힘들다고 할 수 있습니다."

조기교육과 선행학습은 얻는 것보다 잃는 게 더 많다

내 아이가 또래들보다 무엇이든 잘하고 앞서가는 것을 보는 부모의 마음은 흐뭇하다. 그러나 아이가 앞서가는 것만큼 잃는 것 역시 많다는 것을 인지해야 한다.

필자는 어린 시절 조기교육을 통해 또래들보다 여러 면에서 뛰어난 실력을 보이는 아이들 가운데 중고등학교로 진학하면서 좌절하는 아이를 많이 봐왔다. 무조건 '잘 해야 한다', '일등 해야 한다'는 강박관념으로 인해 그들의 내면에는 스트레스가 켜켜이 쌓여 있었던 것이다.

문제는 그런 강박관념으로 인해 아이가 친구들과 어울리는 사회성은 물론 창조성, 자신감마저 떨어져 있었다. 이런 아이들 가운데 반 아이들에게 왕따를 당하는 아이가 많다. 이는 무조건 내 아이를 다른 아이들보다 더 뛰어나게 만들기 위해 억지로 내모는 것은 많은 부작용이 있다는 것을 뜻한다.

비록 지금 내 아이가 다른 아이들에 비해 여러 모로 뒤처져 있다고 해도 걱정할 필요는 없다. 걱정하는 시간에 내 아이의 잠재능력, 특성을 제대로 파악한 뒤 그에 맞는 목표와 방법을 설정하는 것이 훨씬 도움이 된다. 그래야 아이로 하여금 최고의 성과를 발휘할 수 있게 할 수 있기 때문이다.

특히 유아 자녀를 둔 부모는 내 아이에 대해 정확하고 객관적으로 알아가는 것에 중점을 둘 필요가 있다. 쉽게 말해 다른 아이들과 비교해가며 조급하게 마음먹지 말라는 뜻이다. 숲보다 나무를 보고 하는 일이 결국 그르치듯이, 아이 양육 역시 결과를 보려고 하면 부작용이 따르게 마련이다.

많은 부모들이 아이를 일찍부터 교육을 시키면 이롭다고 생각하는데 이는 그릇된 생각이다. 조기교육보다 아이의 발달 단계에 맞춰 적절하고 좋은 교육을 제공하는 것이 아이의 인생이라는 숲을 이루는데 큰 도움이 된다.

지금 또래 아이들보다 뒤처진다며 고민하는 부모들에게 필자는 이렇게 조언한다.

"지금 내 아이가 다른 아이들에 비해 조금 늦다고 해서 고민하지 않아도 됩니다. 그 대신 내 아이가 무엇을 잘하고, 또 무엇을 더 잘할 수 있는지를 객관적으로 판단해볼 필요가 있습니다. 단지 일찍부터 시작한 조기교육으로 인하여 겉으로는 또래들보다 똑똑해 보이기만 하는 아이가 아니라 정말 똑똑한 아이로 만드는 것이 중요합니다."

토익 만점 형제의 느림보 학습법

인터넷에서 토익 만점 형제에 관한 이야기를 접했다. 지난해 토익에서 만점을 받은 박새벽 군에 이어 동생 박성준 군도 올 1월 토익에서 만점을 기록한 것이다. 특히 성준군은 토익 최연소 만점자 기록까지 세웠다. 그런데 흥미로운 점은 성준 군이 초등학교 5학년 때까지는 ABC도 몰랐다는 것이다. 그렇다면 어떻게 성준군은 3년 만에 영어 수재로 거듭나게 되었을까?

형제는 비록 토익에서 만점을 받았지만 또래들에 비해 머리가 아주 좋거나 외국에서 거주한 경험이 있는 것도 아니었다. 변호사인 아버지 박재규 씨와 서울대 정치학과를 졸업한 엄마 이현숙 씨 밑에서 성장했지만 영어공부는 초등학교 5학년 1학기 때부터 시작했다고 한다. 이현숙 씨는 이렇게 말했다.

"우리 성준이는 초등학교 5학년이 되도록 ABC도 제대로 몰랐어요. 사실 영어만 못하는 게 아니라 전반적으로 문제가 있었죠."

형 새벽이는 어느 정도 학교 교육을 따라가는 수준이었다. 그러나 성준이는 모든 것이 뒤처진 상태였다. 그 중에서도 성준이의 가장 큰 문제는 학습에 대한 의욕이 전혀 없다는 것이었다. 게다가 산만하기 짝이 없어서 심지어 수업시간에 계속 돌아다니는 탓에 다른 아이들에게 방해가 된다고 선생님이 전학을 권고할 정도였다.

그런 성준이에게 이현숙 씨가 가장 먼저 시킨 것은 운동이었다. 남자아이니 운동을 통해서 기본적으로 억눌린 스트레스를 풀어주어야 한다고 생각했던 것이다. 그리고 운동과 함께 시작한 것은 바이올린 레슨을 시작했다.

"성준이는 심한 개구쟁이였는데, 또래와는 달리 대중가요를 별로 좋아하지 않았어요. 대신 클래식을 즐겨 들었는데, 모차르트의 곡을 금방 구분해내는 재능이 있더라고요. 나중에 영어를 공부할 때도 아이가 발음을 잘 구분하는 걸 보고 '성준이에게 듣는 귀가 있구나' 하는 생각을 했어요."

이현숙 씨는 성준이에게 학교 공부를 강요하지 않았다. 아이가 숙제를 하지 않거나 수업시간에 돌아다녀도 그냥 내버려뒀다. 그저 테니스와 바이올린 레슨만 시키고 다른 분야에 대한 엄마의 욕심은 접었다. 성준은 그렇게 5학년 1학기를 보낸 후, 2학기부터 영어공부를 시작했다.

이런 과정을 통해 아이들은 두 달 동안 가장 쉬운 문법책 한 권을 뗐다. 형 새벽이는 어느 정도 영어를 아는 상태여서 수업이 가능했지만 성준이의 경우 ABC도 몰라 수업을 듣고 이해하는 것마저 불가능할 정도였다. 그래서 이현숙 씨는 성준이가 똑같은 과정을 두 번씩 반복하도록 시켰다.

이현숙 씨는 ABC도 모르던 성준이를 토익 만점으로 만든 비결을 이렇게 말했다.

"가장 쉬운 걸 두 번씩 되풀이하자 그 내용만큼은 잘 알더라고요. 이렇게 넉 달을 공부하면서 영어에 대해 자신감이 붙으니까 성준이가 조금씩 변하기 시작했어요. 여전히 학교에 가면 수업시간에 돌아다녔지만 그래도 영어수업 시간만큼은 앉아서 집중하는 모습을 보여줬어요."

이현숙 씨가 새벽 군과 성준 군을 토익 만점으로 만들 수 있었던 것은 형제의 두뇌가 또래들에 비해 아주 뛰어나서가 아니다. 그 비결은 엄마가 형제에 대해 정확하고 객관적으로 제대로 파악해서 아이에게 맞는 방식으로 교육했기 때문이다. 다시 말하면 각각의 아이가 무엇을 잘하고, 또 무엇을 더 잘할 수 있는지를 객관적으로 판단해 각자에게 맞는 학습법으로 영어를 가르쳤기 때문이다.

무엇보다 그녀는 보통 엄마들과는 달리 다른 아이들과 비교해가며 지나치게 조급하게 마음먹지 않았다. 즉 나무가 아닌 숲을 보고 아이를 가르쳤다는 말이다. 이런 엄마의 여유로운 느림보 학습법이 겉으로만 또래들보다 똑똑해 보이기만 하는 아이가 아닌 정말 똑똑한 아이로 만들었던 것이다.

엄마를 위한 해결책 및 대처법

부모는 아이마다 특성이 다르고 영역별 발달 속도도 다르다는 것을 잊어선 안 된다. 따라서 어느 한 시점에서 다른 아이와 비교해 내 아이가 앞서간다고 자만하거나 뒤처진다고 실망해선 안 된다.

또한 내 아이가 또래들에 비해 잘해야 하고 뛰어나야 한다는 생각을 버려야 한다. 내 아이가 뒤처지는 것이 아니라 늦게 발달하는 영역이 있을 수 있다는 것을 인식하고 너무 조급하게 따라잡기 위해 애쓰기보다는 여유를 가져야 한다.

내 아이보다 다른 아이들을 관찰하는 못난 부모가 되지 말자. 차라리 다른 아이와 비교할 시간에 내 아이를 좀 더 관찰해 보는 것이 바람직하다. 내 아이가 관심을 가지는 것이 무엇인지, 좋아하는 것이 무엇인지 파악해 더 많이 접해볼 수 있는 기회를 제공해 줘야 한다. 반대로 아이가 싫어하는 영역은 전략을 세워 아이가 관심과 흥미를 느낄 수 있도록 격려해주는 자세가 요구된다.

06 | 엄마 스스로
주체적인
신념을 가져라

**남의 말에 흔들리는 것은
신념이 약하기 때문이다**

아이를 키우다 보면 기쁘고 행복한 일도 많지만 가슴을 졸이게 하는 일도 많다. 특히 육아 경험이 없는 초보 엄마의 경우 주변에서 하는 이야기에 신경이 쓰인 나머지 감정이 상하는 일도 종종 겪게 된다. 다른 사람들이 또래 아이들에 비해 뭔가 뒤처진다고 이야기하면 내 아이가 잘못된 것은 아닌지 걱정도 되고 기분도 착 가라앉게 된다.

옆집 엄마가 내 아이에 대해서 생각 없이 던진 말 한 마디, 특히 그 내용이 부정적일 경우 마음이 상하게 마련이다. 사실 지나고 보면 별일도 아니다. 그런데도 불구하고 눈에 넣어도 아프지 않은 내 아이에 관한 것이기 때문에 대범하게 넘어가지 못한다.

갓 돌이 지난 딸을 둔 엄마가 있었다. 딸이 12개월에 들어섰을 때 옆집 엄마가 놀러왔는데 그 엄마는 기어 다니는 딸아이를 보고 이렇게 말하는 것이었다.

"아니, 아기가 아직도 못 걸어요? 우리 딸은 9개월 때부터 걸었는데. 돌이 다가오는데도 못 걸으니 좀 이상하네."

그 엄마의 말을 들으니 처음에는 가슴이 철렁 내려앉는 것 같았다. 정말 내 아이가 정상이 아닌가 하는 걱정이 들었기 때문이다. 곧장 아이를 안고 동네 소아과에 가서 상담을 받았다. 그러나 아이에 따라서 다양한 성장발달을 보인다는 의사의 말을 듣고 그제야 놀란 가슴을 진정시킬 수 있었다.

그 후에도 옆집 엄마는 툭하면 아직 애가 말을 못 한다며, 자기 아이 때보다 키가 작다며 사사건건 비교를 하는 것이었다. 감정이 상한 아이 엄마는 옆집 엄마와 말다툼을 벌였고 이제는 원수지간이 되고 말았다.

유아 자녀를 둔 엄마들이 모였다 하면 많이 하는 이야기 가운데 하나가 우리 집 아이와 남의 아이를 비교하는 것이다. 그런데 재미있는 점은 서로 이런 이야기를 스스럼없이 하면서도 속으로는 몹시 기분이 상해 한다는 것이다. 은근히 '내 아이가 비정상인가?' 하는 의문을 가지게 되면서 불필요한 걱정으로 이어진다.

모든 엄마들은 내 아이를 누구보다 아끼고 사랑한다. 그래서 이 세상 어떤 아이들보다도 잘 키워야겠다는 욕심을 가진다. 그러나 아이를 잘 키우기 위해선 이런 욕심만으로는 부족하다. 양육과 아이에 대한 지식과 신념 그리고 적절한 행동 전략이 필요하다.

때로 중심이 없는 신념을 가진 엄마들을 만나게 된다. 이들은 신념의 중심이 가볍기 때문에 내 아이는 이런 기준으로 키워야지, 하는 자신만의 신념을 가졌으면서도 자주 주위 사람들의 말에 이끌리거나 상처받게 된다. 이런 엄마들이 자주 저지르는 실수가 내 아이를 옆집 아이 혹은 다른 아이들과 비교하는 것이다. 다른 아이들이 내 아이보다 월등한 경우 내 아이에게 무슨 문제가 있는 건 아닌지 걱정 아닌 걱정에 휩싸인다.

아이의 미래는 누구도 점칠 수 없다

엄마들이 은연중에 남의 아이의 단점을 지적하는 이유는 무엇일까? 아이에 대해 객관적인 시각을 가지기 어렵기 때문이다. 그래서 항상 내 아이가 최고였으면 하는 마음에 자신도 모르게 남의 아이의 부족한 부분을 지적하게 되는 것이다.

그러나 내 아이가 다른 아이와 비교당할 때 엄마가 느끼는 섭섭함은 그 무엇과도 비교할 수 없다.

"얘는 말이 느리네."

"얘는 아직 한글도 몰라요?"

"얘는 왜 이렇게 작아요?"

"발음이 다른 아이들에 비해 부정확하네."

"몇 살인데 아직 잘 걷지도 못해요?"

이런 비교를 당하면 엄마는 마음속으로 '아이들의 성장은 아무도 모르는 겁니다. 두고 보세요.' 라는 항변한다. 그러면서도 엄마의 마음은 섭섭함과 분노로 상처를 입는다.

이런 비교에서 오는 스트레스를 극복하려면 먼저 엄마 스스로가 중심 있는 신념을 가져야 한다. '아이의 미래는 누구도 점칠 수 없다' 라는 말이 있듯이 그들의 말에 귀 기울일 필요가 없다. 모든 엄마들은 자신의 아이가 가장 잘났고 최고라고 여기기 때문에 그런 말을 한다고 여기면 된다. 그리고 누군가 이야기하는 부분이 정말 우리 아이의 부족한 점이라면 인정하고, 다른 장점을 계발해 주거나 보완해주면 된다. 이런 발상의 전환이 필요하다.

지나고 나면 아무것도 아닌 주위 사람들의 말에 지나치게 마음 쓰거나 마음 상해선 안 된다. 마음을 쓰거나 마음이 상하는 순간 그 스트레스는 엄마 자신 뿐 아니라 내 아이에게 고스란히 전해진다.

필자는 중심이 없는 신념을 가진 엄마들에게 이렇게 조언한다.

"아이를 잘 키우기 위해선 아이의 마음과 생각이 어떻게 자라나는 지 이해해야 합니다. 또한 엄마 자신의 말과 행동이 아이들의 속마음 에 어떤 영향을 끼치는지 알고 있어야 합니다. 그 다음 아이에게 긍정 적인 영향이 미칠 수 있는 말과 행동을 선택해서 하는 노력을 기울일 필요가 있습니다. 그리고 아이만 성장하는 것이 아니라 부모도 아이 를 키우면서 함께 성장하고 발달한다는 것을 알아야 합니다. 따라서 내 아이를 건강하고 행복하게 잘 키우기 위해선 먼저 자기 자신을 돌 아보고 쉬지 않고 공부하고 고민하는 과정이 병행되어야 합니다. 이 는 내 아이와 엄마 모두를 위한 과제라고 할 수 있습니다."

엄마라면 누구나 아이를 건강하고 올바르게, 다른 아이들보다 우 월하게 키우고 싶은 욕심이 있다. 그런데 이런 욕심은 엄마 스스로 중 심 있는 신념을 가질 때 제대로 발현된다. 요즘같이 넘쳐나는 육아정 보 속에서 양육에 대한 중심 있는 신념을 갖지 못하는 엄마가 많다.

육아에 좋다는 새로운 이론들과 정보들은 쌓이는데 왜 우리 아이 는 여전히 말을 듣지 않고 새로운 문제는 계속 발생할까? 그 이유는 어디에도 완벽한 육아법은 존재하지 않기 때문이다. 수많은 육아서 와 이론들이 말하는 육아법 역시 정답은 아니다. 모두가 이상적으로 생각하는 단 하나의 육아법은 존재하지 않는다.

내 아이는 세상에 단 하나뿐인 존재이다. 그러니 옆집 아이의 행동 이 좋아 보인다고 그렇게 키울 필요도 없고, 남들이 다 하는 것이라도 꼭 시킬 필요는 더더욱 없다. 다른 아이가 받아들이는 만큼 내 아이도 똑같이 받아들일 것이라는 보장이 없기 때문이다. 내 스타일로 밀고 나간다고 해서 아이가 잘못되지는 않는다. 내가 좋아하는 음식을 아이에게 강요할 수는 없듯이 내가 원하는 미래가 곧 아이가 원하는 미래가 아닐 수도 있다. 그러므로 엄마는 스스로 확고한 신념을 가지고 있어야 한다.

정보를 취사선택할 줄 알아야 한다

필자가 운영 중인 유치원에 준혁이라는 아이가 있다. 준혁이는 매우 활동적이며 친구들과 어울리는 것을 좋아한다. 공원으로 견학을 가는 날이면 가장 신이 나서 "선생님 거기 가면 장수풍뎅이도 볼 수 있어요?"하고 묻고, 공원에 가서는 "선생님 저건 산수유예요. 개나리 아니고요."라며 자연에 대해 관심을 보인다. 주말에 엄마와 자동차 박물관에 구경을 다녀왔다며 팸플릿부터 찍은 사진까지 가져와 친구들 앞에 나와 소개하며 자랑하는 것을 좋아한다. 그러나 좀 오랜 시간 앉아있거나 집중을 해야 할 때, 또는 누군가 억지로 활동을 시키면 준혁이는 거의 하지 않고 잘하던 활동도 일부러 하지 않는 경우가 있었다.

그런데 준혁이 엄마는 준혁이를 학기 중간에 영어 학원으로 바꾸어버렸다. 요즘 아이들은 빨리 영어를 가르쳐야 좋다는 엄마들의 수다에 귀가 솔깃한 것이다.

그러나 한 학기가 지나고 나서 준혁이 엄마에게 다시 전화가 왔다. 준혁이가 영어학원에 전혀 적응을 하지 못하고, 집에 와서도 전보다 더 짜증을 부리고 유치원에 다시 가고 싶다고 떼를 쓴다는 것이었다. 누구보다 내 아이에 대해 잘 알아야 할 엄마가 다른 아이의 교육법만 쫓아가려다 결과적으로 준혁이에게 스트레스를 안겨준 것이다.

만 6세인 성훈이는 또래에 비해 말이 많이 느린 편이다. 말을 할 때도 상대방과 눈을 잘 마주치지 않는다. 또한 매우 소극적이며 나서는 것을 쑥스러워 한다. 주변에서는 자폐증을 의심하지만 성훈이의 엄마는 성훈이가 조금 소극적인 성격일 뿐이라며 주변 친구들의 문제라며 원인을 다른 쪽으로 돌렸다. 그러나 검사 결과 성훈이는 자폐증으로 나왔으며 엄마의 양육방식에 문제가 있었다. 이는 엄마의 잘못된 양육 신념이 결국 아이를 그렇게 만들었다고 할 수 있다.

엄마를 위한 해결책 및 대처법

자녀에 대한 신념

아이들은 부모에게 자랑스러운 자녀가 되고 싶어한다는 것을 기억해야 한다. 주위 사람들의 비교에서 상처 받지 않기 위해선 엄마 스스로 확고한 신념을 가져야 한다. 그러기 위해선 먼저 내 아이가 다음과 같은 것들을 원한다는 믿음이 전제되어야 한다.

- 아이들은 부모와 어른들을 기쁘게 하고 싶어한다.

- 아이들은 사회의 성원으로 받아들여지길 바란다.

- 아이들은 능동적이며, 다른 사람들과 함께 활동하고 싶어한다.

- 아이들은 새로운 것을 배우고 싶어한다.

- 아이들은 놀라운 일들을 좋아하고 또 다른 사람에게 놀라운 일을 하고 싶어한다.

- 아이들은 자신의 의견을 표현하고 싶어한다.

- 아이들은 자신에게 주어지는 기회를 스스로 선택하고 싶어한다.

— 자녀에 대한 신념 (출처: 솔루션센터)

위와 같은 믿음이 전제가 되면 내 아이에 대한 줏대 있는 신념을 가지는데 큰 힘이 된다. 모든 면에서 부족함이 없는 아이라는 인식이 들기 때문이다.

남의 아이에 대해 이런저런 말을 하는 엄마들의 특징은 지나치게 많은 육아 정보의 홍수에 빠져 있다는 것이다. 그리고 엄마가 되는 순간 가입하게 되는 인터넷의 커뮤니티나 카페들, 산후조리원에서부터 시작되는 모임들에서의 영향이 크다. 필자는 많은 엄마들로부터 내 아이와 커뮤니티 속 아이가 너무나 차이가 난다는 이야기를 듣는다. 마른 사람이 뚱뚱한 사람의 옷이 맞지 않고 사람에 따라 화장이 다르게 어울리듯이, 내 아이에게도 맞는 육아법이 따로 있다는 것을 간과하기 때문이다.

아이를 진정으로 사랑한다면 주변에서 듣거나 알게 되는 육아 정보나 도움이 되는 조언들을 지혜롭게 취사선택하여 내 아이에게 맞는 방법을 활용하는 것이 중요하다. 마지막으로 아이에게 가장 믿음직한 존재는 바로 엄마라는 것을 기억해야 한다.

07 │ 진짜 좋은 엄마는
선생님 노릇까지
하지 않는다

아이가 실수했을 때 어떻게 대처해야 할까?

지난 주 지인들의 가족들과 놀러갔을 때의 일이다.

진서의 엄마는 한 아이의 엄마이자, 유치원에서 아이들을 사랑하는 마음으로 최선을 다해서 가르치려고 노력하는 교사이기도 하다. 평소에는 외할머니가 돌봐주기 때문에 주말에는 아무리 바빠도 진서와 놀아주는 편이다. 유치원에 다니는 진서를 비롯하여 여러 가족이 야외로 나들이를 가려고 음식을 함께 만들며 생긴 일이다.

진서가 간식을 만들면서 장난을 치다가 바닥에 달걀 물이 엎어지면서 진서의 옷이 다 젖어버리게 되었다. 진서 엄마는 진서에게 "휴지로 닦아야지."라고 말하고, 아이가 휴지를 많이 가지고 오자 "그렇게 휴지를 막 쓰면 안 돼. 휴지는 아껴서 조금씩 써야지." 했다. 그러자 진서가 휴지를 떼어내더니 말했다. "이렇게 하면 되는 거죠. 선생님?"

순간 진서 엄마는 아이에게 친밀한 엄마로써의 모습이 아니라 교사처럼 아이에게 교육적으로 대하고 있었던 것이다.

간식을 다 만들어 도시락에 넣은 후에 집을 나와 중간에 다른 팀과 만나 가까운 근교로 나들이를 나갔다. 그곳에서는 진서의 친구 수진이가 간식을 먹다가 도시락을 떨어뜨려서 엎질렀고 아침에 진서처럼 똑같이 옷이 엉망이 되어 버렸다. 그때 수진이의 엄마를 유심히 보게 되었다. 수진이 엄마는 "어머! 괜찮아? 다친 곳은 없어? 그릇 이리 가지고 와 . 더 먹자."라며 엎지른 도시락을 얼른 치우고 간식을 먹는 것이 아닌가.

수진이는 방금 전에 도시락을 엎질렀다는 것도 잊은 채 다시 명랑해졌다. 그러나 진서는 노는 와중에도 계속 엄마의 눈치를 보는 것이었다. 필자는 그런 진서를 보면서 그 누구보다 친밀한 관계인 가족들과 함께 있을 때조차 긴장하고 눈치를 보는 모습이 안타까웠다.

선생님보다 엄마로서의 존재감

많은 엄마들이 내 아이를 사랑한다는 이유로 선생님 노릇까지 하려고 한다. 그러나 아이가 엄마에게 진정으로 바라는 것은 부족하고 잘못된 부분을 선생님처럼 지적하고 가르치기보다는 공감하는 모습이다. 아이는 자신이 가장 신뢰하는 엄마로부터 지적을 당하고 선생님과 같은 차가운 모습을 보게 되면 의기소침하게 된다. 그러면서 마음속으로 '방금 전에 한 내 잘못으로 엄마는 더 이상 나를 사랑하지 않는구나.' 라고 여기게 되는 것이다.

　때로 아이가 실수하고 잘못을 저지르더라도 한결 같은 모습으로 아이를 대해야 한다. 아이는 그저 모든 면에서 미성숙한 존재라는 것을 인식해야 한다. 그래야 아이가 실수하고 잘못을 하더라도 엄마의 따뜻한 모성으로 안아주고 보듬어줄 수 있기 때문이다. 만일 엄마가 안아주고 보듬어주기보다 선생님처럼 잘못을 지적하고 가르치려 한다면 아이의 사회성이 낮아지게 된다. 이는 또래 아이들과 원만하게 어울리지 못하게 될 뿐 아니라 열등감을 가진 아이로 만든다.

　어떤 일이 있어도 아이에게 가르치려 해선 안 된다. 예를 들어 아이가 퍼즐이나 블록놀이를 한다고 가정할 때 엄마는 아이가 먼저 시작하도록 기다려줘야 한다. 그런데 많은 엄마들이 공감을 나누는 친밀한 엄마이기보다 선생님이 된다.

　"이건 이렇게 하는 거야.", "그렇게 하면 안 되지. 이렇게 해봐.",

"자동차 만들어볼까?", "이건 무슨 색일까? 아니지. 노란색이야."

이렇게 선생님처럼 아이를 가르치려 한다. 필자의 말에 아이에게 있어 엄마는 첫 번째 선생님이지 않느냐며 반문할지도 모른다. 물론 그 말도 틀린 말은 아니다. 그러나 아이가 진정으로 원하는 것은 선생님이 아닌 진정으로 공감하는 엄마라는 것이다. 무엇보다 엄마가 아이를 가르치려 한다면 아이는 쉽게 호기심을 잃어버리게 된다. 아이는 직접 자신이 만져보며 의문에 대한 답을 스스로 찾으려고 노력할 때 호기심이 생겨난다. 그런데 엄마가 나서서 척척 해결해주고 선생님처럼 가르치게 되면 호기심은 싹 사라지고 만다.

그래서 필자는 엄마들에게 이렇게 조언한다.

"아이가 먼저 호기심을 느끼고 의문을 품을 때까지 부모가 참고 기다려야 합니다. 그런 기다림이 전제될 때 아이는 무엇이든 스스로 할 수 있는 능력이 생기기 때문입니다."

물론 아이에게 사물의 이름이나 장난감을 좀 더 재미있게 가지고 노는 방법 등에 대해 하나라도 더 알려주고 싶은 엄마의 마음은 십분 이해가 간다. 그러나 이는 결국 내 아이의 호기심과 창의성을 죽이는 '독'이 된다는 것을 알아야 한다. 엄마가 가르치려 하지 않으면 아이는 스스로 알아가거나 그래도 의문이 해소되지 않으면 엄마에게 물어오게 된다. 그때 자상하게 대답해주는 것이 엄마의 역할이다.

진짜 좋은 엄마의 역할

그렇다면 진짜 좋은 엄마가 되기 위해 어떻게 해야 할까?

아이들이 원하는 것들을 모두 사준다고 좋은 엄마라고 할 수 없다. 아이의 놀이에 적극적으로 참여하고 아이들을 위해 이벤트를 만들어 주거나 즐겁게 놀이를 계획하여 같이 하려는 모습을 보여주는 친밀한 모습이 필요하다. 아이는 이런 엄마를 보며 '진짜 좋은 엄마'라고 여기게 되는 것이다.

때로 아이가 칭찬받을 일을 했을 때에는 칭찬과 사랑이 담긴 말을 아끼지 말아야 한다. 아이가 그림을 그려 와서 "엄마! 나 엄마 그렸어! 예쁘지?"하고 자랑을 한다면 "정말 예쁘네.", "정말 멋있는데 액자처럼 만들어서 벽에 붙여야겠네."라며 잘했다는 표현을 해주는 것이 내 아이를 진정으로 아끼고 사랑하는 엄마의 모습이다.

반대로 아이가 잘못을 했을 때에는 단호함을 보여 줄 필요도 있다. 그렇다고 무조건적으로 화를 내며 잘못을 지적하기보다는 아이에게 자초지종을 들어보고 아이가 잘못 생각하고 있는 것을 엄마와 합의점을 찾아서 설명을 해주며 아이의 생각을 조금 바꿔주는 것도 필요하다. 이러할 때 아이는 나에게 화만 내고 다그치는 엄마가 아니라 나를 사랑해주면서 내가 올바른 길로 갈 수 있도록 이야기해 주는 좋은 엄마라고 생각하게 된다.

엄마를 위한 해결책 및 대처법

아무리 내 아이를 금쪽 같이 아끼고 사랑하더라도 엄마는 언제나 엄마여야 한다. 아이에게 지적하고 가르치려 드는 선생님이 되어선 안 된다. 엄마가 아니라도 내 아이를 가르치려 하는 사람은 세상에 무수히 많다.

그러나 아이가 어떤 실수나 잘못을 해도 아이 편에 서서 공감해 줄 수 있는 사람은 엄마뿐이다. 옆에서 내 아이가 실수를 했어도, "괜찮아, 누구나 실수할 수 있어."라며 아이의 편에 서서 위로해 주고 아이에게 자신감을 줄 사람은 이 세상에 단 한 사람 엄마뿐이라는 것을 잊어선 안 된다.

많은 책과 사람들이 '엄마는 아이에게 가장 좋은 선생님'이라고 말한다. 이 말은 엄마와 아이의 친밀감과 공감대가 형성될 때 가능한 말이다. 만일 아이의 실수나 잘못을 지적하고 가르치기에 바쁜 엄마라면 결코 좋은 선생님이라고 할 수 없다. 진짜 좋은 엄마는 아이의 눈높이에 서서 아이와 공감하고 친밀함을 나누는 엄마, 아이의 자존감을 높여주고 자신감을 키워주는 엄마이기 때문이다.

08 | 잘 해주지 못해 미안하다는 죄책감에서 벗어나라

직장맘들이 갖는 죄책감

요즘 맞벌이 가정이 빠르게 늘어나고 있다. 그러다보니 아이와 함께 있어 주지 못하는 데에 대해 미안함과 죄책감을 느끼는 엄마들이 많다. 그런 경우에 엄마는 아이에 대한 미안함과 죄책감을 어떤 식으로든 아이에게 보상하고자 노력하기 마련이다. 그러나 엄마가 아이에게 미안하다고 해서 무엇이든 원하는 것을 척척 다 들어주면 아이는 보상에 길들여지게 된다. 그러면서 아이는 엄마의 약한 마음을 이용해 자신이 바라는 것을 얻어내게 된다. 그 결과 아이를 응석받이로 만들거나 자기 자신만 아는 이기적인 사람으로 만들게 된다.

한 직장맘으로부터 직장에 다니는 관계로 아이와 함께 있어주지 못해 죄책감에 시달린다는 메일을 받았다.

"저는 초등학교 3학년 딸을 둔 직장맘입니다. 아이가 어렸을 때는 제가 집에 있었어요. 아이가 어느 정도 스스로 할 수 있게 된 다음부터 직장 일을 하게 되었는데 직장에 나가면서부터 아이의 응석이 늘었어요. 평소에 아이와 충분한 시간을 갖지 못하는 것에 대해서 죄책감을 갖고 있습니다. 특히 회사에서 늦게 돌아오는 날이면 더욱 미안해서 아이가 원하는 것을 거의 다 들어 줍니다.

며칠 전에 있었던 일입니다. 퇴근하고 집에 가니까 저녁 9시가 조금 지난 시간이었어요. 아이는 제가 현관문을 열고 들어서자마자, '엄마, 만날 늦게 와. 아예 회사에서 사세요.' 라고 말하더니 방에 들어가서 잔뜩 화가 나서는 한마디 말도 하지 않는 거예요.

다음 날 아이는 학교 갔다가 집에 돌아왔을 때 엄마가 집에 있는 친구들이 가장 부럽다고 말하더군요. 저는 퇴근 후 늦게 들어가서 가뜩이나 미안하고 죄책감을 갖고 있던 참에 아이가 화를 내며 말도 하기 싫어하는 것을 보면서 정말 제가 엄마 자격이 있는가?하고 고민에 빠졌습니다.

아이는 종종 저에게 '○○ 엄마는 친구들이 놀러 가면 피자랑 치킨도 시켜주고 그래요. 함께 놀아주고, 숙제도 도와주고요!' 라고 친구의 엄마와 비교를 합니다. 저는 아이에게서 이런 말을 들을 때마다 죄책감 때문에 마음이 쓰리고 아파요. 지금은 아이를 위해 직장을 그만둬야할지 남편과 상의하고 있습니다."

사실 스스로에게 '내가 좋은 엄마일까?' 라고 자문해 봤을 때, '그렇다.' 라고 대답하는 엄마들은 거의 없다. 전업주부이건, 직장에 다니는 엄마이건 다들 나름대로 아이에게 더 잘해주지 못해 미안한 마음과 죄책감을 가지고 있기 때문이다.

앞의 사례에 나오는 엄마의 경우는 많은 직장맘들이 느끼는 문제 가운데 하나이다. 물론 직장생활로 인해 아이와 함께 있어주지 못해 미안해하는 마음은 충분히 이해가 간다. 그러나 그렇다고 해서 죄책감까지 가져선 안 된다. 죄책감은 마음을 약하게 만들어 엄마로서 응당 해야 할 의무를 다하지 못하게 하기 때문이다.

직장맘과 전업주부

그동안 필자는 많은 엄마들을 만나면서 한 가지 잘못된 선입견을 갖고 있다는 것을 알 수 있었다. 흔히 전업주부가 직장에 다니는 엄마보다 엄마의 역할을 더 잘할 수 있다는 선입관이다. 그 이유는 많은 시간을 아이와 함께 할 수 있기 때문이라는 생각에서이다. 그러나 이는 사실과 다르다. 오히려 자신의 직업을 가진 엄마들이 전업주부들보다 더 효율적인 양육을 하는 경우들이 많다. 사실 아이와 한 공간에 많은 시간을 함께 있다고 해서 무조건 아이에게 좋은 것만은 아니다. 중요한 것은 그 시간 동안 아이와 무엇을 하며 지내느냐이다. 양보다

질이 더 중요하다는 뜻이다.

엄마들 중에 장시간 아이와 함께 있으면서 아이에게 화만 내고 아이와 대화하지도 않고 자신의 일만 하는 엄마도 있다. 반대로 하루에 4시간 정도 밖에 함께 있어주지 못하지만 4시간만이라도 충분히 아이의 이야기에 공감해주며 관심을 나타내는 엄마가 있다. 둘 가운데 누가 더 질적으로 아이에게 잘해준다는 생각이 드는가?

그렇다. 후자이다. 아이와 장시간 함께 있으면서 아이에게 무관심하기보다 짧은 시간일지라도 아이와 함께 할 때 더 생산적이고 질적인 훈육이라고 할 수 있다.

따라서 아이에게 함께 있어주지 못해 미안함이나 죄책감을 가지기보다 엄마가 왜 자신과 함께 있어주지 못하고 직장에 나가야 하는지 이해할 수 있도록 설명해 줘야 한다. 그리고 아이와 함께 하는 시간만큼이라도 아이에 입장에서 최선을 다하면 된다.

엄마 아닌 다른 사람 손에서 자란 아이

얼마 전 한 엄마가 필자를 찾아와 다음과 같이 고민을 토로했다.

"저는 아이를 가질 때부터 직장을 다니고 있어서 그동안 아이에게 동화책 한권 읽어주는 시간조차 없었어요. 어렸을 때부터 친할머니가 키워주셨고, 지금도 마찬가지에요. 사실 요즘은 일이 힘들기도 하지만, 아이에게 시간을 다 쏟아야 하나 생각도 들어요. 항상 미안하고 안타까운 마음에 아이를 볼 때면 무언가 해주고 싶고, 떼를 써도 화를 내지만 금방 받아주게 되더라고요.

요즘은 제가 관심을 가지지 않으면 더 말썽을 피우는 것 같아요. 항상 내가 하는 일에 참견을 하고, 정서적으로 불안정해 보이고 불만이 많은 것 같아요. 저는 무거운 발걸음으로 회사를 가게 되는 경우가 많고, 회사에 가도 신경이 쓰일 수밖에 없어요."

어려서부터 엄마가 아닌 다른 사람의 손에서 자란 아이들은 그렇지 않은 아이들에 비해 말썽을 일으키거나 문제의 행동을 보이는 경우가 많다. 아이에게 무엇보다 필요하고 중요한 것이 부모의 애정과 관심이다. 따라서 아이는 가장 사랑받고 싶은 엄마가 무관심하게 되면 반감의 표출로 반항적인 아이, 공격적인 아이가 되곤 한다. 때로 부모에게 존재감을 표시하기 위해 공격적인 행동을 보이기도 한다.

그렇다고 해서 무조건 아이를 '오냐오냐' 키우거나 사달라고 하는 것을 다 사주어선 안 된다. 대부분의 엄마들은 미안한 생각 때문에 부당한 아이의 응석을 받아주게 된다. 그러면 아이는 직장에 다니는 엄마의 미안함과 죄책감을 건드리면서 자신이 원하는 것을 얻고자 하게 된다. 아이는 마음 약해진 엄마에게 원하는 것을 얻어내기가 무척 쉽다는 것을 간파했기 때문이다.

엄마로서 아이에게 잘해주지 못해 미안함과 죄책감이 드는 것은 당연하다. 그렇더라도 아이가 잘못한 부분에 대해선 야단을 쳐야 한다. 그리고 필요하지 않은 것을 사달라고 하거나 부당한 응석을 부릴 때 역시 일관적이면서 단호하게 행동해야 한다.

이런 엄마들이 있다. 아이의 잘못에 대해서 야단을 친 다음에, '혹시 내가 너무 가혹한가?', '혹시 내가 조금만 더 참았더라면……' 등으로 스스로 자책을 하는 엄마들이 있다. 절대 그런 마음을 가져선 안 된다. 원칙과 일관성을 가지고 엄마 자신의 나름대로의 양육 방식으로 아이를 키우는 것이 무엇보다 중요하다.

엄마를 위한 해결책 및 대처법

많은 부모들이 주말이면 아이들을 데리고 박물관, 놀이공원, 수목원, 축제 등을 찾는다. 그러나 여기에는 아이들에게 자극과 경험의 기회를 주기 위한 것도 있지만, 주중에 아이들과 함께 해주지 못한 데에서 기인한 미안함과 죄책감이 더 크다. 그러나 이런 시간을 갖는다고 해서 부모로서의 책임을 다한다고 할 수 있을까? 아이와 함께 놀러갔어도 아이 따로 부모 따로 시간을 보내게 되면 아이들은 물론 부모 본인들에게도 무의미한 시간이 된다. 따라서 아이들과 생산적인 시간을 보내기 위해선 장시간을 함께 하는 것보다 몇 시간을 보내더라도 함께 보낸 시간의 내용이나 질에 초점을 맞춰야 한다.

아이에게 어떤 고민이 있는지, 유치원이나 학교에서 어떤 친구와 가장 친한지, 선생님은 마음에 드는지 아이의 입장에서 공감하는 대화의 시간이 필요하다. 이때 대화의 주도적인 흐름은 아이에게 맡겨두고 부모는 아이의 말에 귀기울여 주고 추임새를 넣어주는 것으로 충분하다. 그러면 아이는 부모가 직장생활을 하면서도 자신에게 애정과 관심을 갖고 있다는 것을 알게 된다.

아이에게 더 잘해주지 못해 미안하다는 죄책감은 엄마의 숙명과도 같은 것이다. 따라서 미안함이나 죄책감보다는 엄마 자신의 원칙과 주관을 가지고 양육해야 한다. 그리고 잊지 말아야 할 것은 애정과 관심으로 일관적인 양육 태도를 견지하는 것이다.

4장

있는 그대로 인정하고, 믿고, 참고, 기다리기

01 │ 긍정적인 사고가
아이를
변화시킨다

 **말을 더듬는 아이**

"5세 아들을 둔 엄마입니다. 아이의 말이 굉장히 느린 편이라 아직 발음이 정확치 않습니다. 그런데 한 달 전부터 말을 더듬기 시작하더니 점점 심해지는 것 같아 걱정입니다. 특히 첫 단어를 시작할 때 굉장히 힘들어해요. 일부러 아무 일 아닌 척 받아주고 있지만 마음속으로 걱정이 많습니다. 어떻게 해야 할지도 모르겠고 형이나 주변 사람 중에 말을 더듬는 사람도 없는데, 왜 말을 더듬을까요? 그렇다고 성격이 급한 편도 아니에요. 어떻게 대처해야 할지 막막하네요."

내 아이가 말을 더듬는다면 누구보다 엄마의 마음이 아프다. 그러면서도 한편으로 다른 아이들은 그렇지 않은데 왜 유독 우리 아이만 말을 더듬을까?하고 비교하게 된다. 이런 비교는 아이가 말을 더듬더라도 참고 말을 끝까지 들어줘야지 하고 마음먹었던 결심이 무너지게 한다. 자신도 모르게 "왜 자꾸 말을 더듬고 그래?", "천천히 또박또박 말해."하고 야단치게 된다.

아이가 말을 더듬는다고 해서 아이를 또래들에 비해 부족한 아이라는 인식을 심어줘선 안 된다. 이는 결국 아이를 부정적인 사고를 가지게 만든다.

역사적으로 유명한 사람들 가운데 말을 더듬었던 사람들이 많다. 인류 최초로 말을 더듬었던 사람으로는 이스라엘 백성들을 이집트에서 이끌어 낸 구약성경에 나오는 모세이다. 그리고 지독한 노력 끝에 말더듬을 극복하고 유명한 웅변가가 된 데모스테네스, 그리스의 철학자 아리스토텔레스, 우화작가 이솝, 수필가 찰스 램, 유전학자 찰스 다윈, 영국의 왕 찰스 1세와 조지 6세, 영국 수상 윈스턴 처칠, 문필가 섬머셋 모옴, 영화배우 마릴린 먼로 등 수많은 유명인사가 말더듬이었다.

한비자는 지독한 말더듬이었다. 그와 대화를 할 때면 상당한 인내를 요구했다. 그래서 한비자는 자기의 의견을 주로 죽간(종이가 발명되기 전 대나무를 쪼개 끈으로 엮어 글씨를 쓰도록 한 것) 등에 써서 전달했다. 스테디셀러 《한비자》도 그 덕분에 탄생할 수 있었다.

GE의 잭 웰치 전 회장 역시 어릴 시절부터 말 더듬는 버릇이 있었다. 그러나 그의 엄마는 그가 말을 더듬을 때마다 "네가 너무 똑똑해서 혀가 머리의 회전을 못 따라가는 거란다."라고 말했다. 엄마의 말이 그를 더욱더 자신감 넘치게 만들었다. 그리하여 마침내 세계적인 경영자로 우뚝 서게 했다.

아이가 말을 심하게 더듬지 않는 이상 너무 걱정하거나 과민 반응할 필요는 없다. 6세 이전의 많은 아이들이 말더듬 증상을 겪으며 성장하기 때문이다. 전문가들에 의하면 대부분의 경우 50~80%가 자연 회복된다고 한다.

그러나 말더듬 증세가 심하거나 또래 친구들로부터 놀림을 받아서 아이가 심리적으로 괴로워할 때에는 치료를 받아야 한다. 말더듬증은 호전과 악화를 반복하기도 하므로 조기 치료가 중요하다.

말을 더듬는 아이는 엄마의 눈치를 살피게 된다. 아이가 재차 말을 더듬더라도 계속 격려해 줘야 한다. 아이의 말을 중간에 끊지 말고 끝까지 들어주면 아이는 편안하게 말을 하게 된다. 만일 아이가 말할 때 엄마가 안타까운 표정으로 바라보거나 아이를 시험을 치루듯 지켜본다면 긴장감이 더해져 아이는 점점 더 말을 더듬게 된다. 아이가 말을 더듬는 순간 스스로 고치려고 노력할 때는 칭찬을 아끼지 말아야 한다. 이는 아이에게 스스로 고칠 수 있다는 믿음과 자신감을 심어준다.

엄마의 긍정적인 칭찬이나 격려가
아이의 단점을 극복한다

성공하는 인생을 사는 사람들의 뒤에는 지혜로운 엄마들이 있었다.

에디슨은 학교 적응에 실패할 만큼 엉뚱했지만 엄마는 에디슨의 호기심을 존중해주며 자신감을 심어주었다.

한국계 미국인 세 자매로 이루어진 서양 고전음악 피아노 트리오로 유명한 '안트리오'가 세상에 나올 수 있었던 것은 잔소리조차 말 대신 글로 표현하며 아이의 감정을 존중해준 엄마가 있었기 때문이다.

인류 최초의 비행기를 발명한 라이트 형제에게는 어릴 적부터 놀라운 발상과 실행력으로 무엇이든 만들어보게 한 엄마가 있었다.

아인슈타인은 4살이 되어서도 말도 못했는가 하면 7살이 되었을 때에도 심부름조차 하지 못했다. 그럼에도 엄마는 "걱정 안 해도 된단다. 넌 반드시 이 다음에 훌륭한 사람이 될 거야."라며 격려와 응원을 아끼지 않았다.

이들 엄마들에게는 한 가지 공통점이 있다. 비록 당장은 또래 아이들에 비해 부족한 면이 있지만 그럼에도 아이를 있는 그대로 인정하고 믿고 참고 기다려줄 줄 알았다는 것이다. 그랬기에 아이의 현재보다 미래에 초점을 맞추며 '할 수 있다'는 긍정적인 메시지를 끊임없이 심어줄 수 있었다.

아이들은 엄마가 마음을 열고 긍정적인 사고로 대할 때 공감이 가는 대화를 할 수 있다. 또한 아이는 엄마의 긍정적인 사고의 영향으로 자신의 삶을 이끌어 나갈 수 있는 자세를 견지하게 된다. 이는 주도적인 인생으로 이어진다.

부정적인 사고를 가진 엄마 아래서 자란 아이들은 매사에 "안 할래요.", "하기 싫어요.", "잘 못해요."라는 부정어를 많이 사용하며, 매사에 핑계와 변명을 댄다.

반면에 긍정적인 사고를 가진 엄마와 함께 자란 아이들은 무엇이든 긍정적인 사고로 접근한다. "이거 재미있겠다. 언제해요?", '나 이거 잘할 수 있어요.' '이거 또 언제 할 수 있어요? 라고 눈을 반짝거린다.

긍정적인 사고를 가진 엄마는 아이가 실수를 했어도 "괜찮아. 사람은 누구나 실수를 할 수도 있어."라며 격려해주며 용기를 북돋워준다. 그 결과 다시 도전해 성공하게 된다.

그러나 그렇지 않은 엄마는 "그러면 그렇지, 잘했다." 또는 "너는 가만히 있어 주는 게 엄마를 돕는 거야."라며 아이의 자존심에 상처를 준다. 아이는 실수하면 엄마에게 혼이 난다는 생각에 도전을 포기하게 된다. 수동적이고 소극적인 사람으로 성장하게 된다.

엄마의 긍정적인 평가가
아이를 성공으로 이끌어 준다

미국 최초 흑인 대통령 버락 오바마. 어린 시절 오바마에게는 마음을 터놓고 지낼 친구가 없었다. 또래의 백인 아이들은 흑백혼혈인 오바마를 보며 놀림과 조롱을 일삼았기 때문이다. 그런 과정에서 오바마는 좌절과 방황을 거듭했다. 오바마는 인종 차별에서 오는 고통을 자서전《내 아버지로부터의 꿈》에서 다음과 같이 고백했다.

"택시를 잡으려고 해도 세워 주지 않거나 엘리베이터를 타면 여자들이 경계하는 눈빛으로 힐끔거리면서 핸드백을 품에 꼭 끌어안을 때처럼 화가 날 때가 없었다."

그는 흑인들이 백인들에게 무시당하는 모습을 볼 때마다 고통스러웠다. 그때마다 자신이 흑인이라는 사실이 너무나 싫었다. 그럴 수만 있다면 백인이 되고 싶었다.

그런 오바마의 곁에는 지혜로운 엄마가 있었다. 그녀는 자녀 교육에 헌신적인 사람이었는데, 특히 긍정적인 사고로 오바마에게 '간절히 바라는 것은 반드시 실현된다', '무엇이든 할 수 있다'는 꿈과 희망을 심어 주었다. 엄마의 독립적인 사고와 개방적인 성격은 오바마에게 자신감과 추진력을 심어주었다. 오바마가 가난과 부모의 이혼, 인종차별이라는 절망적인 상황 속에서도 희망을 잃지 않고 미국 대통령이 될 수 있었던 것은 긍정적인 사고 덕분이었다.

아이의 미래를 결정하는 것은 외부 환경적인 요인이 아니다. 바로 가장 가까이에 있는 부모, 그 가운데 엄마의 사고방식과 말, 그리고 행동이다. 따라서 아이를 성공하는 아이로 키우려면 항상 긍정적인 사고로 용기와 자신감을 심어주는 말을 들려줘야 한다.

필자는 엄마들에게 긍정적인 '너' 메시지 전달법을 활용하라고 조언한다. "넌 정말 문제가 크구나."라는 말보다 "넌 정말 창의적이야."라고 긍정적인 평가를 해주는 것이 좋다.

아이에게 다음과 같은 말을 자주 들려주자.

"아~ 그랬구나. 정말 속상했었겠네."

"너는 얼굴이 참 예뻐."

"오늘 시험 보느라 힘들었지?"

"아~ 그렇구나."

"역시 넌 대단해."

"네가 생각하는 것보다 더 잘할 수 있단다."

"엄마 아빠는 늘 변함없이 널 사랑한단다."

엄마를 위한 해결책 및 대처법

내 아이에 대한 엄마의 믿음과 신뢰는 아이를 자존감 높은 아이로 이끈다. 높은 자존감은 다시 긍정적인 아이로 만들어 어려움이 닥쳐도 굴하지 않고 헤쳐나갈 의지를 길러줄 뿐 아니라 무엇이든 최선을 다하는 자세를 가지게 한다.

세상의 모든 아이는 완벽하다. 자꾸만 엄마의 기준에서 아이를 바라보거나 옆집 아이, 또래들과 비교하기 때문에 내 아이가 부족하게만 여겨지는 것이다.

간혹 아이가 실수를 하고, 투정을 부리고, 반항을 하는 이런 행동들은 아주 자연스러운 성장 과정일 뿐이다. 실수를 했을 때 격려해 주고, 슬픈 감정을 느낄 때 함께 슬퍼해 주는 엄마가 되어준다면 아이는 스스로 자신의 결점들을 극복하기 위해 노력하게 된다.

내 아이를 있는 그대로 인정하고, 믿고, 참고, 기다리는 엄마가 되어야 한다. 이런 긍정적인 엄마가 내 아이를 변화시키고 결국 성공하는 사람으로 만든다.

02 | 내 아이가 지닌
특별한 보석을
발견하라

우리 아이는 뭘 잘하는지 모르겠어요

모든 아이들은 한 가지씩 재능을 가지고 태어난다. 그 재능은 아이의 평소의 말과 노래, 그림 등으로 끊임없이 표현되고 있다. 이때 엄마가 아이의 표현력을 일찍 파악해서 꾸준히 계발해주면 씨앗이 싹을 틔우고 줄기를 말아 올리듯이 재능도 함께 자라게 된다.

종종 엄마들에게서 이런 말을 듣는다.

"우리 아이는 뭘 잘하는지 모르겠어요. 이것저것 시켜 봐도 잘하는 게 없더라고요."

"다른 아이들은 그림 그리기나 음악, 운동에 소질이 있다던데 우리 아이는 재능이 없는 것 같아요."

이런 말을 하는 엄마들은 내 아이가 어떤 특별한 보석, 즉 재능을 갖고 있는지 아직 제대로 파악하지 못했기 때문이다. 그래서 다른 아이의 재능과 비교하게 되고, 그러면 아이의 부족한 부분만 점점 더 크게 보게 된다.

아이는 저마다 언어, 신체, 음악, 미술 4가지 영역 중 하나로 자신을 표현한다. 어떤 아이는 낯선 사람들과도 말하기를 좋아하거나 온종일 지치지 않고 활동하기도 한다. 쉴 새 없이 노래를 부르거나 스케치북과 크레파스를 가지고 그림 그리기에 몰두하는 아이들도 있다. 이는 아이 스스로 자신이 좋아하는 것을 통해 자신을 표현하는 것으로 보면 된다. 아이는 이성과 감성 모든 면에서 미성숙하기 때문에 자기가 가장 편한 방법으로 자신의 감정과 생각을 표현하는 것이다.

그러나 많은 엄마들은 그저 내 아이는 '왜 이거 한 가지만 좋아하는 걸까?' 하고 대수롭지 않게 생각하고 무심하게 지나치기 십상이다. 그래서 노래 부르기를 좋아하는 아이에게 조용히 앉아서 책 읽기를 강요하는 실수를 저지르기도 한다. 재능은 어릴 때 파악해서 반복과 연습, 노력으로 계발해주는 것이 무엇보다 중요하다. 만일 아이의 타고난 재능을 무시하거나 찾지 못하면 그만큼 아이는 세상에서 자신을 표현할 기회를 잃게 된다.

딸을 국민 요정으로 만든 김연아의 엄마

국민 요정 김연아가 있다. 그녀가 피겨 역사상 세계 최고의 스케이터로 성장하기까지는 엄마의 노력과 희생 덕분이라고 해도 과언이 아니다. 그녀는 김연아가 어렸을 때부터 딸이 무엇을 좋아하고 어떤 소질을 가지고 있는지 끊임없이 탐색했다.

연아가 유치원에 다니던 일곱 살 여름, 집에서 가까운 과천시민회관에 실내 링크가 생겼다. 스케이트를 좋아하던 연아의 부모님은 망설임 없이 두 딸을 데리고 스케이트장으로 향했다.

스케이트장에는 이미 어린아이들이 강습을 받고 있었다. 부모는 두 딸을 운동 삼아 시켜보려는 생각에 방학특강반에 등록했다. 어린 연아는 스케이트를 타는 동안 내내 싱글벙글이었다. 세상에서 가장 즐거운 놀이를 하는 냥 행복한 표정이었다.

그동안 피아노학원, 미술학원에 다녔지만 이처럼 즐거워했던 적이 없었다. 그녀보다 세 살 많은 언니는 다른 공부 때문에 7개월 만에 스케이트를 그만두었다. 얼마 후 그녀 역시 엄마와 코치와의 충돌로 스케이트를 그만두게 되었다.

어느 날 엄마는 그녀에게 취미 삼아 보라며 피겨 스케이팅 비디오테이프를 사주었다. 그녀는 비디오테이프에 나오는 선수들을 열심히 따라하기 시작했다. 그때 비디오 속의 선수들을 흉내 내는 김연아는 너무도 진지했다. 마음대로 움직이지 않는 다리로 스케이팅 타는 포즈를 취하며 따라했다. 제 딴에는 힘이 드는지 얼굴에 송글송글 땀이 맺힌 모습이 엄마를 미소 짓게 했다.

그런 딸의 모습을 옆에서 지켜보던 엄마는 생각했다.

'혹시 연아에게 피겨 스케이트 재능이 있는 건 아닐까?'

그녀가 스케이트를 그만 둔 지 몇 달이 지났다.

시간이 흘러도 그녀의 마음은 스케이트에 가 있었다. 그녀는 틈나는 대로 스케이트 선수들의 비디오를 틀어놓고 보며 따라했다.

연아는 스케이트에 특별한 재능을 보이기 시작했다. 다른 아이들과 다르게 점프를 하도록 한 번 잡아주면 그 감각을 놓치지 않고 오래도록 기억하는 타고난 감각이 있었다. 이때부터 본격적으로 스케이트를 시작했다. 이때부터 연아와 엄마 박미희씨의 삶은 스케이트 이외의 것들과 완전히 단절되다시피 했다.

김연아의 엄마는 당시를 이렇게 회상했다.

"모든 지출은 스케이트를 중심으로 재편되어야 했어요. 레슨비 말고도 스케이트용품 등 초기 비용이 만만치 않았어요. 취미로 할 때는 한 시간의 강습이 전부였지만 개인 레슨에 들어가면서 한 번에 두 시간씩 하는 연습을 두 차례씩 했죠. 피아노나 미술 수업도 모두 중단했어요. 저는 독하게 마음먹고 개인 시간을 모두 포기했죠. 동창회, 아파트 모임, 친구들 모임은 물론이고 다니던 문화센터 강습도 그만두었어요."

김연아는 일찍이 자신의 재능을 알아본 엄마 덕분에 지금 자신의 인생을 마음껏 꽃피우며 행복한 인생을 살고 있다.

내 아이를 진정으로 아끼고 사랑한다면 부모, 특히 엄마는 평소 아이가 표현하는 것에 관심을 가지고 유심히 지켜봐야 한다. 앞서 말했다시피 아이들은 언어와 신체, 음악, 미술로 자신의 재능을 표현하기 때문이다.

부모의 관점을 바꾸면
부모와 아이 모두 행복해질 수 있다

모든 부모들은 자녀에게 많은 기대를 가지고 있다. 그래서 아이가 다른 아이들보다 모든 면에서 뛰어나기를 바라며, 만일 아이가 다른 아이들에 비해 부족하거나 뒤처지는 부분이 있다면 실망하게 된다. 이는 부모 자신의 바람과 기대를 기준으로 아이를 판단하기 때문이다. 따라서 부모가 만족하는 결과가 아이에게도 만족스러운 결과로 남고, 그렇지 않은 결과는 불만족스러운 결과로 남게 되는 것이다. 이것은 결국 부모가 아이에게 좌절감을 느끼게 만든다. 무엇보다 이런 부모의 지나친 기대는 내 아이가 가진 재능을 찾는데 아무런 도움이 되지 않을 뿐더러 아이의 자신감과 의욕마저 꺾어놓는다. 그 결과 안타깝게도 비범한 내 아이를 평범한 아이로 전락시키고 만다.

필자는 부모들에게 "부모의 관점을 바꾸면 부모와 아이 모두 행복해질 수 있다."라고 말한다. 그러나 현실은 그렇지 못하다. 많은 부모들이 자신이 기대하는 방향으로 아이가 따라오기를 바라고 있다. 아이가 무엇을 좋아하고 원하는 지에는 도통 관심이 없다. 이와 같은 부모들을 필자는 내 아이의 꿈을 방해하는 부모라고 말하고 싶다. 자신의 재능이 무엇인지 제대로 알지 못하거나 그 재능을 꽃피우지 못하는 아이는 불행한 인생을 살 가능성이 높다는 것을 기억해야 한다.

소설가 이순원 작가는 어린 시절 문학적으로 뛰어난 모습을 보이지는 않았다고 한다. 실제로 대학에 입학하기 전까지는 단 한 번도 백일장 같은 곳에서 상을 받아 보지 못했고, 한 학년이 50명이 되지 않는 시골의 초등학교를 다닐 때에도 특별히 뛰어나지 못했다. 글짓기를 하거나 공부를 하거나 늘 그의 앞에는 누군가 더 잘하는 사람이 있었다. 그런데 그 때 그를 늘 믿어주던 선생님이 계셨다.

초등학교 5학년 때 어떤 백일장 대회에 나가서 아무런 상을 받지 못하고 돌아온 이순원 작가에게 선생님은 나무에서 피는 꽃을 비유하며 위로해 주었다고 한다. 그가 직접 쓴 책에는 이렇게 쓰여 있다.

"매화나무는 나무들 가운데에서도 가장 이른 봄에 꽃을 피우는 나무란다. 그런 매화나무 중에서도 다른 가지보다 더 일찍 피는 꽃이 사람들의 눈길을 끌지. 다른 가지에서는 아직 꽃이 피지 않았는데 한 가지에서만 일찍 꽃이 핀다면 말이다. 그렇지만 이제까지 살면서 선생님이 보기에 그 나무 중에서 제일 먼저 핀 꽃들은 열매를 맺지 못하더라. 제대로 된 열매를 맺는 꽃들은 늘 더 많은 준비를 하고 뒤에 피는 거란다. 나는 네가 그렇게 어른들 눈에 보기 좋게 일찍 피는 꽃이 아니라, 이 다음에 큰 열매를 맺기 위해서 천천히 피는 꽃이라고 생각한다. 너는 지금보다 어른이 되었을 때 더 크게 재주를 보일 거야."

이순원 작가는 선생님이 이렇게 말을 했을 때에도 이 말의 의미를 완전히는 몰랐다고 한다. 다만 더욱 많은 책을 읽게 된 계기가 된 것이 그 때였으며, 어린 시절의 독서가 작가 생활의 큰 자양분이 될 수 있었다고 생각한다고 한다. 또한 선생님의 격려와 칭찬으로 용기를 낼 수 있었고 자신을 믿을 수 있었으며, 그 결과 자신의 재능을 살려 훌륭한 작가가 될 수 있었다.

내 아이는 어떤 특별한 보석을 지녔을까?

아이가 못하는 것, 싫어하는 것을 억지로 강요하거나 나무라는 것은 이제 그만 두자. 아이가 할 수 있는 것, 좋아하는 것을 더 잘 할 수 있도록 부모가 끊임없이 칭찬을 하고 용기를 주고 격려해 주면 아이가 가지고 있던 작은 씨앗은 튼실하게 자라서 아이의 꿈을 이룰 수 있도록 만들어준다.

필자는 자녀교육에 대해 특강을 할 때 아들을 키우면서 여러 가지 시행착오를 겪다가 결국 올바른 선택을 하게 된 '스티븐 코비 부부'의 이야기를 자주 한다. 스티븐 코비는《성공하는 사람들의 일곱 가지 습관》이라는 책을 쓴 작가이다. 그의 책을 보면 아들이 어렸을 때에 관한 이야기를 접할 수 있다.

그의 아들은 학교에 잘 적응하지 못하는 학생이었으며 공부도 잘하지 못했고 아이들과도 잘 어울리지 못했다.

코비 부부는 아들의 이러한 부적응을 자신감이 부족해서 생긴 문제라고 판단하고, 아이에게 자신감을 심어줄 수 있는 여러 가지 다양한 시도를 해보았다. 그러나 그 시도들은 오히려 아이에게 더 좋지 않는 상황을 만들어주는 계기가 되었다.

이러한 과정을 거치면서 코비 부부는 혹시 아들에게 문제가 있는 것이 아니라 자신들에게 문제가 있는 것을 아닐까 생각하게 되었다. 그 생각은 코비 부부와 그의 아들 모두를 변화시키는 계기가 되었다.

아이에게 문제가 있다면 대부분은 부모의 문제이다. 아이는 아직 모든 면에서 불완전할 뿐 아니라 늘 가까이서 생활하는 부모를 보며 배우기 때문이다. 부모에게 문제가 있다면 자연히 그 문제는 아이에게까지 이어지게 되는 것이다.

아무 문제가 없는 아이를 문제가 많은 아이로 만들어 버렸던 코비 부부의 가장 큰 잘못은 아들의 모습을 있는 그대로 인정해주지 않고, 정신적으로 안정감을 줄 수 없었다는 것이다. 그랬기 때문에 그의 아들은 오히려 불안감만 더 커지게 되었던 것이다.

다행히 코비 부부는 아이에게 문제가 있는 것이 아니라 자신들에게 문제가 있음을 깨닫고 아이의 문제를 해결할 수 있었다. 코비 부부는 아이가 문제가 있다는 생각을 가지고 아이의 문제를 해결하려고 하는 것이 오히려 더 좋지 않다는 것을 인정했다. 그래서 아이를 내버려두는 것이 최선이라고 생각하며 '아이가 자신의 잠재력을 스스로 실현할 수 있는 길'이 최선의 선택이라고 믿었다. 이후 그의 아들은 자신감을 갖고 생활하기 시작했고, 자기 방식대로 자신의 잠재력을 발휘하기 시작했다고 한다.

또 이미 다섯 살에 첫 미뉴에트 곡을 만들어 신동으로 추앙받았던 모차르트는 어떨까? 그의 이런 비범한 능력에 사람들은 궁금해 했다. 도대체 어린 모차르트의 재능은 어디에서 나오는 것일까?

모차르트는 궁정 음악감독이자 음악 교육가였던 아버지 덕분에 태어날 때부터 음악을 접할 수 있었다. 아버지는 늘 집에서 곡을 만들었고 악기 연습을 하며 자식들에게도 음악을 가르쳤다. 이러한 가정환경에서 자란 모차르트가 음악이라는 '언어'를 다른 아이들보다 빨리 접하고 익히면서 동시에 악기를 다루게 된 것은 어쩌면 당연한 이치일 것이다.

그러면서도 모차르트는 아버지의 지도 아래 매일 같이 지독한 연습에 매진했다. 음악가인 아버지 덕분에 일찍 자신의 재능을 찾은 모차르트는 꾸준한 노력으로 '음악의 신동', '천재 작곡가' 등 늘 수많은 수식어가 따라붙는 최고의 음악가가 될 수 있었다.

지금부터 내 아이가 어떤 특별한 보석을 갖고 있는지 찾아보자. 평소 무엇을 좋아하고 무엇을 할 때 즐거움과 행복에 푹 빠져 있는지 관심을 갖고 지켜보자. 아이는 자신이 원하고 좋아하는 것을 함으로써 재능을 표출한다는 것을 잊지 말자. 그리고 아이가 가진 재능을 있는 그대로 받아들이고 아이의 재능에 날개를 달아주는 게 엄마의 몫이라는 것도 꼭 기억하자.

엄마를 위한 해결책 및 대처법

내 아이의 재능 찾기

♠ 언어 재능

생각을 정리하고 머릿속에 일어나는 일들과 감정을 묘사하고 표현하는 수단이 바로 언어다. 말을 잘한다는 것은 생각과 감정, 기억, 경험을 의미 있게 연계시키는 것인데, 언어 감각이 있는 아이는 이런 연결고리가 일찍 만들어진 셈이다. 수다쟁이 아이의 언어 재능을 계발하기 위해서는 끊임없이 말할 기회를 주자. 그림책을 좋아하는 아이라면 다양한 분야의 그림책을 보여주고, 외국어에 관심을 보인다면 외국어를 일찍 알려줘도 좋다. 아이가 가진 언어 궁금증을 꾸준히 자극하다 보면 이르면 7~8세, 늦어도 10세 이전에 어떠한 형식으로든 결과물이 나타나게 마련이다.

언어 재능이 있는 아이들은 다음과 같은 성향을 지녔다.

□ 또래보다 말을 잘 한다.

□ 대화하는 것을 좋아한다.

□ 그림책 읽기를 좋아한다.

□ 또래 아이들보다 어휘가 풍부하다.

□ 모르는 단어나 발음에 관심이 많다.

□ 낱말 맞추기나 끝말잇기 놀이를 좋아한다.

□ 이름, 장소, 날짜 등 사소한 것을 잘 기억한다.

□ 새로운 단어의 의미를 문장 속에서 쉽게 이해한다.

□ 엉터리 중국어지만 얼핏 중국어처럼 말한다.

♠ 운동 재능

이리저리 뛰어다니기를 좋아하며 잠시도 가만히 있지 못하고 재주를 부리는 아이가 있다. 가만히 앉아 있는 게 오히려 힘들 정도다. 울다가도 공만 보면 관심을 보이거나 사방팔방 점프하며 뛰어오르기도 한다. 이런 아이들은 몸을 움직임으로써 자신의 존재를 인식한다. 형태, 크기, 부피에 대한 감각과 자신의 신체적 능력에 대해 알고 나서야 주변에 대해 관심을 갖기 시작한다. 하지만 아무리 타고난 운동 능력이 있더라도 몸을 움직일 기회가 없으면 운동신경이 발달하지 않고 사라져버릴 수 있다. 타고난 운동신경을 재능으로 키워 주기 위해서는 다양한 몸놀이를 충분히 경험할 수 있는 환경을 만들어주는 것에서부터 시작된다.

운동 재능이 있는 아이들은 다음과 같은 행동을 한다.

□ 운동이나 춤추는 것을 좋아하고 자주 한다.

□ 계단 오르기를 재미있어 한다.

□ 방에서 뒹굴거나 제자리 높이뛰기, 앞구르기 등 다양한 몸놀이를 좋아한다.

□ 가르쳐주지 않아도 물구나무서기를 한다.

□ 한 발로 오래 서 있을 수 있다.

□ 평소에 몸을 많이 움직이는 것에 비해 다치거나 넘어지는 일이 적다.

□ 새로운 스포츠나 댄스를 쉽게 배우며 금세 잘한다.

□ 무언가를 확실히 이해하기 위해서는 직접 다뤄봐야만 한다.

♠ 음악 재능

아이들은 노래를 좋아한다. 세상은 온통 소리나는 것 투성이고 아이는 소리 자극을 받으며 자란다. 또한 우리 몸에는 여러 리듬이 있다. 심장 박동, 호흡 주기, 생활 리듬 등 규칙성을 띤 리듬이 그것이다. 다양한 소리 자극으로 음악에 대한 숨겨진 호기심과 관심을 끄집어내야 하는 아이도 있는 반면, 음악 소리만 들리면 본능적으로 집중해 듣거나 노래에 맞춰 춤을 추는 아이도 있다. 음악 재능은 만 3세 무렵이면 나타나는데, 다른 영역의 재능보다 비교적 빨리 알아차릴 수 있다. 오감 중 청각이 가장 빨리 발달하기 때문이다. 음악에 재능이 있다는 것은 소리에 민감하고 리듬과 박자 감각이 남다르다는 뜻이다. 타고난 청각과 청음 능력은 쉽게 퇴보하지 않지만 음악적 환경에서 꾸준히 자극하고 계발된다면 창의력과 상상력을 표현하는 훌륭한 도구가 될 수 있다.

음악 재능이 있는 아이들은 다음과 같은 반응을 보인다.

□ 다양한 소리에 반응을 보인다.

□ 음악을 듣고 악기들의 소리를 구별할 수 있다.

□ 노래가 나오면 관심을 보인다.

□ 다른 사람들이 노래를 잘한다고 얘기한다.

□ 음악을 들으면 춤을 추고 몸을 움직인다.

□ 일정한 리듬이나 박자, 크고 작은 소리를 만들어낸다.

□ 많은 노래를 기억해 부를 수 있다.

□ 음악을 틀어놓고 노는 것을 좋아한다.

□ 음정이 고르지 못하면 그것을 지적한다.

♠ 미술 재능

아이에게 그림은 미술 재능 그 이상의 의미가 담겨 있다. 엄마 눈에는 의미 없는 낙서로 보이지만 아이는 그림을 통해 자기만의 세계를 표현한다. 모든 그림에는 아이의 경험, 감정, 생각이 반영된다. 에너지가 넘치는 아이는 큰 면적을 가득 색칠하지만 소심한 아이는 뾰족한 연필로 작게, 세밀하게 그린다. 아이에게 그림은 자신의 생각과 이야기를 종이에 옮겨놓고 그림을 통해 자신과 이야기하는 도구인 셈이다. 때문에 그림으로 아이의 심리 상태를 파악할 수도 있다. 미술은 다른 분야에 비해 매우 복잡하고 수준 높은 능력을 요구한다. 그림 그리기를 좋아한다거나 색감 구별력이 뛰어나다고 해서 미술 재능이 있는 것은 아니다. 하지만 다양한 미술 체험을 접하게 하면 미술에 대한 호기심을 얼마든지 재능으로 키울 수 있다.

미술 재능이 있는 아이들은 다음과 같은 감각에 민감하다.

□ 다양한 그림을 그리려 한다.

□ 그림에 대해 설명할 수 있다.

□ 손재주가 좋다.

□ 기록을 남기는 것을 좋아한다.

□ 그림을 그리고 흐뭇해 한다.

□ 그림책 속 그림을 찬찬히 관찰한다.

□ 그림을 그릴 때 여러 가지 색을 쓴다.

□ 글자보다는 그림이 많은 책을 더 좋아한다.

□ 생각을 설명할 때 그림을 그려서 설명한다.

— 코르넬리아 니취, 《내 아이 재능, 어떻게 찾아낼까?》

03 | 칭찬과 격려가 아이의 자신감을 키운다

자신감은 매우 중요한 성공 요소이다

아이들을 관찰해보면 처음 보았을 때와 좀 달라서 놀라게 되는 두 부류의 아이들이 있다. 조용한 성격에 자기 주장이 뚜렷하고 자신감이 있는 아이와 성격이 좋고 쾌활하고 외향적으로 보이긴 하지만 내면적으로는 열등감으로 가득 찬 아이이다. 결론부터 말하자면, 필자가 아이들을 오랫동안 살펴본 바로는 자신감이 있고 없고의 문제는 외향적인 성격과 내향적인 성격과는 다른 문제라는 것이다.

자신감으로 가득찬 아이들의 특징은 부모로부터 자주 칭찬과 격려를 받는다는 것이다. 칭찬을 받으니 앞으로 더 잘하고 싶은 욕심이 생겨나고 때로 실수했을 때의 격려는 나만 실수하는 것이 아니라는 것을 깨닫게 한다.

그러나 자신감 대신 열등감으로 가득 차 있는 아이들은 매사 부모로부터 잔소리 또는 야단맞는 일이 빈번하다. "너는 어쩜 누굴 닮아서 그 모양이니?", "그렇게 쉬운 것도 제대로 못하고 너만 보면 속이 터져." 이런 말은 아이를 위축시키고 자신감을 떨어뜨린다.

심리학자들의 이론에 의하면 아이들의 자기 주도성과 자율성은 약 만 2~3세를 기점으로 시작된다고 한다. 이 시기에 얼마나 다양하고 많은 과제를 스스로 성취하는가에 따라 자신감과 자존감 형성 여부가 방향지어진다는 것이다.

따라서 부모의 과잉보호나 무관심, 완벽주의적 성향, 처벌 및 비난과 비판 등이 지속적일 경우 아이는 자신에 대한 자존감을 잃어버리게 된다. 뿐만 아니라 자라면서 '나는 안 돼.', '내가 어떻게?', '난 못해' 라는 비합리적 사고방식이 고착화된다. 그 결과 초등학교 무렵부터는 사소한 것까지 엄마의 손을 거쳐야 할 정도로 의존적인 아이로 전락할 수도 있다.

자신감이 없는 아이들의 가장 큰 문제점은 타인들 앞에서 말하기를 주저하거나 시도하면 충분히 해낼 수 있는 일조차 지레 포기한다는 것이다. 게임 같은 것에서 질 것 같으면 다양한 핑계를 대며 중단해 버리거나 회피해버린다. 자신의 무능력을 감추기 위해 또래들에게 대신 해달라고 요구하거나 괴롭히는 경우도 있다. 이런 아이들의 마음속에는 자신감 대신 열등감으로 가득 차 있다.

자신감은 아이가 주체적이고 능동적인 자세로 세상을 살아갈 수 있도록 하는 매우 중요한 성공 요소이다. 자신감 있는 아이는 매사에 적극적이고 사회성도 발달하게 된다. 자신감은 세상을 살아가는 기초적 능력이 되기도 하며, 나아가 아이의 행동과 정서 발달에도 큰 영향을 미치게 된다.

자신감이 중요한 3가지 이유

아이에게 자신감은 아무리 강조해도 지나치지 않는다. 자신감을 얻게 되는 중요한 3가지 이유를 꼽는다면 다음과 같다.

① 밝고 긍정적인 아이로 자란다.

자신감 있는 아이는 모든 일에 도전적이고 호기심이 많다. 그리고 실패를 두려워하지 않고 하고자 하는 일을 일단 시도해 보는 용기를 낼 줄 안다.

② 사회성이 발달한다.

자신감 있는 아이는 다른 사람을 대하는 일에 있어서도 편안하고 거리낌이 없다. 친구들에게 먼저 다가가 손을 내밀거나 혹은 자신이 힘들 때 도움을 구할 줄도 안다.

③ 지적 호기심이 높아진다.

똑똑한 아이, 남보다 뛰어난 아이로 키우고 싶다면 자신감을 키워 줘야 한다. 자신감으로 가득 차 있는 아이는 항상 지적 호기심을 가지고 있을 뿐 아니라 사람들을 리드할 줄 안다. 또한 스스로를 절제할 수 있는 능력을 갖고 있기 때문에 또래들에 비해 훨씬 앞서나가게 된다.

부모, 특히 엄마는 아이에게 칭찬과 격려의 말을 아끼지 말아야 한다. 아이가 장난감을 가지고 놀고 스스로 정리를 했을 경우 "장난감을 잘 정리해 주었네? 참 착하구나."라는 말을 해주면 아이는 더욱 더 잘하기 위해 노력한다. 그리고 아이가 장난감 정리를 열심히 하는 모습을 볼 때 "장난감 정리를 열심히 하는 모습이 정말 멋지구나."라는 격려의 말을 들려주면 아이는 '내가 장난감 정리를 하니까 엄마가 기뻐하네.' 하며 앞으로 장난감을 갖고 논 뒤 원래 있었던 자리에 두기 위해 애쓰게 된다.

칭찬보다 격려의 말을 자주 해주는 것이 좋다

칭찬의 말은 성공할 때만 쓸 수 있지만 격려의 말은 실패한 때에도 쓸 수 있다. 행위에 초점을 맞추는 것은 칭찬이지만, 행동한 사람에게 초점을 맞추는 것은 격려이다. 결과에 초점을 가지는 것이 칭찬인 반면, 과정에 초점을 두는 것은 격려이다. 필자는 부모들에게 아이에게 결과론적인 칭찬보다 과정에 초점을 맞추는 격려를 자주 들려줄 것을 주문한다.

아이들에 있어 칭찬보다 더 힘이 되는 말은 격려의 말이다. 칭찬만을 늘 받던 아이들은 칭찬을 받지 못했을 때 더욱 좌절하기 쉬울 뿐 아니라 매일 같이 칭찬을 받던 아이는 칭찬을 당연하게 받아들여 칭찬받는 일만을 하게 된다.

가끔 유치원 아이들을 보고 있으면 어느 아이는 화장실을 들어갔다가 나올 때마다 실내화를 예쁘게 정리를 해 주고 나온다. 그리고 밥을 먹은 후에 친구가 어질러 놓은 장난감을 묵묵히 정리해 준다. 반대로 어떤 아이는 눈치를 보면서 책상을 닦은 후 "선생님, 저 방금 책상 닦았어요. 잘 했지요?"라고 묻는다.

앞의 아이의 행동은 자연스러운 행동이며, 후자의 아이는 칭찬 받기 위한 행동이다. 전자의 아이는 별다른 칭찬이 없어도 앞으로 계속 선한 행동을 하겠지만, 후자의 아이는 칭찬이 없으면 하지 않는 아이가 될 가능성이 크다. 따라서 아이에게는 적절한 칭찬이 필요하고 칭찬보다 격려의 말을 자주 해주는 것이 좋다. 격려는 더 많은 일을 끝까지 해낼 수 있는 힘이 되기 때문이다.

아이의 자신감을 키워주는 5가지 방법

얼마 전 뷔페에 갔을 때의 일이다. 옆자리에 아빠와 아들처럼 보이는 두 사람이 앉아 있었는데 두 사람은 아주 진지하게 대화를 나누고 있었다. 부자지간에 무슨 이야기를 나누기에 이리도 진지할까?하는 호기심이 생길 정도였다. 남의 얘기를 엿듣는 취미는 절대로 없지만 살짝 귀를 기울여 들어보았다.

"아빠, 요즘 회사일은 어떠세요?"

"그냥 그렇지 뭐."

"쉬엄쉬엄 일하세요. 너무 힘들어 보여요."

"너도 공부를 너무 열심히 하던데 몸 상하지 않게 적당히 해라. 네 나이에 공부도 중요하지만, 공부만 잘 한다고 절대로 성공하는 것은 아니니 운동도 하고, 친구도 만나면서 즐겁게 청춘을 보내야지?"

아버지와 아들의 대화에는 서로에 대한 신뢰와 믿음, 애정이 듬뿍 담겨 있었다. 그들의 대화에 필자는 울컥 눈시울이 뜨거웠다. 서로를 생각하는 부자의 모습이 정말 아름다웠기 때문이다.

사실 요즘 부모들 가운데 자녀를 믿지 못하며 좋은 성적을 받아야 한다며 부담을 주는 부모가 적지 않다. 부모와 자녀 사이에 믿음이 없다면 서로에 대한 관심과 애정이 생겨날 리가 만무하다. 부모가 자녀에게 신뢰와 믿음을 주지 않고 인정을 해주지 않는 상황에서 아이는 더욱 잘하고 싶은 욕구가 생겨나지 않는다. 만일 부모가 작고 사소한 일에도 칭찬과 격려를 아끼지 않는다면 그것이 믿음이 되어 아이는 큰 뜻을 품고 성공하는 인생을 살게 될 것이다.

아이 어른 할 것 없이 사람은 누구나 칭찬을 받으면 일단 기분이 좋아지면서 자신감도 생겨난다. 그래서 무엇이든지 할 수 있다는 용기와 자신감, 열정이 솟아나게 된다.

어떻게 하면 자신감이 부족한 내 아이에게 용기와 자신감을 키워줄 수 있을까?

① 아이가 하는 행동 하나하나에 항상 부모가 관심을 갖고 격려하면서 스스로 자신을 특별한 사람으로 여기게 하는 것이 중요하다.

아이가 스스로를 특별한 사람으로 여기게 되면 자신의 행동에도 의미를 부여해 더욱 최선을 다하게 된다.

② 실패와 좌절 앞에 대처하는 방법을 가르칠 필요가 있다.

아이가 어떠한 일에 실패를 거듭하거나 일을 매듭짓지 못할 때 그 일을 대신 해주어선 안 된다. 아이 스스로 해결하고 이겨낼 수 있는 방법을 유도해서 혼자 해결하게 해야 한다.

③ 아이가 스스로 선택하게 한다.

아이에게 선택할 수 있는 기회를 제공함으로써 아이 스스로 판단할 수 있는 기회를 늘려가는 것이다. 이런 과정을 반복하다보면 아이가 처음 부딪치는 상황에서도 침착하게 대처하는 능력이 생긴다.

④ 아이가 실수나 잘못을 하더라도 절대 비난하거나 냉소적으로 대해선 안 된다.

오히려 격려와 따뜻한 말 한 마디를 건네는 것이 좋다. 격려의 말은 아이에게 자신감과 용기를 심어주는 불쏘시개가 된다.

⑤ 일관성 있는 엄마가 되어야 한다.

엄마가 이랬다저랬다 하게 되면 아이는 자신감을 잃게 된다. 따라서 엄마는 일관성을 가지고 아이에게 '해도 되는 일', '해선 안 되는 일'을 아이에게 말해줘야 한다. 그래야 아이는 자신이 하고 싶은 일에 자신감을 가질 수 있다.

엄마를 위한 해결책 및 대처법

자신감을 키워주는 칭찬의 기술

칭찬도 지나치면 아이가 오만불손해지고, 오히려 버릇없는 아이로 자라게 하는 원인이 될 수도 있다. 그러므로 아이에게 칭찬을 할 때도 적당한 요령과 테크닉이 필요하다.

① 아이의 장점을 찾아내 칭찬한다.

② 어설픈 칭찬은 차라리 하지 않는다.

③ 아이의 눈을 보며 칭찬한다.

④ 결과보다 과정을 칭찬한다.

⑤ 사소한 것에 대해서도 칭찬한다.

⑥ 꾸중할 것을 칭찬으로 돌린다.

⑦ 잘한 일은 그 자리에서 바로 칭찬한다.

⑧ 사람이 많은 곳에서 칭찬한다.

⑨ 구체적인 예를 들며 칭찬한다.

04 │ 내 아이가
잘하는 것을
종이에 적어보자

돋보기를 들고라도 내 아이의 장점을 찾아라

지난해 100가지의 인생 목표를 수첩에 적어서 가방에 넣어 다니며 목표를 실행할 때마다 하나씩 지워가는 분을 만났다. 그 분과 잠시 대화를 나눌 기회가 있었는데 이런 방식으로 거의 100가지의 인생 목표가 이루어지고 있었다.

필자는 개인적으로 자신이 이루고 싶은 꿈과 목표들이 있으면 반드시 종이에 적어서 자주 들여다 보라고 조언하곤 한다. 사실 대부분의 사람들이 꿈을 실현하지 못하거나 성공하지 못하는 것은 자신이 바라는 것들을 종이에 적지 않았기 때문이다. 종이에 적어놓고 자주 들여다보게 되면 절대 꿈과 목표를 잊지 않는다. 그러나 종이에 적지 않고 머릿속에다 담아두면 바쁜 일상으로 인해 자신도 모르게 잊어버리고 만다. 그러다 많은 세월이 흐른 뒤에야 자신에게 간절히 이루고 싶었던 꿈과 목표가 있었음을 깨닫고는 한탄하게 된다.

꿈을 실현하기 위해선 반드시 종이에 꿈과 함께 목표를 적어야 한다. 마찬가지로 내 아이를 훌륭하게 키우기 위해선 엄마가 해야 할 일이 있다. 바로 내 아이가 잘하는 것들을 종이에 적어보는 일이다.

대부분의 엄마들은 아이의 잘하는 점이나 장점보다 못하는 점과 단점을 살피는데 선수이다. 아이의 부정적인 부분에 초점을 맞추기 때문에 아이의 긍정적인 부분이 눈에 잘 띄지 않는다. 그래서 자꾸 아이에게 잔소리를 하게 되고 야단치게 된다. 때로 옆집 아이나 또래아이들과 비교하며 '내 아이는 왜 이럴까?' 하고 자괴감에 빠지기도 한다.

아이들 가운데 예민한 아이, 산만한 아이, 고집 센 아이, 소극적인 아이… 이렇게 다양한 기질의 아이들이 있다. 그런데 엄마들은 아이가 특정의 강한 기질을 보이면 "우리 애는 왜 그럴까?" 걱정부터 한다. 그래서 아이의 단점이라 생각하던 특정의 기질이 아이만의 장점일 수 있다는 생각은 하지 못한다. 그동안 부정적으로만 생각했던 '다루기 힘든', 좋게는 '기질 강한', 한마디로 '별난' 내 아이가 다른 아이들에게선 찾아볼 수 없는 특별한 장점이 될 수 있다는 말이다.

지금 종이를 꺼내 놓고 내 아이가 잘하는 것들을 적어보자. 사실 모든 아이들은 긍정적인 면과 부정적인 면을 골고루 가지고 있다. 그럼에도 불구하고 대체로 엄마들은 내 아이의 부정적인 면만 보게 된다. 왜 그럴까? 칭찬받을 만한 긍정적인 면은 눈에 잘 띄지 않지만 실수나 잘못과 같은 부정적인 면은 아무리 사소해도 눈에 잘 띄기 때문이다.

그러나 아이가 잘하는 점들을 종이에 적어 나가다보면 자신도 모르게 깜짝 놀라게 된다. 내 아이에게 이처럼 장점들이 많았나, 하는 생각에서이다.

엄마가 찾은 딸아이의 장점 20가지

인터넷에서 한 엄마가 초등학교 5학년 딸의 장점 20가지를 적은 리스트를 보았다. 엄마는 딸아이의 장점을 찾을수록 딸아이와 관계가 더욱 돈독해졌다고 고백했다. 엄마가 찾은 딸아이의 장점 20가지를 그대로 옮겨본다.

1. 정이 많다.
2. 사람을 엄청 좋아한다.
3. 엄마와의 스킨십을 좋아한다.
4. 하루에 콜렉트콜을 몇 번씩해서 어디냐, 뭐하느냐, 누구랑 있느냐 꼬치꼬치 물어댄다.(신랑보다 간섭이 심하다. 사랑하니깐!)
5. 어떤 일을 하든 열정이 많다.
6. 먹는 것에 목숨 걸기 때문에 요리하는 걸 귀찮아하지 않는다.(덕분에 그저께 저녁에도 짜파게티 얻어먹었다.)

7. 책읽기를 무지하게 좋아한다.(만화책이어서 좀 걱정이 되긴 하지만)

8. 시간 약속을 잘 지키려고 엄청 애쓴다.(미리 준비하고 시간 체크하면서 기다리다 나가는 편이다.)

9. 의리 짱이다.(오빠나 언니는 빼빼로데이나 발렌타인데이 안 챙겨줘도 지는 거의 챙기는 편이다.)

10. 통도 크다.(어버이날 값비싼 생화를 학교에 신청해서 사다준다. 어떨 땐 미리 신청해 놓고 엄마 돈으로 결제한다.)

11. 동생과 놀아주는 게 자신의 낙인 줄 안다.(물론 싸우는 때도 엄청 많다.)

12. 엘리베이터에서 먼저 내려 항상 다른 사람이 다 내릴 때까지 오픈버튼 누르고 있다.

13. 공부도 그다지 못하지는 않는다.(지금까진 안 해도 평균 80점은 맞춰왔다. 5학년 때 그나마 좀 했더니 85.8점 받아왔다.)

14. 아침에 일찍 일어나는 편이다.

15. 활동적인 성향이 강하다.

16. 소녀시대를 엄청 좋아하고 노래방을 가도 몇 곡은 거뜬히 불러낸다.

17. 오락 프로를 보면서 큰소리를 내면서 웃을 수 있는 천진함도 아직 있다.

18. 내숭 떨지 않는 편이다.(좀 눈치가 없을 때가 있다.)

19. 피아노 치기를 엄청 좋아한다.

20. 친구들과의 교우관계도 넘 좋아서 탈이다.(특히 남자아이들과도
    잘 지내는 편인 것 같다.)

엄마는 리스트 아래에 다음과 같이 적었다.

"아이는 아이답게 봐 주어야 한다는 생각이 들었다. 또 부모가 어
떻게 역할하느냐에 따라서 아이가 얼마나 더 행복한 어린 시절을 보
낼 수 있으며, 그 어린 시절이 성인이 된 후에도 얼마나 많은 영향을
미치는지에 대해 심각하게 생각해보는 계기가 되었다."

아이의 장점을 종이에 쓰면
자존감을 떨어뜨리는 프레임에서 벗어나게 된다

자녀교육 특강을 하는 도중에 그동안 자꾸만 아이를 비교하는 엄마들
에게 아이가 잘하는 것들을 종이에 적게 했더니 하나같이 놀라워했다.
    "어머! 우리 아이에게 이토록 장점들이 많은 줄 몰랐네요."
    그렇다. 자꾸만 부정적인 면을 살피다보니 내 아이의 긍정적인 면
을 소홀히 지나쳐버린 탓이다.
    우리가 상대에게서 실망스러운 모습들을 발견하면 싫어지게 된다.
그러나 상대의 실망스러운 모습들보다 나에게 힘이 되어주었던 모습

들을 떠올리게 되면 오히려 그에게 고마운 마음이 생긴다. 마찬가지로 내 아이에게 있는 좋은 점들을 자꾸 찾아내야 한다. 좋은 점들은 돋보기를 들고 의도적으로 찾지 않으면 발견하기가 쉽지 않다. 그래서 대부분의 엄마들이 입버릇처럼 "우리 아이에게는 칭찬할 만한 점이 별로 없어요."라고 말하는 것이다.

내 아이가 잘하는 것은 무엇이 있을까?를 한번 생각해 보자. 아이의 미래를 생각하는 부모는 아이에 대해 누구보다 잘 파악하고 있어야 한다. 그러기 위해선 어떤 일을 하면서 아이의 잘하는 점, 장점을 보았을 때와 그런 생각이 떠올랐을 때 오래도록 기억하기 위해 반드시 종이에 적을 필요가 있다. 또한 아이의 장점은 구체적이고 자세하게 적어야 한다. 이는 아이를 잘 파악할 수 있는 일종의 내 아이 사용설명서가 될 뿐 아니라 아이의 장래를 위한 좋은 단서가 된다.

엄마를 위한 해결책 및 대처법

아이의 장점을 종이에 적을 때 막상 적어보려니 잘 생각나지 않을 수도 있다. 이때에는 자세하게 적기보다 키워드만을 적어보자. 아이의 성격, 기질, 습관, 미래의 꿈, 가족관계, 친구관계 등의 키워드 형식으로 적어보면 어렵지 않게 리스트를 적어나갈 수 있다.

내 아이의 잘하는 점들을 종이에 적는 가장 큰 이유는 장점 리스트를 적어 나가다보면 자신도 모르게 아이를 긍정적인 관점으로 바라보게 된다는 것이다. 긍정적인 관점은 내 아이에 대한 보다 깊은 관심과 사랑으로 이어지게 된다. 또한 더 이상 내 아이를 다른 아이들과 비교하거나 아이의 단점을 들춰내 자존감을 떨어뜨리는 일을 하지 않게 된다.

오늘 당장 내 아이가 잘하는 것들과 장점들을 종이에 적어보자. 만일 아이의 잘하는 것들과 장점들이 잘 생각나지 않는다면 그만큼 아이의 긍정적인 면보다 부정적인 면에 초점을 맞추었다는 뜻이다. 이제 그런 내 아이의 자존감을 떨어뜨리는 프레임에서 벗어나야 한다. 그러할 때 내 아이는 세상에서 가장 특별한 존재라는 생각이 들게 된다.

자, 지금부터라도 내 아이의 긍정적인 면에 초점을 맞춰 믿고, 기다리는 엄마가 되기 위해 노력해보면 어떨까?

별것도 아닌
남의 이야기에
신경 쓰지 마라

 **남의 이야기는 지나고 나면 별것 아니다**

결혼한 지 4~5년쯤 된 여자들이 모여 앉으면 온통 아이 키우는 얘기
다. 그러다가 첫아이가 초등학교에 들어갈 나이가 되면 이야기의 주
제는 온통 아이의 교육에 관한 것에 초점이 맞춰진다.

초점이 아이의 교육에 맞춰지다보니 내 아이에게 있는 좋은 면보
다 단점이나 부족한 면이 더 눈에 띈다. 처음 아이가 세상에 나왔을
때 가졌던, 오로지 건강하게만 자랐으면 좋겠다는 소망은 온데 간데
사라지고 없다. 항상 부족한 것에 대해 원망하거나 내 아이를 다른 아
이들과 비교하며 자기 스스로 스트레스에 시달린다.

내 아이를 다른 아이와 비교하는 엄마들의 공통점이 있다. 아이가
없을 때는 남의 남편과 자기 남편을 비교하다가 자신도 모르게 다른

집 아이와 자기 아이를 비교하기 시작한다는 것이다. 또한 지나고 나면 별것도 아닌 남의 이야기에 지나치게 마음 쓴다는 것이다. 엄마가 다른 아이들과 비교하는 이때부터 아이의 마음 고생은 시작된다.

　다른 집 아이와 비교하기 시작하면서 엄마들은 입버릇처럼 이런 말을 아무런 거리낌없이 내뱉는다.

　"옆집 애는 이렇다더라, 그런데 너는 이게 뭐니?"

　"△△는 벌써 한글도 읽는다더라. 그런데 너는 아직 오줌도 제대로 못 가리니 어떡하면 좋으니?"

　"○○는 이번 시험에서 한 문제만 틀리고 다 맞았다던데 너는 도대체 이게 뭐야?"

　이런 엄마의 기준은 내 아이에게 있는 것이 아니라 다른 집 아이에게 있다. 그래서 내 아이도 그렇게 되었으면 하는 바람에서 아이를 다그치고 닦달하게 된다.

　내 아이를 잘 키우고 싶다면 남의 이야기에 마음 쓰지 말아야 한다. 엄마가 다른 아이들과 내 아이를 비교할 때 아이의 자존감은 떨어지기 때문이다. 자존감이 약한 아이들은 학습이나 운동, 친구관계 등 모든 면에서 어려움을 겪게 된다.

　이 책을 읽는 엄마들 중에 "나는 절대 남의 이야기에 마음 쓰지 않아." 이렇게 생각하는 엄마도 있을 것이다. 그러나 곰곰이 살펴보길 바란다. 과연 '내가 남의 이야기에 마음 쓰지 않았을까?' 뒤돌아서 생각해보면 나도 한번쯤은 남의 이야기에 마음이 쓰여 내 아이에게 재촉하거나 다그쳐본 그런 경험이 있을 것이다.

필자는 책이나 강연을 통해 엄마들에게 절대 남의 말에 신경 쓰지말고 마음에 담아두지도 말라고 충고한다. 사람들은 원래 남의 단점이나 흉을 말하기 좋아한다. 내 아이의 일이 아니기에 쉽게 이러쿵저러쿵 이야기를 할 수 있다는 뜻이다. 그런데 그들의 이야기에 마음이 흔들리거나 쏠리게 되면 그 순간부터 엄마 자신은 물론 아이까지 스트레스를 받기 시작한다. 고생의 시작이라는 뜻이다.

기준은 언제나 내 아이여야 한다

엄마 자신이 내 아이는 이렇게 키우겠다고 정한 기준이 있다면, 어떤일이 있어도 남의 이야기에 마음 흔들려선 안 된다. 진짜 내 아이를 생각하는 엄마는 멀리 내다보고 주변에서 뭐라고 하든지 절대 신경쓰지 않는다. 물론 남의 이야기에 신경 쓰지 않는 것은 말처럼 쉽지않다. 그렇다면 남의 모든 이야기를 신경 쓰기보다 유익한 말만 적당히 골라 들으면 어떨까? 아이를 키우다보면 다양한 말들을 듣게 된다. 이 가운데 들을수록 감정이 상하는 말이 있는가 하면 기분이 좋아지는 말도 있다. 그러나 거의가 자존심이 상하는 수준으로 내 아이와 다른 아이들과 비교되는 말들이다. 다음은 한 엄마의 이야기이다.

친구의 아이와 그녀의 아이는 만 4살 동갑이다. 특히 두 아이가 동갑이라 친구이자 엄마로써 더욱 가깝게 지냈던 것 같다. 며칠 전 만난 자리에서 친구가 말했다.

"요즘 우리 아이는 동생한테 책도 읽어주고, 글도 쓸 줄 알아."

그날 그녀는 집으로 돌아온 뒤에도 친구의 이야기가 계속 머릿속에 맴돌았다. 아이가 책을 읽어달라고 들고 왔다. 그러자 자신도 모르게 자연스럽게 친구의 아이와 자신의 아이를 비교하게 되었다. '친구의 아이는 글도 읽을 줄 안다던데, 왜 내 아이는 글을 못 읽을까?' 또 아이에게는 "넌 왜 책도 못 읽니? 엄마 친구 아이는 글씨도 다 읽어서 책도 혼자서 보고 동생한테 책도 읽어준다고 하던데."하며 아이에게 비교하는 말도 하게 되었다.

또 아이가 와서 "엄마, 이것 좀 써 주세요!"하고 글자를 써달라는 말을 하면 '친구 아이는 글자도 쓴다던데, 우리 아이는 왜 아직 글자도 못 쓸까?' 하는 생각이 들었다. 이런 생각은 자신도 모르게 아이에게 "아직 글자도 못 쓰니?"하며 실망으로 표출되었다.

그녀는 친구의 이야기가 신경 쓰여 그대로 두고 볼 수가 없었다. 그래서 가정 방문 학습지도 시작하게 되었고, 아이가 잠자리에 들기 전에 책도 많이 읽어주었다. 그동안 그녀는 친구의 아이보다 내 아이는 학습의 양이나 책을 읽어 주는 횟수도 굉장히 많다고 여겼는가 하면 많이 배웠다고 느끼고 있었는데, 아이의 모습에서 좀처럼 글자를 쓰는 모습이나 책을 읽고 있는 모습을 전혀 볼 수가 없어서 굉장히 속상했던 것이다.

그렇게 1년 정도 지난 어느 날, 그녀는 아이가 동생에게 책을 읽어주는 것을 보게 되었다. 그리고 얼마 되지 않아서 글자도 스스로 쓰는 모습도 보게 되었다. 그렇게 그녀는 그동안 다른 아이와 비교했을 때 부족하게 여겼던 부분을 혼자서 척척해내는 아이의 모습을 보면서 아이에게 미안한 마음이 파도처럼 밀려왔다. 지금처럼 자연스럽게 책도 읽고 글자도 쓰게 될 텐데 괜히 자신이 아이에게 너무 많은 것을 바란 것은 아닌가, 또 내 아이가 자신이 한 말로 인해 마음의 상처를 받지는 않았을까?하는 생각에 또 한 번 스트레스를 받으며 속상해했다.

남의 이야기는 지나고 나면 별것 아니다. 다른 집 아이는 다른 아이이고, 내 아이는 내 아이라는 인식을 가지고 있어야 한다는 말이다. 그래야 엄마 자신 뿐 아니라 아이를 스트레스와 마음의 상처로부터 지킬 수 있다.

엄마를 위한 해결책 및 대처법

남자 아이와 여자 아이는 성장발달이 다르다. 또한 개월 수에 따라서도 다를 수 있다. 내 아이가 또래 친구들보다 키나 몸무게가 작은 편이라면 부모는 여러 가지 고민을 하게 된다. 이때 부모들은 주변의 이야기에 굉장히 민감하다. 하지만 주변에 있는 엄마들은 내 아이가 아니기에 별 생각 없이 "어머! 얘 몇 살이에요?", "우리 아이랑 동갑인데 우리 아이보다 키가 굉장히 작구나.", "밥은 잘 먹어요?"하고 말하게 된다. 이런 사소한 말에 아이의 엄마는 마음에 상처를 받기도 한다.

내 아이가 또래 아이들보다 조금 작다고 해도 아이의 성장이 신체 검사표 정상그래프 안에 따라 간다면, 굳이 다른 아이와 비교해서 속상해 할 필요는 없다. 또 성장발달이 조금 미흡하다고 해서 교육적인 부분까지 미흡하지는 않다는 것을 기억해야 한다. 그동안 필자는 유치원에서 오랫동안 아이들을 관찰해본 결과 성장발달이 조금 늦는다고 하더라도 교육적인 발달은 또래 친구들보다 비슷하거나 오히려 월등한 경우를 많이 봐왔다. 지나고 나면 내 아이도 또래 친구들과 성장 속도가 비슷하게 닮아간다는 것을 알게 된다. 지나고 나면 정말 아무 일도, 아무 것도 아닌 남의 이야기에 굳이 마음 쓰며 내 아이에게 스트레스를 주는 못난 엄마가 되어선 안 된다. 스트레스를 받을 시간에 내 아이에게 집중해보면 어떨까?

06 | 철학이 있는 엄마에게서
개성 있는 아이가
자란다

흔들리지 않는 양육 철학과 신념

"열심히 일한 당신 떠나라."

"아버지는 말하셨지, 인생을 즐겨라."

현대카드는 톡톡 튀는 광고로 유명하다. 다양한 광고 카피와 CM송이 크게 히트하면서 후발주자인 현대카드의 낮은 시장 점유율을 단기간에 끌어올리는데 성공했다.

현대카드가 업계 2위로 자리매김할 수 있었던 데는 정태영 대표이사의 철학이 있는 경영 스타일을 꼽을 수 있다. 국내 최초로 투명카드, 미니카드, 명화가 그려진 카드, 자동차 모양의 카드 등을 선보이면서 다른 카드와 디자인을 차별화했다. 이름에 A부터 Z까지 알파벳을 붙이는 알파벳 마케팅은 현대카드만의 차별화 요소로 작용했고, 그 결과 많은 사람들이 현대카드를 찾는 이유가 되었다. 정태영 대표이사는 현대카드의 성공 요인을 이렇게 말한다.

"다른 카드회사들이 하지 않는 차별화된 광고와 디자인이 현재의 사랑받는 기업으로 자리매김을 할 수 있었던 것 같다."

여기서 우리가 짚고 넘어가야 할 것은 현대카드의 성공과 노력의 이면에 자신만의 개성으로 강점을 창출하는 누군가가 존재했다는 것이다. 눈에 넣어도 아프지 않은 금쪽같은 내 아이를 키우는 엄마들 역시 어떤 것에도 흔들리지 않는 양육 철학을 가지고 있어야 한다. 그래야 이러쿵저러쿵하는 남들의 이야기에 갈대처럼 흔들리지 않는다.

주변에는 갈대처럼 흔들리는 엄마, 귀가 얇은 엄마가 너무나 많다. 이런 엄마에게서 아이는 방향성을 잃게 마련이다. 성공하는 인물 뒤에는 철학이 있는 엄마가 있다. 엄마에게 굳건한 철학이 있어야 아이의 개성을 믿고 존중하고 키워줄 수 있기 때문이다.

사전적 용어로 개성이란, '다른 사람이나 개체와 구별되는 고유의 특성'을 말한다. 아기는 태어나면서 우는 아이, 울지 않는 아이, 울음소리가 우렁찬 아이, 작은 아이 등 다양한 방식으로 자신을 표현한다. 기질과 성격이 모두 다른 아이들은 자라면서 부모와 사회의 가치관 등에 동화되어 간다.

세상에 자신의 아이를 붕어빵처럼 찍어낸 아이로 만들고 싶은 엄마는 없을 것이다. 그렇다면 남들이 모두 "그렇다."고 말할 때 "아니다."라고 말할 수 있는 자신만의 양육 철학이 있어야 한다. 이런 양육 철학이 있는 엄마 아래 당차고 개성 있는 아이가 자란다.

독특한 연두 엄마의 남다른 교육 철학

여섯 살의 연두는 이름처럼 독특한 아이였다. 주제를 정해주고 그림을 그릴 때에는 항상 남들보다 여러 가지의 그림을 그려놓곤 했는데, 그림을 그리는 내내 그림과 대화를 했다.

"너는 이름이 뭐니? 난 연두인데."

"그래, 네 이름은 분홍이 하자."

이런 식이었다. 주제를 정해준 그림 그리기에서 결과만 보면 연두의 그림은 주제를 이해하지 못하고 있는 전혀 다른 그림이지만 연두의 그림 그리는 과정을 지켜보았다면 왜 이런 그림이 그려졌고, 주제와 어떤 연관이 있는 것인지 알 수 있다. 예를 들면 노란 병아리라는 동화를 보고 주인공이 보았던 것들을 그려보게 했을 때(주인공이 본 것은 봄에 관련된 노란 것들이다) 연두는 문어를 그렸다. 친구들은 연두가 거짓말을 한다고 이야기했고 연두는 울음을 터뜨렸다. 연두에게 문어를 그린 이유를 물어보자 연두는 해바라기가 마치 문어 같았다고 초롱초롱한 눈으로 이야기했다.

'아! 이 아이는 정말 독특하구나.'

나도 모르게 이런 생각이 들었다. 학기 초여서 연두에 대해 잘 알고 있지는 못했지만 교사로서 특별한 아이로, 개성이 넘치는 아이로 확실하게 자리매김한 순간이었다. 이 재미난 사실을 연두 부모님께 전해드리고 싶어서 떨리는 마음으로 전화를 드렸다. 연두의 엄마는 웃으면서 연두의 유치원 적응기를 들려주었다.

연두가 속해 있는 반의 이름은 노벨반이었다. 연두는 유치원 첫날 신나게 집에 가서는 자신은 즐거운 '노래반'이 되었다고 자랑을 하더라는 것이다. 엄마는 노벨반인 것을 알고 있었기에 잘못 듣고 왔나 싶어서 재차 물어보니 노래와 노벨은 비슷하고 또 노래를 많이 부르고 왔는데 그것이 너무 좋아서 별명으로 노래반이라고 지은 것이라고 했다고 한다.

아빠의 퇴근으로 연두의 기분은 한층 상승되었다. 아빠에게 노래반을 자랑하고 오늘 배운 노래를 실컷 불러주었는데 아빠도 덩달아 노래반이니까 노래 솜씨가 좋아야 한다며 연두와 함께 노래를 쉬지 않고 불렀다고 한다. 연두 엄마와의 유쾌한 통화를 마치고 연두의 엉뚱함은 부모님에게서 받았다는 것을 알 수 있었다.

며칠 후 엄마들과의 면담을 위해 상담설문지를 조사했는데, 가정에서 주로 무엇을 하는지에 관한 질문에 연두 부모님은 다른 부모님과는 다른 대답을 적어서 매우 흥미로웠다. 보통은 여섯 살이다 보니 학습에 많은 부분은 할당하는데, 연두의 부모님은 연두와 신나게 놀아주기, 노래하면서 춤추기 등이 적혀 있었다. 느림보 연두가 천천히 세상을 알아가는데 찬성이며 자신들도 천천히 연두의 박자에 맞춰 계획 중이라는 것이었다.

보통 엄마들의 "글자를 몰라서 걱정이에요.", "성격이 느려서 답답해요." 등의 고민들과는 다른 연두 엄마의 아이에 대한 남다른 철학을 보면서 철학이 있는 엄마에게서 개성 있는 아이가 자란다는 말에 확실한 믿음을 가지게 되었다.

안드레 슈테른 부모의 특별한 교육 철학

'앙드레 별'이라고도 불리는 음악가이자 기타 제조의 장인, 작곡가, 작가, 저널리스트, 컴퓨터 과학인, 예술가라는 수식어가 따라다니는 안드레 슈테른이 있다. 그의 유명한 일화를 통해서도 부모의 교육철학이 중요하다는 것을 인식할 수 있다. 그의 직함은 일일이 열거할 수 없을 정도로 많지만 흥미로운 점은 이 모든 직업은 학교 졸업장이나 자격증 없이 그가 하는 일들이라는 것이다.

안드레 슈테른의 아버지는 교육대나 미술대 전문교육을 받지 않은 교육학자였는데 파리에서 어린아이들이 그림을 그릴 수 있도록 미술 아틀리에서 일했다. 어머니는 문학을 공부한 선생님이었다.

두 사람은 자신들이 교사로서 일을 하면서 현시대 학교생활의 문제점에 대해 깨닫게 되었다. 아이들이 가진 재능과 꿈을 무시한 채 오로지 경쟁과 재미없는 공부만을 강요하고 있다면서 절대 이런 시스템 안에서는 아이들이 진정한 성장과 행복을 찾을 수 없다고 생각했다. 또한 그들은 짜여진 학교 교육의 틀과 학습지도안은 개개인의 꿈을 제한할 뿐 아니라 부모가 사랑하는 내 아이가 성장하는 모습을 제대로 지켜볼 수 없다고 생각한 나머지 자신의 아이 안드레 슈테른을 학교에 보내지 않았다.

안드레 슈테른의 부모는 아이를 아무렇게나 방치하기 위해 학교에 안 보낸 것이 아니라 오히려 아이의 재능을 찾아주기 위해 전문가나 스승을 찾는가 하면 스스로 답을 찾을 수 있도록 이끌어주었다.

아이를 학교에 보내는 대신 자유롭게 실컷 놀게 하고 궁금한 것, 알고 싶은 것, 흥미로운 문제에 대한 질문에 대한 답을 찾기 위해 함께 노력했다. 때로 아이의 물음에 답할 수 없는 것이 있으면 같이 책을 보면서 찾아보거나 전문가를 찾아가 설명을 듣기도 했다.

학교에 다니지 않았던 탓에 안드레 슈테른은 만 9살이 되어서야 겨우 혼자 책을 읽을 수 있었다. 그러나 이 두 부부는 단 한 번도 걱정하거나 고민하지 않았다. 오히려 자유롭게 뛰어놀며 다양한 경험을 통해 생각의 힘을 키울 수 있기를 기대했다. 그리고 아이의 있는 그대로를 인정하고, 믿어주고, 기다려주고 격려하고 용기를 주었다.

안드레 슈테른의 부모가 학습보다 더 중요하게 여겼던 것이 있다.

온 가족이 함께 식사를 하거나 온가족이 모여 춤과 노래, 연극을 하고 대화를 나누거나 토론을 하는 것이었다. 때로 부모만으로는 부족하다고 생각될 경우에는 이웃 사람들이나 친지들과 함께 극장이나 연극, 박물관을 방문하는 것이 이 가정의 교육철학이었다.

안드레 슈테른의 부모는 안드레 슈테른에게 몸소 행동으로 교육보다 인간관계가 더 중요하다는 것을 가르쳤다. 훗날 사람들이 학교 정규과정을 거치지 않고서 성공한 이유에 대해 물었을 때 그는 이렇게 말했다.

"특별한 교육 철학을 가진 부모님께 항상 감사할 따름입니다."

필자는 자녀교육을 주제로 하는 특강에서 안드레 슈테른의 일화를 들려주면서 "부모는 내 아이의 있는 그대로를 인정하고 믿고 묵묵히 기다려주는 양육 철학을 확실하게 정립해야 할 필요성이 있다."라고 조언하곤 했다.

엄마를 위한 해결책 및 대처법

최근에 양정석의 《즐거운 학교 개성 있는 아이들》이라는 책을 읽었다. 무척 인상 깊은 구절이 있어서 소개해 본다.

'틀려도 좋으니 세상을 뒤집어 보고 거꾸로도 보며 자신의 스타일을 찾는 법을 배우자. 정답이라고 남을 따라하다가 중간에 머물기보다는 남이 안 가는 길을 찾아 그곳에서 보물을 발견해 보자. 산삼은 대로에서 발견되지 않는다.'

주변 사람들이 하는 대로 따라하는 자녀교육은 내 아이를 개성 있는 아이가 아닌 평범한 아이, 즉 자신의 잠재력을 한껏 펼치지 못하는 아이로 자라게 한다. 내 아이를 행복한 아이, 성공하는 아이로 키우고 싶다면 부모, 특히 엄마가 자신만의 양육 철학을 가지고 아이를 키워야 한다.

철학이 있는 엄마에게서 자란 아이가 개성 있는 아이로 자란다는 것을 기억하자.

07 | 있는 그대로
인정하고, 믿고, 참고,
기다리기

기질과 환경의 상호 작용

'미운 게 미운 짓 한다' 라는 말이 있다. 한 번 밉보인 사람은 어떤 행동을 해도 곱게 안 보인다는 뜻이다. 내 아이도 마찬가지이다. 있는 그대로의 모습을 인정하지 않고 자꾸만 다른 아이들과 비교한다면 아이의 장점보다 단점만 눈에 띈다. 그래서 아이가 아무리 열심히 노력하고 예쁜 모습을 보이기 위해 애써도 사랑스럽게 보이지 않는다.

'열 손가락 깨물어 안 아픈 손가락 없다' 는 말이 있다. 하지만 실제 여러 아이들을 키우는 엄마들과 대화를 해보면 꼭 그렇지만도 않다는 것을 알 수 있다. 한 엄마의 말이다.

"제가 큰 애는 쌀밥만 먹여 키우고 작은 애는 보리밥만 먹여 키운 것도 아닌데 왜 작은 애는 하는 짓마다 밉고 그런지 모르겠어요. 밥을 먹어도 질질 흘리며 먹고, 옷 하나를 골라도 아주 촌스러운 것만 고르고 뭘 해줘도 티가 안 나요."

같은 부모 밑에서 같은 밥 먹고 자란 아이들 가운데에서도 한 아이가 밉게 보이는 것은 두 가지 이유 때문이다.

① 아이의 타고난 기질
② 다른 아이들과의 비교

아이들은 저마다 다른 특성을 보인다. 각자 타고난 기질이 다른데다가 아이의 기질에 대해 부모가 다르게 반응하기 때문이다. 이것을 '기질과 환경의 상호 작용'이라고 하는데, 아이가 어떤 기질을 타고났어도 부모가 어떻게 반응하느냐에 따라 아이가 달라진다는 이론이다.

부모, 특히 엄마들 중에 자신의 아이를 다른 아이와 비교하는 엄마가 많다. 남의 떡이 더 커보이듯이 남의 집 아이가 더 잘나 보이기 때문이다. 그래서 내심 내 아이도 저 아이처럼 똑똑하고 잘했으면 좋겠다는 욕심을 가지고 있다. 다른 아이와의 비교 때문에 스트레스를 받고 있다는 성호 엄마의 말이다.

"아이를 자꾸 다른 아이와 비교합니다. 그게 안 좋다는 것을 알지만 비교해야 아이가 자극을 받는 것 같고요. 하지만 아이를 비교하고 나면 자꾸만 미안한 마음이 들면서 후회가 밀려옵니다."

엄마들은 아이를 비교해야 아이가 자극을 받아 더 잘하려고 노력한다고 믿는다. 그래서 아이의 부족한 부분을 보완하기 위해 다른 아이와 비교를 통해 경쟁을 시키는 것이다. 그 결과는 과연 어떨까? 엄마는 엄마대로 스트레스와 죄책감으로 힘들고, 아이 역시 스트레스가 이만저만이 아니다. 중요한 것은 아이가 비교로 인해 '나는 무능하다.' 라는 열등감을 가지게 된다는 것이다. 이는 학습뿐 아니라 또래들과의 관계, 훗날 사회생활에까지 부정적인 영향을 초래하게 된다.

아이를 잘 키우려면 답은 간단하다.

아이의 있는 그대로의 모습을 인정하고, 믿고, 참고, 기다려줄 것.

그러나 답은 간단하지만 실천하기란 말처럼 쉽지 않다. 엄마 역시 사람인지라 자꾸만 내 아이를 주관적으로 판단하게 된다. 그래서 아이가 정상인데도 불구하고 아이가 다른 아이들에 비해 부족하거나 뒤처진다고 여기게 된다. 아이 양육에 대한 스트레스는 이때부터 시작된다.

내 아이가 자폐아일 리가 없다?

아이의 있는 그대로의 모습을 '인정하고, 믿고, 참고, 기다려야 한다' 는 말에 한 선생님의 모습이 떠오른다. 그 반에 유진이라는 친구가 있었는데 잠시도 가만히 있지 못하고 온 교실뿐 아니라 다른 반 교실까지 내 집처럼 드나들며 한바탕 요란하게 놀고서는 씩 웃는다는 그 아이, 선생님은 늘 그 아이 이야기를 하면서 속상해하기보다는 밝게 웃고 있었다. 내일은 그 아이가 어떻게 할지 기대가 된다고 하면서 선생님은 그 아이에 대한 이야기 보따리를 한가득 풀어놓았다.

"유진이가 말이에요. 그리기를 하는데 초록색만 꺼내서 분류하고 있더라고요. 초록색을 사랑하나 봐요. 그래서 반찬에 초록색이 나오면 쥐봐야겠어요. 밥을 안 먹어서 걱정되던 참인데 다행이죠?"

유진이는 유치원에 처음 오는 날부터 남들과는 다른 행동을 보였다. 지속적으로 관찰하던 중에 선생님과 동료 교사들은 조심스럽게 자폐 가능성을 염두에 두고 유진이의 엄마와 면담을 해보기로 했다. 필자와의 면담 후 유진이는 다음 날 병원에서 검사를 통해 자폐라는 진단을 받았다.

선생님은 무척 속상해 하면서도 유진이가 자폐라는 것을 알았으니 그에 맞게 지도할 수 있는 방안을 마련할 수 있다며 스스로 기운을

북돋웠다. 그러나 유진이의 엄마는 유진이가 조금 유난스러울 뿐 자폐라는 것까지는 인정할 수 없다는 눈치였다.

유진이는 여섯 살이 될 때까지 양치질을 하지 못했다. 이유는 유진이가 이를 닦을 때마다 치약을 삼켜서 엄마가 해주거나 먹는 치약을 사서 먹도록 교육했기 때문이었다.

선생님은 유진이에게 양치하는 시범을 보이고 먹을 수 있는 물과 치약을 건네주었다. 놀랍게도 유진이는 선생님을 따라 "퉤!" 소리까지 내면서 거품을 낸 치약도 뱉고 물로 헹구며 차분하게 해냈다.

언어적인 표현 역시 한 마디 이상을 연결하기 힘들어 했다. 그러나 선생님이 유진이의 마음을 지속적으로 읽어주고 함께 이야기해 주면서 자신의 의사표현도 조금 긴 문장으로 이야기할 수 있게 되었고 친구들과의 관계도 서서히 개선되기 시작했다.

점심시간도 예외는 아니었다. 유진이가 가만히 앉아있는 것은 상상도 할 수 없는 일이었다. 그러나 선생님은 유진이를 가슴에 꼭 안고 유진이가 좋아하는 초록색 반찬을 밥 위에 얹어주기도 하면서 수저 사용하는 법과 꼭꼭 씹어서 꿀꺽 삼키는 것까지 하나하나 알려주었다. 먹고 뱉기를 수차례 반복했지만 선생님은 전혀 조바심을 내거나 걱정하지 않았다. 오히려 이제 시작이라고 생각하면서 유진이가 따라올 수 있도록 천천히 하나씩 가르칠 계획이었다.

고생 끝에 낙이 온다는 말처럼 이제 유진이는 스스로 가방 정리를 하고, 선생님과 눈을 마주치며 웃는 아이로 변해 있다. 유진이의 엄마도 아이의 달라진 모습에 흐뭇해하며 아이의 있는 그대로의 모습을 인정하고 믿으면서 유진이가 스스로 할 수 있을 때까지 믿고 기다려주기 위해 노력하고 있다.

엄마를 위한 해결책 및 대처법

부모들과 상담해보면 특히 더 예뻐 보이는 아이가 있다고 말한다. 부모의 좋은 점이나 장점을 닮았거나 부모의 부족한 점을 채워주는 아이가 그렇다. 그러나 그에 비해 마음이 덜 가거나 덜 예뻐 보이는 아이는 반대로 부모의 나쁜 점이나 단점을 그대로 빼다 박은 아이라는 것이다. 그래서 예뻐 보이는 아이한테는 떡 하나라도 더 주게 되고 그렇지 않은 아이는 소홀하게 된다.

이는 결국 두 아이 모두 미래를 망치게 되는 결과를 낳는다. 부모로부터 예쁨을 받는 아이는 자기중심적인 아이로 자랄 가능성이 높고 반면에 외면당하는 아이는 자존감이 낮아져 내성적이고 의기소침한 아이로 성장하기 때문이다.

아이의 타고난 기질은 부모가 어떻게 바꿀 수 없다. 따라서 아이의 기질을 바꾸려고 하기보다 아이의 기질을 있는 그대로 인정해야 한다. 그래야 아이 스스로 자신의 잠재력을 펼 수 있을 때까지 묵묵히 참고 기다릴 수 있다.

부모는 아이 인생의 주인공은 부모가 아닌 아이 자신이라는 것을 기억해야 한다. 따라서 끊임없이 아이를 격려하고 애정을 듬뿍 주는 부모가 되어야 한다.

08 | 꽃으로도
아이를
때리지 마라

 **세상에 사랑의 매는 없다**

때로 부모들은 욱하는 마음에 아이를 때리곤 한다. 이때의 체벌은 더 나은 사람이 될 수 있도록 하는 '사랑의 매'라는 명분을 가지게 된다. 그러나 이러한 체벌은 당장은 효과가 있을지 몰라도 적잖은 부작용을 남기게 된다. 때리는 순간 아이는 자신을 아프게 한 부모의 행동을 폭력으로 받아들일 수 있기 때문이다. 특히 아이의 배변 문제나 무례한 행동 또는, 부주의에 의한 실수나 사고에 대해 아이에게 화를 내고 매를 드는 경우를 많이 볼 수 있다. 그런데 대소변을 가리지 못하거나 호기심을 가지고 행동을 한 경우, 성기를 만지작거리는 경우에는 절대로 매를 들어 죄책감을 갖게 해선 안 된다.

예를 들어 호기심 때문에 생긴 일들을 혼내게 되면 아이의 호기심을 떨어뜨릴 수 있다. 무조건 "싫어."라는 말을 반복한다거나, 무언가를 사 달라고 떼를 쓰는 것도 못된 버릇이 아니라 정상적인 발달 과정에서 나타나는 행동이므로 매를 들지 않는 것이 좋다.

단순히 현재 아이의 못마땅한 행동에 대해 야단을 쳐야 할 경우라도 내 아이를 올바르고 건강하게 양육하기 위한 교육적인 배려가 늘 전제되어야 한다.

틱장애가 있는 아이

한 엄마에게서 받은 메일이다.

"7세 남자 아이인데 한 달 전부터 눈을 깜빡이고 입까지 실룩거리는 행동을 하네요. 틱장애 같은데 병원에 가봐야 될지 고민이 됩니다. 3남매 가운데 둘째인데 아이가 예민하고, 셋 중에 야단이나 처벌을 많이 받고 있는 편이고요. 어떻게 해야 될지 엄마 입장에서 힘드네요."

'틱장애'는 자신의 의지와 상관없이 무의식적으로 얼굴이나 목 등의 신체 일부분을 빠르고 반복적으로 움직이거나 소리를 내는 것을 말한다.

① 운동 틱장애

눈을 깜박이거나 얼굴을 찡그리거나 머리를 흔들거나 어깨를 들썩이는 등의 행동을 빠르게 반복한다.

② 음성 틱장애

쿵쿵 소리를 내거나 헛기침, 고함, 동물울음 같은 소리를 계속 낸다.

대부분의 부모들은 음성 틱장애가 나타나고서야 아이가 틱이라는 것을 알게 되는 경우가 많다. 음성 틱장애가 초기 증상이라고 알지만 음성 틱장애가 나타나기 전에 운동 틱장애의 증상이 있었는데 부모가 모르고 있었던 것이다.

틱장애의 원인은 다양한데 두뇌의 기저핵의 조절능력의 이상, 도파민과 세로토닌 같은 신경전달물질의 불균형 등으로 발생된다고 알려져 있다. 심리적, 신체적 스트레스에 의해 악화되기도 하며, 유전적 요소가 연관되어 있어 가족 중 만성 틱장애를 앓는 환자가 있다면, 발병률이 높다.

부모들 가운데 어느 날 갑자기 아이가 평소와 다른 행동을 보인다고 해서 심하게 야단치거나 체벌을 하는 부모도 있다. 이는 절대 바람직하지 않다. 틱장애 증상에 대해 제제나 체벌을 하기보다는 아이가 마음을 편안하게 가질 수 있도록 도와주는 것이 중요하다.

아이는 틱장애 행동에 대해 전혀 의식하고 있지 않기 때문에 체벌

한다고 해서 아무런 효과가 없다. 오히려 체벌은 틱증상을 악화시킬 수 있다. 아이가 무엇 때문에 그런 행동을 보이는지 원인을 파악하기 위해서는 무엇이 아이를 불안하게 하는지, 지금 아이가 어떠한 스트레스 상황에 놓여있는지 아이와 충분한 대화를 통해서 알아내야 한다. 그리고 지나친 간섭이나 잔소리보다는 긴장을 풀 수 있도록 도와주고 과도한 학업을 줄여 노는 시간과 휴식 시간을 늘리는 것이 필요하다.

만일 틱장애가 심해지면 반드시 전문의를 찾아 적절한 조언과 치료를 받는 것이 중요하다. 틱장애는 1년 이상 지속되면 치료하기가 어렵지만 초기에 발견하면 치료가 가능하다. 따라서 평소 부모의 세심한 관심과 보살핌이 필요하다.

체벌은 아이의 지능과 감성 발달에 악영향을 미친다

아이가 반복적으로 실수하거나 잘못을 저지른다고 해서 큰소리로 야단치거나 체벌을 가하는 엄마들이 있다. 이는 아이에게 공격적인 성향만 키울 뿐 아무런 도움이 되지 않는다. 어린아이에게 신체적 체벌을 하는 것은 마치 폭력을 가르치는 것 같은 위험천만한 행동이라는 연구결과도 있다.

미국 툴레인대학교 캐서린 테일러 교수는 아이가 있는 2,500명의 엄마들을 대상으로 3살 때 얼마나 체벌을 했는지, 당시 아이의 공격성이 어느 정도였는지 등에 관한 설문조사를 했다. 아이의 공격성에 영향을 미칠 가능성이 있는 엄마의 우울증, 알코올 섭취량, 공격성 등도 함께 조사되었다.

조사 결과 3살 때 한번에 2차례 이상 맞은 아이는 매 맞지 않은 아이에 비해 5살 때 공격성이 50% 높았다. 절반 정도의 엄마들은 아이를 때리지 않았다. 그러나 27.9%의 엄마들은 한번에 1~2차례 씩 때린다고 답했고 26.5%는 한번에 2차례 이상 때린다고 응답했다.

테일러 교수는 다음과 같이 말했다.

"아이에게 규율이 있어야 하지만 신체적 체벌이 아닌 다른 형태로 아이를 타일러야 한다. 아이에게 가하는 체벌 강도가 높을수록 아이의 스트레스 수치도 올라가며 아이의 지능과 감성 발달에 악영향을 미치게 된다."

아이를 키우는 부모라면 테일러 교수의 말을 귀담아 들을 필요가 있다. 무조건 소리 지르고 혼낸다고 아이가 같은 잘못을 반복하지 않는 것이 아니고, 오히려 아이의 지능과 감성발달에 악영향을 초래한다는 것을 기억해야 한다. 아이가 스스로 잘못을 반성하며 고쳐 나가게 하기 위해서는 지혜로운 꾸짖음과 믿고 기다릴 줄 아는 여유가 필요하다.

원칙과 일관성이 있어야 한다

"선생님, 우리 아이가 도대체 말을 안 들어요. 어찌나 고집이 센지 무엇이든 제 생각대로 하려고 해요. 작년까지만 해도 안 그랬는데, 5학년이 되고부터는 아이 행동이 걷잡을 수가 없어요. 가끔 체벌도 하는데 들어먹질 않으니 어떡하면 좋아요?"

필자는 종종 아이가 말을 안 들어서 속상하다는 엄마들을 만나면 "말 안 듣고 속 썩이니까 아이다."라고 말한다. 아이를 키우다보면 자기 고집을 너무 부리면서 떼를 쓰거나 공격적인 행동을 하거나 동생과 싸움을 자주 하는 등 여러 문제를 일으킬 때가 있다. 이때 엄마는 자신의 양육 방식에 따라 말로써 조용히 타이르거나 아이의 자율적인 행동을 제약하거나 직접적으로 체벌을 가하는 등의 여러 가지 방법을 동원하게 된다.

그러나 엄마가 취할 수 있는 행동 가운데 특히 체벌의 경우는 교육적인 효과보다는 악영향이 더 많다는 것이 필자의 생각이다. 사실 안타깝게도 가정에서 행해지는 대부분의 체벌은 부모의 합리적인 판단에 근거해서라기 보다는 부모가 스스로의 감정을 통제하지 못하고 일관성이 없는 감정의 폭발로 아이에게 체벌을 가하는 경우가 많다. 그렇다보니 교육적인 효과를 기대하기 보다는 오히려 아이에게 악영향을 주게 되는 것이다.

특히 아직 어린아이는 이성이나 사고가 덜 발달되어 있기 때문에 옳고 그름을 판단할 수 없다. 때문에 체벌을 한다 할지라도 아이는 왜? 무엇 때문에? 부모에게 맞고 있는지를 전혀 알지 못한다. 오히려 부모에 대한 반감이나 공포감, 미움을 가질 수 있다.

자주 체벌을 하게 되면 아이는 자기가 잘못한 행동에 대해서 깨닫고 반성하기 보다는 체벌의 상황을 어떻게 하면 모면할 수 있는가를 빨리 배우게 되어 부모가 체벌을 하는 근본 목적이 빗나가게 된다. 때문에 아이가 유치원이나 학교에서, 또는 부모가 없는 상황에서는 평소의 잘못된 행동이 그대로 나오게 된다. 무엇보다 걱정스러운 것은 부모의 공격적인 행동을 아이가 그대로 답습한다는 것이다.

그래서 필자는 엄마들에게 이렇게 조언한다.

"체벌보다는 아이에게 지금까지 혜택을 받았던 것을 잠시 중지한다든가 말로써 꾸짖거나 벌을 주면서 아이가 자기의 감정을 조절할 수 있는 시간을 가지도록 하는 것이 더 효과적입니다."

아무런 원칙도 없이 아이를 야단치는 부모가 있다. 이는 절대 바람직하지 않다. 야단을 칠 때에는 반드시 지켜야 할 원칙이 있다. 가능하면 체벌이 아닌 다른 방법으로 야단치고 꼭 체벌을 해야 한다면 우선 매를 들 때 일관성을 가져야 한다. 일정한 기준이 없이 일관적이지 않은 체벌을 하면 아이는 같은 상황에서 어제는 때렸는데 오늘은 때리지 않는 부모를 보며 혼란을 느낄 뿐 아니라 억울하다는 생각이 먼저 들게 되기 때문이다.

또 체벌은 한번 시작하면 습관적으로 반복되기 쉽다. 말 안 듣는 아이를 다루는 데는 체벌만한 게 없기 때문이다.

한 엄마는 이렇게 토로했다.

"한번 화가 나서 아이의 뺨을 때린 적이 있어요. 그런데 그 후로는 이상하게도 화만 나면 아이의 뺨을 때리게 됩니다. 때리고 나서 곧바로 후회하는 내 자신이 그렇게 미울 수 없습니다."

아이를 키우는 것은 그 어떤 일보다 인내력을 요구하는 힘들고 스트레스를 받는 일이다. 그리고 부모로서 가장 중요한 일이기에 아이를 대하는 데 있어서 엄마들은 자신을 다스릴 줄 알아야 한다. 각자 나름의 개성을 가진 아이를 엄마의 잣대에 맞춰 키우려고 하거나 뜻대로 되지 않는다고 화를 내면 좋은 엄마가 될 수 없음은 물론이거니와 아이와 긍정적인 관계도 형성할 수 없다.

엄마를 위한 해결책 및 대처법

아이에게는 부모와 함께 기쁨, 슬픔, 아픔, 사랑과 같은 감정을 나누는 것이 중요하다. 부모와 함께 이러한 감정들을 느낄 수 있다면 아이는 '자신이 엄마에게 소중한 존재'라는 것을 느끼게 된다. 이렇게 자신의 가치를 스스로 깨닫게 되는 아이는 다른 사람의 감시나 체벌 없이 스스로 호기심을 채우거나 알아가고 싶은 마음에서 공부를 한다. 알고 싶다는 호기심이 없는 아이를 잡아두는 데는 매가 잠시 효과 있을 수 있겠지만 오래가지 않는다.

어린 시절 부모님에게 많은 사랑을 받고 자랐음에도 불구하고 부모가 모르고 한 어떤 행동 때문에 상처 받은 사람들을 종종 보게 된다. 몸에 상처가 생기면 그 상처는 시간이 지나면서 아물지만 마음의 상처는 아무리 오래 시간이 지나도 쉽게 아물지 않는다. 또한 마음에 생긴 상처는 보이지 않기 때문에 약을 바를 수도 없고 제대로 치료하지 못하고 지나갈 수도 있다. 그래서 계속 쓰라리고 고통스러운 것이다.

지금부터라도 세상 그 무엇과도 바꿀 수 없는 내 아이를 좀 더 소중하게, 사랑스럽게 대해주자. 때로 아이가 실수나 잘못을 반복한다고 해서 더 좋은 방법을 놔두고 체벌을 가하는 어리석은 부모가 되어선 안 된다. 그리고 자신이 하는 말이 내 아이에게 마음의 상처가 될 수 있다는 것을 인지해야 한다.

눈에 넣어도 안 아픈 내 아이, 금쪽같은 내 아이를 꽃으로도 때리지 말자.

5장

공감하는 대화가
바르고 긍정적인 아이로 키운다

01 공감하고 이해하며 대화하라

서로 눈높이를 맞춰라

한 달 전쯤 만 7세인 우주의 엄마가 필자를 찾아왔다. 아이가 엄마가 하는 말에 사사건건 반대로 이야기한다는 것이었다. 좋아하는 프로그램을 보고 있을 때 엄마가 "이거 재밌지?"라고 물어보면 "아니, 하나도 재미없어."라고 대답하고, 엄마가 "우리 이제 책 읽을까?"라고 하면 "싫어."라고 대답하는 식이었다.

필자는 먼저 우주 엄마에게 평소 우주와 대화를 할 때 우주의 말을 끝까지 다 들어주는지 물었다. 그러자 우주 엄마는 이렇게 대답했다.

"우주가 말할 때 답답해서 끝까지 듣지 않고 제 생각을 일방적으로 강요하곤 했습니다. 전에는 제 말을 잘 들었는데 언제부턴가 제 말을 듣지 않고 거꾸로 말하기 시작했어요."

우주 엄마와 상담을 진행하면서 평소 우주가 화를 내거나 짜증을 내면 엄마도 덩달아 짜증을 내고 우주를 자주 질책하고 비난한다는 것을 알게 되었다.

모든 엄마들은 지금 내 아이가 무슨 생각을 하고 있는지 궁금해 한다. 엄마와 아이 눈높이가 다르기 때문에 아이의 생각을 알 수 없기 때문이다.

그러나 많은 엄마들이 필자에게 아이와 공감하거나 이해하고, 대화하는 것이 힘들다고 토로한다. 엄마들이 아이와 공감하고 이해하며 대화하는 것이 힘든 것은 어쩌면 당연하다. 엄마들은 아이와 공감하고 이해하며 대화하기 위해선 아이와 눈높이를 맞추는 것이 중요하다는 것을 간과하기 때문이다.

아이의 눈높이를 맞춰야만 아이의 마음이 열리고 공감하며 대화하는 것이 가능해진다. 그렇다면 아이의 눈높이를 맞춘다는 것은 무엇을 말하는 것일까? 아이의 입장에서 생각해보는 것을 뜻한다. 사실 아이의 입장에서 볼 때 어른들은 어렵고 알아들을 수 없는 말만 한다. 부모 가운데 그나마 아이와 통할 수 있는 사람은 엄마인데 그런 엄마마저 아이의 마음을 몰라준다면 아이는 답답한 나머지 울음을 터뜨릴 수밖에 없다.

아이의 정서지능을 높이는 대화법

아이들은 아빠보다 엄마에게 힘든 고민이나 불만을 토로한다.

"배가 아파서 학교에 못가겠어요."

"반 아이들이 자꾸 별명을 부르며 놀려요."

"피아노 학원은 그만 다니고 싶은데 그래도 돼요?"

이처럼 아이가 부정적 정서를 표현할 때 엄마는 어떻게 아이를 대해야 할까? 아이를 대하는 엄마의 대처 방법은 크게 두 가지로 꼽을 수 있다.

① 정서 초점 접근방법

아이가 부정적인 정서를 표현할 때 부정적인 정서를 갖게 된 아이의 마음을 이해해주는데 초점을 둔 접근방법이다.

② 문제 초점 접근방법

아이가 부정적인 정서를 표현할 때 정서보다 문제 해결에 초점을 보이는 접근 방법이다.

두 가지 가운데 어느 것이 더 낫다고 말할 순 없다. 두 가지 방법이 모두 필요하고 유용하기 때문에, 상황에 맞게 적절하게 잘 섞어서 사용하면 아주 효과적이다.

예를 들어 아이가 감정이 상해 있거나 화를 내거나 짜증을 부릴 때 "이렇게 해.", "앞으로는 이렇게 하면 돼."라고 엄마의 생각이나 결론을 일방적으로 들려주며 문제를 해결해 주는 방식은 바람직하지 못하다. 그 대신 "그랬구나. 그래서 네가 속상했구나.", "기분이 몹시 상했구나."라고 아이의 마음을 이해해 주는 것이 선행되어야 한다.

아이들이 엄마에게 부정적인 감정을 보이는 것은 문제를 해결해 달라고 하는 뜻이 아니다. 아이들은 아직 미성숙하기 때문에 자신이 원하는 대로 되지 않을 때 느껴지는 좌절감을 부정적인 방식으로 감정을 표출하는 것일 뿐이다.

그러니 엄마는 항상 내 아이가 아직 이성적으로 성숙하지 못하기 때문에 스스로 감정을 달래거나 좋은 방향으로 고쳐 생각하는 능력이 부족하기 때문에 부정적인 감정을 나타낸다는 것을 기억해야 한다.

따라서 엄마는 아이가 자신의 정서를 잘 인지하고 정서를 다룰 수 있도록 도와주도록 노력해야 한다. 그러기 위해선 엄마가 아이의 부정적인 정서를 먼저 수용하고 아이의 마음을 이해하며 공감해주는 것이 중요하다. 엄마가 아이의 마음을 이해하고 공감해줄 때 아이의 정서지능이 높아지게 된다. 대체적으로 정서지능이 높은 아이는 자신의 정서를 잘 알 뿐 아니라 타인의 정서에 대한 이해도 역시 높다. 그리고 긍정적인 정서를 잘 활용하고 부정적인 정서를 조절할 줄 아는 능력이 뛰어나다.

아이에게 있어 정서지능은 매우 중요하다. 정서지능은 감정에만 작용하는 것이 아니라 공부를 할 때에도 작용하기 때문이다. 집중력, 호기심, 어려운 공부를 끝까지 참고 할 수 있는 능력을 배가시켜 준다. 또한 정서지능이 높은 아이는 이성적인 결정이나 문제 해결력도 높아서 주도적인 삶을 살 가능성도 그만큼 높아진다. 또한 또래 아이들과 사귀는데 있어 쉽게 다가갈 수 있고 친해질 뿐 아니라 나아가 사회인이 되었을 때 직장에서 리더십을 발휘하며 사회적으로 긍정적 성과를 더 많이 발휘할 수 있다.

사춘기 자녀와 대화하는 3가지 방법

최근 들어 10대 자녀를 둔 부모의 고민들 가운데 아이와 대화 자체가 안 된다며 상담을 청하는 사례가 많다. 그들의 말에 의하면 사춘기가 빨리 와서 사춘기를 맞은 아이들은 아예 말 자체를 하지 않으려 한다는 것이다. 아이가 말을 하지 않으니 어떤 생각을 가지고 있고 어떤 고민거리를 안고 있는지 부모로선 도무지 알 수 없다. 그래서 더욱 답답한 노릇이다.

그러나 문제는 아이가 엄마 아빠와는 대화가 통하지 않는다는 생각을 갖는다는 것이다. 그래서 고민을 털어놓을 수 있는 또래 친구가 생기면서 대화 자체가 귀찮아지게 된다. 한 통계에 따르면 청소년의 탈선 원인은 가족 간의 대화가 이루어지지 않고 있기 때문이라고 한다. 그렇다면 거꾸로 생각해보면 아이를 이해하고 공감하는 대화를 한다면 아이와 부모 간에 친밀감을 높일 수 있을 뿐만 아니라 내 아이의 탈선을 방지할 수도 있지 않을까? 그러기 위해선 아이와 대화를 나눌 때에는 인내심을 갖고 아이의 눈높이에 맞춰 아이가 무슨 생각을 하고 있고 말하는 의도가 무엇인지 파악해야 한다.

아이와 대화하는 것이 힘들게 생각되는 엄마는 다음 3가지를 고려하여 대화에 임해야 한다.

① 인격체로 서로 존중하며 대화한다.

아이가 하는 말에 귀를 기울이는 것은 부모가 아이를 존중하는 방법 가운데 하나이다. 부모가 아이를 존중하는 태도를 가지면 아이는 부모가 자신에게 애정을 가지고 있다고 생각하게 된다. 이는 다시 자신이 가치 있는 사람으로 인정받고 있다고 여기게 된다.

② 성실한 마음으로 대화한다.

아이와 대화할 때에는 진실하고 성실한 태도로 임해야 한다. 성실한 마음으로 아이를 대할 경우 부모는 자신의 감정, 느낌, 생각 등을 솔직하게 나타낼 수 있다. 아이는 이런 부모의 모습을 보면서 경계를 풀고 편안한 마음으로 속마음을 말하게 된다.

③ 공감대를 형성하면서 서로 이해하며 대화한다.

아이와 대화할 때에는 무엇보다 공감하는 태도로 이해하는 것이 중요하다. 아이를 공감하는 태도로 이해한다는 것은 아이의 눈높이에 맞춰서 느끼고 생각하는 것을 말한다. 아이의 말을 이해하고 공감하기 위해서는 아이가 하는 말을 경청하면서 그 의미, 감정, 느낌을 파악하기 위해 애써야 한다. 또한 아이가 하는 말의 억양을 비롯해 동작, 표정, 눈빛 등을 주의 깊게 살펴 아이의 입장에서 듣고 이해해야 한다.

공감대를 형성하면서 서로 이해하며 대화할 때 부모는 아이를 진정으로 이해할 수 있고, 아이 역시 부모에게 관심과 애정을 느낄 수 있다. 그리하여 아이는 '엄마는 나를 잘 이해해줘' 라는 만족감과 함께 친밀감이 높아져 관계가 보다 돈독해지게 된다.

엄마를 위한 해결책 및 대처법

아이와 대화를 할 때는 아이의 말문을 여는 것이 중요하다. 엄마는 듣는 사람의 입장이 되어 자신의 생각이나 판단, 감정을 드러내지 말고 아이가 자기 생각, 판단, 감정을 말하게 해야 한다. 아이의 사고방식이나 느낌을 정확하게 이해하고 아이의 입장이 되어 생각하는 자세가 요구된다.

아이가 유독 집에서 대화하기를 거부한다면 집을 떠나 다른 곳에서 대화하는 것도 도움이 된다. 극장이나 음악회를 가거나 산책을 하면서 아이에게 "공부 많이 힘들지? 힘들어 보이는구나."라며 말문을 열면 아이는 대화에 대한 거부감이 줄어들게 된다. 아이의 외모나 머리 스타일, 친구에 관한 가벼운 말을 건네면서 대화를 유도하는 것도 한 방법이다.

대화 중 아이가 침묵하는 것은 다음 말을 생각 중이거나 부모에게 말해 봐도 소용없다고 생각하기 때문이다. 이때에는 다그치지 말고 기다려야 한다. 아이의 침묵이 이어질 경우에는 아이가 대화할 준비가 안 되어 있는 것으로 여기고 다음 기회로 미루는 것이 좋다.

행복한 부모와 아이의 관계는 공감하는 대화에서 비롯된다. 만일 부모와 아이 간에 공감하는 대화가 어렵다면 부모와 아이는 서로에 대해서 알 수 없다. 서로에 대해서 알 수 없는 부모와 아이는 서로 이해하지 못하고 자신의 의견만 주장하게 된다. 따라서 절대 행복한 부모와 자녀관계가 될 수 없다.

02 | 수용적인 자세로 대화하라

수줍은 아이

"초등학교 2학년 아들을 둔 엄마입니다. 우리 아이가 수줍음을 많이 타서 고민입니다. 수줍음을 없애고 적극적으로 학교생활을 잘할 수 있는 방법 좀 알려주세요."

수줍음이 많은 아이들의 가장 큰 이유는 자존감이 낮기 때문이다. 내 아이가 이런 유형의 아이라면 대화할 때 어른의 입장에서 의견이나 결론을 내리는 일방적인 대화를 피해야 한다. 특히 아이들이 독립성을 갖고 성장할 수 있도록 이끌어주어야 한다. 그러기 위해선 아이 스스로 할 수 있는 기회를 많이 제공해주고, 아이의 입장에서 이해하고 공감하며 아이의 주도성을 존중해 주어야 한다.

필자는 아이의 엄마에게 다음과 같이 조언했다.

"아이가 잘 할 수 있는 일들을 할 기회를 자주 제공해 주세요. 쉽게 말해 아이가 성공하는 경험을 많이 가지도록 해주자는 것입니다. 예를 들면 아이에게 사소한 심부름을 보내는 등의 일을 시킨 후 아이가 잘 해냈을 때 칭찬을 아끼지 말아야 합니다. 때로 아이의 학용품이나 옷을 사줄 때 엄마가 먼저 몇 가지를 고른 다음 그 중에서 하나를 선택하도록 하는 것도 바람직합니다. 아이는 이런 작은 성공 경험으로 인해 앞으로 더 잘할 수 있다는 자신감을 가지게 됩니다."

아이가 어릴 때 가장 많이 접하고 먼저 관계를 맺는 첫 대상자가 바로 엄마이다. 따라서 부모 가운데 엄마가 아이의 정서지능에 미치는 영향은 매우 크다고 할 수 있다. 아이는 엄마가 정서를 어떻게 다루는지를 보고 고스란히 배우기 때문이다.

영국의 심리분석 임상가 보울비는 이렇게 말했다.

"유아의 지적, 사회적 발달에 영향을 주는 대부분의 조건이 어머니와 직결되어 있으므로 어머니의 존재와 양육 태도, 언어 유형 등은 유아의 성장 발달에 키다란 영향을 미친다."

특히 유아들은 가정에서 엄마의 행동을 유심히 관찰함으로써 많은 사회적 행동을 학습하게 된다. 아이의 양육을 대부분 책임지고 있는 엄마와의 대화를 통해서 사회성 학습이나 발달이 이루진다는 것이다. 따라서 아이를 대하는 엄마의 자세는 향후 아이의 발달과 교육에 있어 가장 많은 영향을 미친다고 할 수 있다.

자위를 하는 아이

유치원 원생들 가운데 예의 바르고 모범적인 만5세의 수진이가 있다. 수진이는 어려운 수행 과제를 주어도 다른 친구들 보다 빠르고 쉬운 방법을 선택해 우수한 수행 능력을 보였다. 반에서는 친구들과의 관계도 좋아서 책을 읽을 때를 제외하고는 혼자 노는 경우가 드물었다.

또한 유치원 생활을 낯설어하거나 힘들어하는 친구들에게 먼저 말을 건네는 등 도움을 주는 따뜻한 친구이다. 종종 "선생님 심부름 하고 싶어요."라며 먼저 다가와 애교도 부리고, 웃음도 많아 보고만 있어도 같이 즐거워진다.

하루는 수진이가 교실에서 자위를 하는 모습이 관찰되었다. 점심 시간에 배식을 기다릴 때나 혼자 책을 읽을 때 주로 나타났다. 사흘 정도 지켜보다가 이런 수진이에 대해 수진이 엄마와 상의하기 위해 전화를 들었다.

사실 자위는 아이들의 발달 행동 과정에서 큰 문제가 되지 않을 수 있다. 신체가 발달하면서 감각도 발달하는데 새로운 감각을 발견하는 행동이라고 생각하면 된다. 강도의 차이만 있을 뿐 자위를 하지 않고 성인 남녀가 되는 경우는 없다. 그래서 필자는 엄마에게 자연스럽게 지나갈 일이므로 당황해하지 마시고 수진이에게서 자위 행동이 보일 때 환경을 환기시켜 주며, 좋아하는 활동에 더욱 집중할 수 있도록 신경을 써달라고 말했다.

수진이 엄마는 알겠다고 말하며 수진이의 유치원 생활에 대해 물었다. 그래서 수진이의 모범적인 모습에 대해 칭찬을 한참을 하고 있는데, 엄마의 어조가 가라앉더니 이렇게 말하는 것이었다.

"선생님, 수진이가 집에서 유치원 이야기를 전혀 하지 않아요. 아니 지금 내 기분이 어떤지도 이야기하지 않는 것 같아요. 욕심도 없어 보이고 의욕도 없어 보이고 말도 예쁘게 안 하고 어떤 일이든 대충하는 것처럼 보여요. 정말 친구들하고는 사이좋게 지내나요? 동생과의 사이가 좋지 못해요. 동생을 굉장히 귀찮아해요."

유치원에서 보인 수진이의 행동 모습과 가정에서의 생활이 많이 다르다는 생각이 들었다. 그래서 최근에 환경에 변화가 있었는지 묻자 수진이와 친밀한 남편이 반년째 외국에 출장을 나가 있고, 그 후로 남동생과 다투는 일이 많아지고 있다고 했다.

필자가 엄마에게 유치원에 대한 이야기는 언제부터 하지 않았는지 물어보자 엄마는 잠시 침묵하더니 조잘 조잘 자기 이야기를 한 기억이 어렸을 때 빼고는 거의 없는 것 같다고 했다. 그럼 하루 중 수진이와 대화하는 시간을 언제 갖는지 물어 보았다. 그랬더니 엄마는 잠시 후 갑자기 흐느끼는 것이었다.

"그런 시간은 전혀 갖지 못했어요. 원장님, 그러고 보면 그동안 제가 수진이의 말을 너무 들어주지 않은 것 같아요. 사실 수진이가 조리 있게 말하는 편이 아니에요. 서론, 본론, 결론으로 딱! 말해야 하는데 서론을 장황하게 늘어놓는 편이고, 그럼 제가 다 들어주지 못하고 자르는 것 같아요. 동생이 장난이 심해져서 한시라도 눈을 뗄 수가 없고, 남편이 없어서 혼자 아이들을 돌보려니 제 마음이 여유가 없었어요. 모든 게 제 잘못이에요."

엄마는 이미 답을 알고 있었다. 그래서 엄마에게 잠자기 30분 전에 수진이와 같이 누워 편안한 마음으로 대화를 나누는 시간을 가져보라고 조언했다. 평소에 만 5세의 유아가 성인처럼 조리 있게 말을 하는 일은 불가능한 일이라는 말도 덧붙였다.

사실 수진이가 활동이 많아진 동생과의 마찰은 당연한 일이다. 그 과정에서 수진이가 짜증을 내는 것도 당연한 일이며 주로 대화 상대였던 아빠의 부재로 인해 수진이는 최근에 알게 된 혼자 하는 놀이(자위)에 집중하게 된 것 같다.

상담을 한 날로부터 며칠 후에 수진이 엄마가 유치원으로 찾아왔다. 엄마의 말에 의하면 잠자기 전에 수진이와 같이 누워서 대화하는 시간을 가졌는데, 수진이가 유치원 이야기부터 친구들 이야기까지 조잘 조잘 이야기를 잘 한다는 것이었다.

엄마는 원장실을 나서기 전에 이렇게 말했다.

"그동안 제가 수진이에게 너무 소홀했던 것 같아요. 이제부터라도 수진이와 함께 하는 시간을 많이 갖고, 수진이의 입장에서 이야기를 들어주려고 노력하고 있습니다."

수용의 주체는 아이가 아닌 부모여야 한다

아이는 부모가 자신이 어떤 이야기를 하더라도 수용적인 자세로 들어주기를 바란다. 아이 자신이 세상에서 가장 신뢰하고 의지하는 존재가 바로 부모이기 때문이다. 특히 부모 중에서 아이가 엄마에게 바라는 기대는 아빠에 비해 훨씬 크다고 할 수 있다.

그런데 안타깝게도 부모 가운데 아이가 부모의 의견을 수용해야 한다고 생각하는 부모가 있다. 이는 절대 옳지 않다. 대화에는 어느 한쪽의 수용의 자세가 전제되어야 하는데 이때 수용의 주체는 아이가 아닌 부모이다. 부모가 아직 미성숙한 아이를 온전히 인정하고 수용해야한다는 뜻이다.

아이의 미성숙이나 비이성적인 면을 나무라는 부모도 있다. "넌 왜 생각이 그것밖에 안 되니?", "지금 몇 살인데 그런 유치한 감정만 앞세우는 거니?" 이런 말을 사용하는 것은 아이에게 "앞으로 너와 대화하기 귀찮다."라고 선언하는 것과 같다. 항상 '내 아이는 아직 어리다' 라는 것을 기억해야 한다.

　때로 아이와 이야기를 하다보면 쉽게 결론이 끝나지 않을 때도 있다. 이때에는 성급하게 결론을 내려선 안 된다. "아무래도 안 되겠다. 이 문제에 대해선 엄마가 시키는 대로 하는 게 좋겠다. 그렇게 해." 이렇게 아이의 생각을 무시한 채 성급하게 결론을 내리게 되면 아이는 속으로 엄마에게 존중받지 못한다고 여기게 된다. 그리하여 앞으로 고민이 있어도 혼자서 해결하려고 전전긍긍하게 된다.

　성급하게 결론을 내리기보다 합의점 없이 대화를 마치는 것도 좋은 방법이다. "이 문제에 대해선 앞으로 함께 고민해보자.", "네 생각에 대해 엄마 아빠도 함께 고민해 볼게." 이는 아이에게 '엄마는 너와 함께 더 좋은 방법을 찾기 위해 노력하고 싶어.' 라는 메시지를 던져 준다. 그래서 아이는 지금 당장 결론을 찾지 못했지만 더 나은 대안을 찾을 것이라는 희망을 가지게 된다.

엄마를 위한 해결책 및 대처법

아이에게 있어 부모, 특히 엄마는 훗날 아이의 미래를 좌우하는 존재라고 해도 과언이 아

니다. 어릴 때 엄마의 관심과 애정, 보살핌을 받지 못한 아이는 학교생활 뿐 아니라 또래

관계, 나아가 사회인이 되어서도 사람들과 원만한 관계를 형성하지 못한다. 따라서 부모,

특히 엄마는 아이의 정서와 감정을 존중하고 도와줄 수 있어야 한다.

아이의 정서지능을 높이기 위해서는 다음 3가지 대화 방법을 기억해야 한다.

① 아이가 어떠한 이야기를 해도 아이의 입장을 이해해주고 수용해준다.

② 아이가 충분히 공감이 된 후 엄마의 생각이나 의견을 말한다.

③ 아이와 함께 대안이나 문제 해결방법을 생각해본다.

03 | 아이의 말을
중간에
자르지 마라

사람들 앞에만 서면 주눅이 드는 아이

"울릉도와 가까운 우리나라 동쪽 끝 섬은 어디일까요? 요즘 일본하고 다툼이 있는 지역인데…… 수현이가 대답해 볼까?"

"저……"

"독도죠. 그럼 방위표를 보고 위치를 찾아볼까요. 독도에서 본다면 방위표상 제주도는 어느 쪽일까요?"

"저…… 어……"

수현이는 이미 예습한 내용이지만 대답할 수 없었다. 학부모 참관 수업에 참석한 수현이의 엄마는 가슴이 답답할 정도로 속이 상했다. 쉬는 시간에 시끄럽게 떠들고 다니던 아이의 활발함은 어디로 가고,

수업종이 울리자마자 수현이는 꿀 먹은 벙어리가 되었기 때문이다.

며칠 전 초등학교 4학년생인 수현이 엄마가 상담을 요청했다.

"평소 수현이는 활달한 성격에다 야무진데 이상하게도 남들 앞에만 서면 소극적인 아이로 변합니다. 지난 번 학부모 참관 수업에서도 알고 있는 답을 대답도 못하고 우물쭈물하고 있는 모습을 보자 현기증마저 생길 정도였어요. 다른 아이들은 서로 발표를 하겠다고 손을 드는 마당에 아는 것마저 말을 못하는 딸아이를 보니 정말 답답하더라고요. 제 아이가 혹시 문제가 있는 건 아닐까요?"

수현이와 같은 아이들이 더러 있다. 나름대로 똑똑하고 활달한 성격인데도 사람들 앞에만 서면 주눅이 들어 아무 말도 못한 채 쭈뼛거린다. 그러나 이런 아이들에게는 문제가 없다. 다만 부모에게 문제가 있을 뿐이다. 대체로 이런 아이들의 부모를 만나보면 부모 혹은 엄마나 아빠 가운데 한 사람이 매우 권위적이라는 것을 알 수 있다. 그래서 부모와의 쌍방 소통의 대화보다 일방적인 강압이나 지시적인 대화로 인해 자신의 생각이나 주장을 표현하는데 어려움을 겪는다.

필자는 수현이 엄마에게 딸아이가 말을 할 때 어떤 일이 있어도 중간에 자르지 말고 끝까지 들어줄 것을 당부했다. 부모가 아이의 말을 중간에 자르게 되면 아이는 누군가와 자신의 생각이나 감정을 나누는 것에 불안감을 느낄 수 있다. 그 결과 자신이 이미 알고 있는 것을 남들 앞에서 표현하지 못하게 된다. 또한 부모가 아이의 말허리를 자주 자르면 아이는 자신과 생각이 다른 사람의 말은 무시해도 된다고 생각하게 된다.

물론 부모의 입장에서 두서없고 비논리적인 아이의 이야기를 끝까지 진지하게 들어주는 것이 쉽지만은 않은 일이다. 그래서 자신도 모르게 아이의 말을 자르게 된다. 게다가 아이의 말을 끝까지 경청해주며 이해하고 공감해주기보다 일방적인 훈계를 내뱉기 십상이다. 대화라는 구실 아래, 아이에게 일방적으로 잔소리나 훈계를 하거나 타이르고, 으르고, 달래고, 혼내는 일이 다반사이다.

종종 아이와의 사이가 소원하다며 엄마들이 필자를 찾아온다. 그럴 때면 엄마들에게 아이와 대화할 때 아이에게 말할 기회를 제대로 주었는지, 아이의 말을 중간에 자르지 않고 끝까지 들어주었는지 묻는다. 그러고는 이렇게 조언한다.

"한 번 돌이켜 보세요. 대부분의 부모들이 아이에게 문제가 생기면 먼저 아이에게 말할 기회를 제대로 주지도 않아요. 아이에게 자기 생각을 설명할 기회조차 주지 않은 채 부모라는 권위를 내세워 도리를 설명하거나 문제에 대한 결론을 내리곤 합니다. 이런 일이 거듭되면 아이는 마음의 문을 닫고서 부모와 대화를 피하게 됩니다."

사람은 누구나 자신의 말을 끝까지 경청하지 않고 중간에 말허리를 자르면 기분이 상한다. 속으로 부아가 치밀면서 두 번 다시 너와 얘기하나 보자라고 결심하게 된다. 이처럼 상대의 말을 중간에 자르는 것은 상대를 무시하는 것과 다름없다. 이는 나이가 많고 적음에 상관 없이 아이 어른 모두에게 해당이 된다.

선택적 경청은
불안정한 관계로 가는 지름길이다

아이와 대화 도중에 말이 끊기거나 하면 "이렇게 해보면 어떨까?"하고 대화가 계속 이어지도록 도와줘야 한다. 때로 자녀가 부정적인 대화나 주제와 맞지 않는 대화를 할지라도 끝까지 들어주는 것이 부모의 역할이다. "됐어. 너랑은 대화가 안 된다. 좀 더 생각하고 얘기 좀 해."라고 단호하게 아이의 말을 자르게 되면 더 이상의 대화는 어렵게 된다. 설사 대화가 계속되더라도 공감 가는 대화는 불가능하다.

특히, 아이에게 어려운 문제나 고민거리가 있을 때에는 더욱 더 아이의 말에 귀를 기울여야 한다. 아이는 어려움에 부딪히게 되면 가장 먼저 부모에게 의지하고자 한다. 그래서 부모에게 말을 걸어 속내를 털어놓기를 바라지만 안타깝게도 대부분의 부모는 아이의 말을 끝까지 경청하지 못하고 가위로 싹둑 자르고 만다.

많은 부모들이 아이에게서 자신이 듣고 싶은 말이 나올 때에는 귀 기울여 듣다가 관심사가 아니거나 부정적인 내용이 나올라치면 차가운 어조로 자르거나 지루한 표정을 보이는 등 선택적 경청을 한다. 이럴 경우 아이는 감정이 상할 뿐 아니라 자신이 가장 믿고 의지하는 부모로부터 거부당했다는 생각을 하게 된다. 이는 아이와 부모와의 불안정한 관계로 가는 지름길이다.

따라서 부모는 아이가 어떤 말을 하더라도 경청하면서 고개를 끄덕거리는 등 적극적인 자세로 '엄마(아빠)는 너의 말을 끝까지 들어줄 거란다'라는 무언의 표시를 해줘야 한다. 그래야 아이는 안심하고 편안하게 자신의 생각을 표현할 수 있다. 이때 "음.", "아.", "그렇구나." 등과 같은 추임새를 넣는가 하면 아이가 심각한 이야기를 할 때는 심각한 표정을 짓고, 기쁘고 신나는 이야기를 할 때는 함께 웃으며 기쁜 표정을 짓는다면 대화는 더욱 흥미진진해진다.

부모가 아이에게 해줄 수 있는 최고의 선물은 아이의 말을 끝까지 들어주는 것이다. 이때 아이는 '부모님이 나를 진심으로 아끼고 사랑하는구나'라고 생각하게 된다. 그래서 부모와 아이의 사이가 친밀할수록 그 관계를 들여다보면 아이의 말을 끝까지 들어주는 부모의 모습을 볼 수 있다.

열린 질문, 닫힌 질문

필자는 엄마들에게 아이들의 자발적 동기를 끌어내는 질문법을 활용하라고 조언한다. 단답형으로 답할 수 있는 질문이나, "예.", "아니오."로 답할 수 있는 '닫힌 질문'은 피해야 한다. 이런 닫힌 질문은 아이들이 생각하지 않고 쉽게 답할 수 있게 한다. 따라서 자신의 생각을 탐색하고 말로 표현하도록 유도하는 '열린 질문'이 바람직하다.

질문을 던지고 난 뒤 가장 중요한 것은 아이의 말을 귀담아 들어주는 것이다. 아이의 대답이 얼른 나오지 않을 때 말을 바꾸어 다시 묻거나 아이가 대답할 때까지 참고 기다려주는 것도 필요하다. 무엇보다 아이의 말을 들으면서 마음속으로든 말로든 아이의 말에 결론을 내려선 안 된다. 아이에게 가장 필요한 것은 어른의 입장에서의 평가나 결론이 아니라 아픈 곳을 어루만져주는 공감이다.

엄마를 위한 해결책 및 대처법

아이와 대화할 때는 절대 말을 중간에 자르지 말자. 불과 몇 분이다. 고개를 끄덕이며 정성을 다해 아이의 말을 끝까지 들어줘야 한다. 아이가 말하는 도중에 아이의 말에 대한 부모의 의견을 말하고 싶어도 꾹 참아야 한다. 아이의 말을 다 듣고 난 뒤에 부모의 의견을 말해도 늦지 않다.

내 아이의 말에 귀 기울이는 부모의 경청은 아이 스스로를 변화시키는 마법과 같다. 단지 몇 분만 인내심을 발휘해서 아이의 말에 귀기울여주면 아이는 내가 바라는 모습으로 서서히 달라진다.

자녀를 보다 적극적이고 창의적인 존재로 키우려면 부모의 말보다 아이들의 의견이나 생각들을 존중하는 가정 분위기를 만들어야 한다.

04 | 성실한 마음으로 대화하라

일방적인 소통으로는 정서적인 교감을 나눌 수 없다

"사춘기인 아들을 둔 엄마인데요. 아이와 하루 중에 고작 몇 마디 정도 대화를 주고받는 게 전부입니다. 아이랑 친밀하게 지내고 싶은데 잘 되지 않습니다. 어디서부터 잘못되었는지 모르겠어요."

"아이와 몇 마디 하다 보면 서로 감정만 상하는 말을 하고 돌아서서 후회합니다. 이러다가 영영 대화가 잘 안 되고 부모와 자식 간에 벽이 생기기 않을까 걱정됩니다."

"하루에 자녀와 얼마나 대화를 나누고 계신가요?" 엄마들에게 이렇게 물어보면 대부분 "바빠서 아이와 제대로 이야기를 나눌 시간이 없어요."라고 토로한다. 아이가 학교에 가 있는 시간, 친구들과 노는 시간, 학원에서 공부하는 시간, 엄마가 직장에서 업무를 보는 시간, 집안일 하는 시간 등을 빼고 하다 보면 사실 내 아이와 이야기하는 시간은 얼마 되지 않는다.

한 통계에 따르면 하루 중 부모가 아이와 대화를 나누는 시간은 평균 40분 정도에 불과하다고 한다. 그나마 그 40분에는 "밥 먹었니?", "학원은 갔다 왔니?", "숙제는 다 했어?" 등과 같은 일상속의 대화를 포함한 것이다. 만일 이런 대화마저 뺀다면 아이와의 대화 시간은 과연 얼마나 될까?

대부분의 가정에서는 부모와 아이와의 대화가 단절되어 있다. 단절되어 있는 말의 요지는 아이와의 쌍방 소통이 아닌 일방 통행이라는 뜻이다. 일방적인 소통으로는 아무리 많은 대화를 나누어도 정서적인 교감을 나눌 수 없게 된다.

정신분석가인 위니캇은 부모와 대화가 단절된 아이는 '자기 안아주기'에 빠진다고 충고한 바 있다. 아이는 힘든 고민이나 슬픔 감정에 젖어 있어도 그런 감정들을 혼자서 감당하려고 애쓰게 된다. 아이 스스로 부모에게 말해봤자 아무런 관심과 보살핌을 받지 못한다고 여기기 때문이다. 그래서 아이는 스스로 자기를 안아주게 된다.

며칠 전 학교생활로 힘들어 하는 한 초등학생에게 "엄마 아빠에게 이야기하지 그러니?" 하고 물어보았다. 그러자 아이는 "말해봤자 저한테 아무런 관심도 없는 걸요." 하고 대답했다. 아이와의 대화를 통해 아이의 깊은 마음속에 수치심과 거절당했던 기억이 자리잡고 있다는 것을 알 수 있었다. 부모의 말에 자존심에 상처를 입었거나 자신의 감정을 공감해주지 않았던 경험들이 누적되어 아이는 "나는 내 힘으로 해결할 수 있어요."라는 존재방식을 가슴에 품게 된 것이다.

　이런 아이들은 겉으로는 아무 일 없다는 듯 우호적이고 사교적으로 생활한다.　정작 깊은 마음속에서는 자신이 불행하고 두려워하며, 몹시 화가 나 있다는 것을 누군가에게 표현하고 싶은 욕구를 가지고 있다. 그러나 그럴 수 없는 현실에서 아이는 누구보다 많은 스트레스를 받게 된다. 그 결과 대부분은 학업에도 집중하지도 못할 뿐 아니라 친구들과도 원만한 관계를 형성하지 못한다.

아이와의 대화가 어렵고 힘든 이유

필자는 부모, 특히 엄마들에게 아이와 친구처럼 지내야 한다고 조언한다. 아이와 친구 같은 친밀감을 형성할 때 부모로서의 권위와 존경심, 신뢰를 받으며 정서적인 교감을 나눌 수 있기 때문이다. 그러기 위해선 아이가 잘못을 하더라도 행동에 대한 지적보다는 아이가 왜 그랬는지, 그 동기나 이유, 아이의 심리상태가 어떤지를 미리 살피는 과정이 전제되어야 한다. 그래야 아이의 입장에서 공감하는 대화를 할 수 있다. 초등학교 4학년 딸을 둔 엄마에게 온 메일이다.

"아이 교육에 도움이 된다면 뭐든 들으러 다니고, 대화법이며 부모교육 프로그램이라면 끝까지 다 참여해 봤습니다. 대화법을 배워서 활용해봤지만 딸아이한테 별로 효과도 없는 것 같아요. 그다지 저와 아이와의 관계에서 나아진 것도 없고 예전이랑 똑같습니다. 나름대로 노력을 하는데도 불구하고 왜 이렇게 아이랑 대화하는 게 잘 안될까요?"

아이와의 대화가 어렵고 힘들게 여겨지는 것은 비단 사례에 나오는 엄마만 그런 것이 아니다. 대부분의 부모가 아이와의 대화가 어렵고 힘들다고 토로한다. 부모들이 아이와 대화에서 어려움을 겪는 이유를 몇 가지 꼽아볼 수 있다.

① 부모의 일방적인 대화가 된다.

부모는 항상 마음속에 아이를 잘 가르쳐야 한다는 강박관념을 가지고 있다. 그러다 보니 부모 자신이 생각하고 있는 기준이나 가치를 아이에게 일방적으로 전달하는 대화를 하게 된다. 아이를 잘 키우기 위해 옳은 말을 많이 해주어야 한다는 생각에 해결책을 제시하게 되는데 그 결과, 아이와 쌍방 소통하는 대화가 아닌 일방적인 대화가 되어 결국 즐거워야할 대화는 잔소리가 되고 만다.

② 매일 똑같은 말이 반복된다.

아이와의 대화가 어렵다고 말하는 부모은 대부분 거의가 날마다 똑같은 말을 반복하는 대화를 하는 경향이 높다. "학원 갔다 왔니?", "숙제해라.", "외출하고 오면 손 씻어야지." 등의 말이 하루에도 몇 번씩 반복된다. 이런 잔소리에도 아이의 행동이 전혀 달라지지 않으니 부모는 울화통이 터져 자신도 모르게 큰소리부터 내고 야단치게 된다.

③ 부모가 결론을 정해서 강요한다.

아이가 잘못을 하거나 고칠 점이 있으면 대화를 통해 아이의 생각을 묻고 함께 개선책을 마련해야 하는데, 부모가 결론을 정해서 "이렇게 해."하고 강요한다. 아이의 문제점을 지적하고 아이가 수정했으면 하는 방향만을 말하기 때문에 오히려 아이와의 갈등만 깊어진다. 그래서 아이는 부모에게 말 거는 것조차 싫어하게 된다.

부모와 아이의 대화 시간이 줄어드는 것은 부모의 책임이다. 부모가 아이의 입장에서 공감하는 대화를 나누려는 노력을 소홀히 했기 때문이다. 어른의 입장에서 대화를 나누어선 아직 미성숙한 내 아이와 절대로 공감하는 대화를 할 수 없다.

아이와 공감하는 대화를 나누는 6가지 방법

그렇다면 공감하는 대화를 나누기 위해선 어떻게 해야 할까? 먼저 아이의 어떤 말도 경청하고 수용하겠다는 성실한 마음이 전제되어야 한다. 필자는 다음의 6가지를 조언한다.

① 우월한 입장이 아닌 아이의 입장에서 보는 것이 필요하다.

그러할 때 아이는 자신과 부모가 동등한 존재라는 것을 인식하게 되어 마음을 열게 된다.

② 진실하고 성실한 태도로 자녀를 대한다.

부모들 가운데 체면이나 권위가 깎이는 것을 염려한 나머지 아이에게 솔직하지 못한 부모가 있다. 이는 바람직한 태도가 아니다. 부모는 자신의 감정, 느낌, 생각 등을 솔직하게 표현해야 한다. 그래야 일방 소통이 아닌 쌍방 소통의 대화가 가능하다.

③ 아이의 입장에서 말을 듣고 이해하기 위해 노력한다.

아이가 말을 할 때 주의 깊게 듣고 목소리와 억양에 유의하여 현재의 감정, 느낌을 알아내기 위해 노력해야 한다. 공감하는 대화는 온전히 아이의 입장에 설 때 가능하다.

④ 수용할 줄 아는 부모가 된다.

아이의 말을 귀담아 들으면서 공감하게 되면 아이는 경계를 풀고 편안한 마음으로 속마음을 털어놓을 수 있다. 이때 비언어적인 요소들, 얼굴 표정, 몸짓, 말의 억양 등까지도 아이의 말에 관심을 기울여주며 성실한 마음으로 대화를 나누어야 한다.

⑤ 관점을 바꾸려고 시도해본다.

아이와의 관계에 있어서 아이를 대하는 생각, 태도, 가치관, 아이 행동에 대한 부모 자신의 프레임을 바꾸어 보려는 마음가짐이 필요하다.

⑥ '옳은 말'을 하는 대화가 아닌 '이해하는 대화'를 해야 한다.

부모 입장보다는 아이 입장에서, 아이 행동을 있는 그대로 보아주면서 아이 기분을 살피고, 이해하고 공감대를 형성해 나가는 게 부모가 먼저 할 일이다. 아이에게 무언가를 가르치고 싶다면 먼저 아이를 이해해야 한다.

내 아이와 공감하는 대화는 생각보다 쉽다. 먼저 부모의 입장을 내려놓고 아이의 입장에서 경청과 수용하는 자세를 가지면 된다. 아이와 친밀한 부모들은 하나같이 아이의 눈높이에 맞춰 대화를 한다. 그러나 그렇지 못한 부모들은 가르치고 훈계하려는 어른의 입장에서 아이와 대화를 한다. 그러다 보니 아이들의 입에서 이런 불만 섞인 말이 나오는 것이다.

"엄마는 나를 좋아하지 않아요.", "엄마는 항상 화만 내고 짜증만 내요.", "엄마는 내가 하고 싶은 것은 못하게 하고 내가 하기 싫은 것만 하래요.", "아무리 엄마에게 얘기를 해도 엄마는 내 말을 믿지 않아요.", "엄마는 책도 안보면서 왜 나에게만 공부하라는지 모르겠어요."

아이가 "심심해."라고 말했다고 가정해보자. 그때 엄마가 "나가서 놀아.", "숙제 안 했으면 숙제나 해."라는 식으로 말하게 된다. 사실 아이는 그저 자신의 지금 기분이 어떻다고 말했을 뿐인데, 엄마가 이런 반응을 보이면 아이는 '다음부터는 엄마한테 얘기하지 말아야지'라고 생각하게 된다.

엄마를 위한 해결책 및 대처법

아이에게 지나치게 윤리적이거나 도덕적으로 접근해선 안 된다. 그러다보면 아이의 실수나 잘못을 지적할 일이 많아지고 이는 잔소리나 야단으로 이어지게 된다. 결국 부모와 아이 사이에서의 대화는 단절되게 된다. 지난 주말 부모 특강에서 이렇게 조언했다.

"아이를 성실한 마음으로 대해보세요. 그러면 아이는 부모가 가지고 있는 감정과 느낌, 생각 등을 알 수 있게 되고, 아이 자신도 성실하고 진지한 대화를 하려고 적극적인 자세를 취하게 됩니다. 무엇보다 아이와 부모 사이에 긍정적 감정이 생겨나 공감하는 대화 뿐 아니라 친밀한 사이가 될 수 있습니다."

아이와 성실한 마음으로 깊이 있는 대화를 하도록 노력하자. 아이는 부모가 자신을 신뢰하고 이해해 준다고 느낄 때 부모에 대한 믿음과 애정을 느끼게 된다. 그리하여 부모에게 자신의 속마음을 털어놓는 친밀한 관계가 형성된다.

내 아이와 대화하기가 어렵고 힘들게 느껴진다면 스스로 이렇게 자문해보자.

'아이 입장에서 볼 때, 나는 말 걸기 쉬운 부모일까?'

05 | 부모라도 잘못했을 때는 인정하고 진심으로 사과하라

자녀에게 잘못을 인정하고 사과하면 부모의 권위가 떨어질까?

세상에 완벽한 사람은 없다. 그래서 때로 실수나 잘못을 하며 살아간다. 내가 잘못했을 때에는 상대에게 진심으로 사과해야 하고, 상대가 나에게 잘못했을 때 역시 인정하고 사과하길 바란다.

그런데 아이러니한 것은 이처럼 세상 모든 사람들이 실수나 잘못을 하며 살아가지만 유독 자녀들한테 잘못을 했을 경우 사과하는 부모가 적다는 것이다. 혹여 자녀에게 잘못을 인정하고 사과하게 되면 부모의 권위가 떨어지지나 않을까 염려하는 마음 때문이다.

정말 그럴까? 한 아버지의 일화를 통해 절대 그렇지 않다는 것을 알 수 있다.

그는 승진과 함께 늘어난 업무량과 책임감 때문에 몹시 부담스러워하고 있었다. 그래서 신경이 매우 예민해 있었는데 언젠가부터 퇴근 후 집에 돌아오면 자신의 10살 난 딸에게 특별한 이유도 없이 잔소리를 늘어놓거나 야단치기 시작했다. 물론 그는 자신이 회사 일 때문에 신경이 예민해져 있다는 것도 알고 있었고 딸아이에게 잘못하고 있다는 것도 알고 있었다. 그러나 몸과 마음이 지쳐있는 탓에 스스로를 통제할 수 없었다. 그는 딸아이의 사소한 실수에도 화를 내고 심지어 딸아이가 하지 않은 일까지도 모든 책임을 덮어씌우면서 딸아이를 괴롭혔다.

어느 날 밤 술에 취해 집에 들어온 그는 딸아이의 방에 들렀다. 딸아이는 새근새근 잠들어 있었고 책상 위에는 쓰다만 일기장이 펼쳐져 있었다. 그는 일기장을 읽어보았다. 일기장에는 딸아이의 아픈 마음이 고스란히 담겨 있었다. 그제야 그는 아무런 잘못도 없는 딸아이를 아프게 했다는 것을 깨닫기 시작했다.

다음 날 아침 그는 식사를 마치고 딸아이에게 정중하게 사과했다.

"아빠 요즘 회사 일 때문에 많이 힘들었나봐. 그래서 아빠가 세상에서 제일 아끼고 사랑하는 딸을 힘들게 했어. 아빠가 잘못했어. 아빠를 용서해 줄 수 있겠니?"

그러자 딸아이는 눈물을 글썽이며 아빠에게 와락 달려와 끌어안으면서 이렇게 말했다.

"아빠, 괜찮아요. 아빠를 용서할게요."

부모라도 잘못했을 경우 아이에게 인정하고 진심으로 사과해야 한다. 절대 '내가 아이에게 사과를 한다면 부모의 권위가 떨어지지 않을까?'하는 속 좁은 생각은 던져버려야 한다. 한번 뒤집어서 생각해보자. 부모들은 아이에게 잘못했을 때는 반드시 인정하고 진심으로 사과하라고 가르친다. 하지만 정작 부모 자신이 아이들에게 잘못했을 때에는 얼버무리고 넘어가려고 한다면 아이들은 부모의 행동에 불만이 쌓여 관계를 악화시키는 결과를 낳을 수도 있다.

때로 부모가 아이에게 필요 이상으로 화를 내거나 잘못 판단해 야단을 치는 경우도 있다. 이럴 경우 아이에게 사과하는 것이 바람직하다. 부모가 자신의 옳지 않은 태도를 그냥 넘겨버리면 아이는 자기도 그냥 넘겨버리면 된다고 여기게 된다.

내 아이가 훌륭하게 자라길 바란다면 아이에게 잘못을 했을 때에는 반드시 인정하고 사과해야 한다. 부모가 아이에게 사과하는 것은 그 교육적 효과가 매우 크다. 부모가 아이에게 사과한다는 것은 권위를 내세우기보다 부모가 아이와 평등한 관계에서 공감하는 대화를 한다는 것을 뜻한다.

또한 부모가 아이에게 사과하는 모습을 보이게 되면 아이는 부모의 사과를 받아들이는 과정을 통해 자신이 잘못했을 때 사과하면 용서받는다는 것을 자연스럽게 배우게 된다. 무엇보다 부모의 사과를 통해 부모로 인해 받은 마음의 상처를 치유할 수도 있다.

마음의 상처는 평생 간다

평소 많은 부모들이 아이의 작고 사소한 실수나 잘못에 큰 소리를 내거나 야단친다. 이때 아이가 받는 마음의 상처는 부모가 생각하는 것 이상이다. 그러나 부모가 자신의 잘못을 깨달았을 때 주저하지 말고 즉시 아이에게 사과한다면 아이가 입은 마음의 상처를 빨리 아물게 한다. 이번에는 또 다른 아버지의 이야기이다.

어느 날 퇴근 후 집으로 돌아오자 기다렸다는 듯이 책을 들고 왔다.

"아빠, 나 이거 잘 모르겠어요. 가르쳐 주세요."

"어디 보자."

아버지는 문제를 가르쳐주려고 하더니, 몇 분 지나지 않아 아이에게 잔소리를 늘어놓기 시작했다.

"아니, 이것도 몰라? 이렇게 쉽게 설명을 해줘도 이해를 못하면 어떻게 해? 너는 대체 누구를 닮았길래 이 모양이니?"

잔소리를 늘어놓던 아버지는 자신도 모르게 흥분되어 회초리를 들었다. 회초리로 아들의 등짝을 때리기 시작했다. 아이는 울며 연신 "아빠, 잘못했어요."라며 아버지에게 빌었다. 시간이 지나자 다소 마음이 안정된 아버지는 지금 자신이 아이에게 잘못하고 있다는 것을 알게 되었다.

시간이 지난 후에도 아버지는 '내가 왜 그랬지? 그러면 안 되는 거였는데 내가 왜 그랬을까?'라는 후회가 사라지지 않았다. 그렇지만 이 아버지는 아이에게 미안한 마음을 감추고 아이를 대했다. 아이는 아이대로 아버지에 대해 두렵고 무서운 마음으로 가득했다.

아이가 아버지에게 모르는 문제를 물어본 것은 전혀 잘못된 행동이 아니다. 그런데도 불구하고 아버지는 아이에게 잔소리, 야단과 함께 회초리를 들었다. 그 결과 아이는 자신이 믿고 의지하는 아버지에게 심한 모멸감을 느꼈을 것이다. 이는 아버지가 자신의 잘못을 인정하고 진심으로 사과하지 않는 이상 평생 아이를 괴롭히게 된다. 훗날 사회인이 되어서도 대인관계에서 어려움을 겪을 수도 있다.

아이들이 부모에게 두려움을 느낄 때는 부모와 자신 사이에 갈등이 있다고 생각할 때이다. 따라서 그 갈등의 원인이 부모에게 있다면 즉시 부모가 잘못을 인정하고 사과해야 한다. 부모가 솔직하게 인정하고 사과하면 아이는 자기를 인격적으로 대해주는 부모에게 감사하면서도 부모의 권위를 인정하게 된다.

납득하지 못하면 억울한 법이다

한 지인의 어린 시절 이야기이다.

지인은 초등학교 시절, 학교가 끝나고 친구들과 놀고 싶은 마음에 엄마에게 전화를 걸어 "엄마, 나 조금 놀다가 갈게."라고 이야기한 후 친구들과 놀다가 늦은 시간에 들어가게 되었다고 한다. 그런데 지인이 집안으로 들어서자 문 앞을 지키고 계시던 엄마가 다짜고짜 역정을 내며 "왜 이렇게 늦었어? 여자애가 밤늦게 다니면 안 된다고 몇 번이나 말했니?"라며 파리채로 무작정 때렸다.

당시 지인은 파리채에 맞아 아팠던 것보다 늦었다는 이유로 맞는 것에 대해 너무나 속상했다고 한다. 억울하다는 생각에 늦은 밤까지 잠들 수 없었고, '내가 왜 맞았을까? 엄마한테 분명히 전화해서 놀다 들어간다고 얘기했는데 왜 때리셨을까?' 하는 생각을 끝내 떨쳐 버릴 수가 없었다고 했다. 지인은 한편으로 엄마의 마음이 이해가 가기도 했지만 걱정이 되셨던 거라면 말로써 걱정이 되었다고 해줄 수도 있었다는 생각을 지울 수 없었고, 그 후로 엄마의 시선을 피하게 되었다고 말했다. 아이를 야단치거나 벌을 줄 때는 아이가 납득할 만한 분명한 이유가 있어야 한다. 또한 부모는 항상 상벌에 공정해야 하고 일관성을 유지해야 한다.

엄마를 위한 해결책 및 대처법

부모라도 아이에게 잘못을 했을 때에는 진심을 담아서 사과하는 모습을 보여야 한다. 부모가 아이에게 자신의 잘못을 인정하고 사과하면 아이는 사과하면 용서받는다는 것을 배우게 된다. 그 어떤 교육보다도 부모가 아이들에게 사과했을 때 아이들이 그 사과를 받아들이는 것이 더욱 의미 있다.

만일 부모가 아이에게 잘못을 했는데도 사과하지 않으면 아이는 잘못을 하더라도 사과하지 않아도 된다고 여기게 된다. 사과는 부모의 권위를 무너뜨리는 것이 아니라 오히려 부모와 내 아이 사이의 보이지 않는 벽을 허무는 역할을 한다.

자, 오늘부터 아이에게 잘못했을 때에는 "엄마가 좀 지나쳤지? 미안하구나.", "아빠가 오해했단다. 미안해."라고 말해보자. 부모는 아이의 거울이다. 아이는 부모가 하는 그대로 보고 배운다는 말이다. 부모가 잘못을 깨닫고 사과하는 모범을 보인다면 아이도 그대로 따라하게 되어 예의가 바른 아이로 자라게 된다.

06 | 아이의 체면을
살려주며
대화하라

 **거짓말을 하는 아이**

"아이가 금방 들통 날 거짓말을 자주 해요. 학습지 다 풀었냐고 물어보면 '네.' 하고 대답해서 믿고 있다가 막상 선생님이 오신 뒤에야 속았다는 것을 알게 되었습니다. 자기 전에 양치질하라고 했더니 아이는 태연하게 했다고 하더라고요. 뻔히 안한 줄 아는데. 언제 했냐고 따져 물어도 했다고 계속 거짓말을 하는 거예요. 아직은 어려서 그렇지만 이러다가 나중에 더 큰 거짓말도 하는 것이 아닌지 걱정이 돼요. 아이가 거짓말을 자주 하기 시작할 때 버릇을 단단히 잡아야겠지요?"

많은 엄마들이 내 아이에게도 체면이 있다는 사실을 무시한다. 그래서 아이가 잘못을 하면 그것을 지적하고 야단치는데 급급하다. 그 결과 아이의 자존심에 상처를 입힘으로써 체면을 손상시키곤 한다.

아이가 거짓말을 하거나 잘못을 했을 때 대부분의 엄마는 아이의 체면은 고려하지 않고 끝까지 아이의 잘못을 추궁하면서 구석으로 몰아붙인다. 그러나 이는 매우 위험하다. 그럴 경우 아이는 '아, 나는 나쁜 아이구나', '왜 나는 이것도 못할까' 같은 부정적인 자아상을 형성하게 될 우려가 있기 때문이다. 부정적인 자아상은 세상을 살아갈 힘, 즉 자신감을 잃어버리게 한다.

우리는 세상을 살면서 때로 남에게 피해를 주기도 하고 나쁜 사람이 되기도 한다. 어떤 일정한 선 안에서 적당히 거짓말도 하고 마음에 없는 말도 하며 약속도 어기면서 살아간다. 그러면서도 서로 각자의 체면은 손상시키지 않는 선에서 다투고 화해하며 살아간다.

사람을 잃는 방법 가운데 가장 빠른 방법은 상대의 체면을 손상시키는 일이다. 체면을 손상시키는 일은 감추고 싶은 일종의 치부를 드러내는 일과 같다. 그래서 지혜로운 사람들은 절대 화가 치밀어도 상대의 체면을 손상시키는 어리석은 짓은 하지 않는다.

그러나 안타깝게도 많은 엄마들이 내 아이에게도 체면이 있다는 사실을 인식하지 못하고 있다. 그저 내 아이는 아직 모든 것이 미성숙한 어린 아이일 뿐이라고 여긴다. 그래서 아이가 잘못을 하면 그것을 지적하는데 급급해 아이의 체면을 손상시키곤 한다.

자신의 체면은 중요시하면서 자녀의 체면은 무시해 상처를 주는 엄마들이 주변에서 심심찮게 볼 수 있다. 이런 엄마들은 "우리 아이는 유치원 때까지 대소변을 못 가렸어요.", "양치질을 얼마나 하기 싫어하는지 양쪽 어금니를 두 개나 때웠어요."와 같은 말들로 아이의 체면을 깎아내리기도 한다.

엄마에게 사회적인 체면이 중요하듯이 자녀의 체면 또한 무시할 수 없는 사회생활의 일부이다. 따라서 엄마가 자녀의 체면을 무시하게 되면 자존심에 상처를 입은 자녀는 엄마에 대해 반항심을 가지게 된다.

아이에게도 체면이 있다

하루는 6세 반에 다니는 상혁이 엄마가 찾아왔다. 언젠가부터 상혁이가 거짓말을 자주 한다는 것이었다.

"상혁이가 거짓말을 합니다. 최근에 아이 혼자 밖에 나가서 아이들과 어울려 놀게 된지는 2개월 밖에 되지 않습니다. 문제는 아이가 밖에서 나가놀기 시작하면서부터 거짓말을 자주 한다는 것입니다.

첫 번째는 동네 친구 엄마가 돈을 줬다며 300원짜리 물총을 처음 사왔을 때 살짝 의심이 들어 아이에게 '거짓말하지 마라. 함께 가서 확인해보자. 친구 엄마가 누구니? 어디 사니?'하고 다그치자 아이가 울음을 터트리기 시작했습니다. 아이에게 다음부터는 거짓말하지 말

자라며 그냥 넘어갔습니다.

그리고 며칠 후였습니다. 친구 집에서 물총 500원짜리를 친구 엄마가 돈을 줘서 사왔다고 합니다. 제가 보기에 분명히 중고였고 물총마개가 없길래 물총마개는 어떻게 했냐고 물으니 필요 없어서 버렸다고 말하는 것입니다. 아이에게 '그러면 친구 집에 가보자, 어떤 친구엄마가 줬니? 가보자!'라고 다그쳤더니 안 간다며 울더군요. 잠시 후아이는 한 친구가 물총을 줬다고 말했습니다. 저는 아이의 잦은 거짓말에 속이 상해 이날 종아리 네 대를 뻘건 줄이 서도록 때렸습니다. 다음날 아이의 피멍이 맺힌 아이의 종아리를 보니 내 가슴이 무척 아팠습니다."

엄마의 이야기를 듣다가 내심 걸리는 것이 있었다. 엄마는 상혁의 체면은 조금도 고려하지 않은 채 마치 형사가 죄인을 취조하듯이 구석으로 내몬다는 것이다. 어른과 같이 아이에게도 자존심, 체면이라는 것이 있다. 상혁이는 엄마가 자신이 왜 그런 행동을 했는지에 대해 공감해주기를 바랄 것이다. 그러나 엄마는 상혁이의 그런 기대와는 달리 옆집 엄마처럼 냉정하게 다그치고 혼내며 체면을 상하게 했다. 체면이 상한 상혁이는 겉으로는 반성하는 듯하지만 마음속으로는 엄마를 원망하면서 반항심을 가지게 된다. 그 결과 상혁이의 거짓말은 계속 반복되게 된다.

적절한 순간에 아이의 '체면'을 세워 주는 것이 중요하다. 그러면 엄마도 아이의 입에서 자신이 하고 싶은 말을 듣게 되어 좋고, 아이는 엄마와 기분 좋게 이야기를 끝낸 데다 자신이 생각해 낸 해결책이 받아들여져서 더욱 기쁘다.

다른 사람에게 보여주고 싶지 않은 치부는 자신이 제일 잘 안다. 아이도 마찬가지다. 자신이 한 잘못에 대해 엄마가 융단 폭격하듯이 질책하고 야단친다면 아이는 자존심에 상처를 입게 마련이다. 아이의 체면을 고려하지 않고 끝까지 아이의 잘못만 추궁하면서 구석으로 몰아붙이는 것은 매우 위험하다. 그럴 경우 아이는 스스로에 대해 나쁜 아이라는 부정적인 자아상을 가지게 되기 때문이다. 이는 다른 사람들 앞에서 자신의 생각이나 주장을 당당하게 펼칠 수 없는 내성적인 아이로 만든다.

엄마를 위한 해결책 및 대처법

아이가 거짓말을 하는 것은 한 가지 이유에서이다. 엄마한테 야단맞고 싶지 않기 때문이다. 아이가 잘못을 했거나 자주 사소한 거짓말을 한다면 엄마의 입장에서는 자신을 돌이켜봐야 한다. 평소 아이를 너무 다그치고 있지는 않은가 하고 말이다.

아이들은 어른들처럼 생각이 그다지 깊지 못하다. 그저 엄마를 실망시키거나 혼이 날까 봐 걱정이 되어 거짓말을 하게 된다. 일단 순간을 모면하는 것이 우선이라고 여기는 것이다. 따라서 아이가 아무리 잘못을 했다고 하더라도 아이의 체면만큼은 지켜줘야 한다. 아이의 입장이나 감정을 고려하지 않고 끝까지 엄마가 자신의 논리로 아이를 몰아붙이는 못난 엄마가 되어선 안 된다. 이는 자아상을 한창 만들어 가는 아이를 망치는 치명적인 실수라는 것을 기억하자.

그래서 현명한 엄마는 내 아이의 체면을 살려주면서 교육하는 방법에 대해 고민한다. 훈계나 위협, 체벌은 아이의 문제행동에 대한 교정보다 엄마에 대한 적대감만 심어주기 때문이다.

그러나 적절히 아이의 체면을 살려주면서 교육한다면 아이는 엄마에게 신뢰감과 친근감을 가지게 된다. 결과적으로 이는 아이 스스로 엄마가 원하는 모습으로 달라지게 한다.

07 │ 다른 아이와 절대로 비교하지 마라

능력이 아니라 개성이다

부모 상담을 하다 보면 아이 때문에 고민하는 사람들을 자주 만난다. 그런 부모들을 만날 때마다 남의 일 같지 않다. 부모가 가진 기대치와 실제로 내 아이가 갖고 있는 현실적인 능력 사이에는 언제나 거리감이 있기 마련이다. 그러다 보니 부모는 자기도 모르게 다른 아이와 비교하게 된다. 부모의 마음고생은 여기서 시작된다. 물론 이는 아이를 키우는 사람이면 누구나 겪는 일이라고 할 수 있다.

유태인은 형제자매를 전혀 다른 인격체로 본다. 그래서 절대 내 아이를 다른 아이들과 비교하지 않는다. 유태인 부모들이 아이들을 대할 때 가장 관심을 기울이는 것은 그들의 능력이 아니라 개성이다. 그래서 아이들을 비교하기보다는 아이들 각자가 가진 개성을 발전시키기 위해 애쓴다.

　그러나 우리는 어떤가? 대부분의 부모들은 내 아이를 다른 아이들과 비교하게 된다. 그래서 내 아이가 다른 아이들에 비해 딱히 부족한 것도 없는데 자꾸만 못마땅하고 부족하다고 여기게 되는 것이다.

　얼마 전 소진이 엄마가 전화를 걸어왔다. 소진이의 말이 또래들보다 느리다고 생각한 엄마가 이렇게 물었다.

　"선생님, 우리 아이가 언어적으로 많이 느린 것은 아닐까요? 제가 보기엔 느린 것 같아서요. 우리 동네 친구들을 보면 자꾸 비교가 돼서요. 유치원에서 많이 그런가요? 선생님이 보시기에는 어떠세요?"

　담당 선생님이 소진이를 관찰했을 때에는 또래 친구들에 비해 말이 많이 더디지 않았다. 그래서 엄마에게 이렇게 말했다.

　"소진이가 말을 할 때 발음이 아직 정확하지 않고, 들을 때도 조금 정확하지 않게 듣기는 하지만 큰 문제는 없어요. 집에서 소진이에게 수시로 여러 차례 반복해서 이야기를 해주세요. 그러면 소진이가 말을 하거나 이야기를 들을 때 도움이 될 것 같아요."

　그러자 엄마는 다시 이렇게 물었다.

　"동네 친구들하고만 자주 만나다보니 저도 모르게 자꾸만 다른 아이들과 비교하게 되네요. 저 역시 소진이를 관찰해본 결과 또래 친구들과 비슷한 것 같기도 한데, 간혹 발음이 정확한 친구들이랑 있으면 우리 아이가 많이 느린 것 같기도 해서 자꾸 걱정이 되네요."

그렇다. 소진이는 여느 아이들과 다를 바 없는 정상적인 아이였다. 그런데도 엄마는 자꾸만 다른 아이들과 소진이를 비교하기 때문에 내 아이가 말이 느리고 발음이 정확치 않다는 생각이 드는 것이다.

"어머님께서 너무 조급하게 생각하고 계시는 것 같아요. 제가 볼 때에는 또래 친구들과 다른 것 없이 잘 하고 있어요."라고 거듭 조언했다. 그러나 엄마는 상담을 마치는 순간까지도 소진이를 또래 아이들과 비교하는 것을 멈추지 않았다.

"그래도 자꾸 비교하게 돼서요. 저 친구는 저렇게 이야기 하는데 '내 아이는 왜 안 될까?' 하면서 저도 모르게 자꾸 생각하게 되네요."

아이가 가진 능력이나 소질은 손가락만한데 부모의 기대가 팔뚝만 하다면 자연히 다른 아이와 비교하게 된다. 그렇게 되면 아이는 얼마나 스트레스를 받으며 힘들어 하겠는가? 현명한 부모는 아이의 타고난 능력이나 성향을 인정하고 받아들일 수 있어야 한다. 그래야 아이의 잠재력을 믿고 아이 스스로 그 잠재력을 꽃피울 수 있도록 묵묵히 기다릴 수 있기 때문이다. 만일 그렇지 않고 자꾸만 옆집 아이나 또래들과 비교하게 된다면 아이나 부모 모두 힘들어진다.

형제자매는 경쟁의 상대가 아닌
협력자가 되어야 한다

"얼마 전 학교가 늦게 끝난 날이었습니다. '저녁으로 무엇을 먹을까, 집에 가서 뭐할까?' 기대하며 집으로 들어가자 엄마는 작정하고 기다린 것처럼 '왜 이렇게 늦게 들어와? 언니는 안 그러는데 너는 누굴 닮아서 그래? 언니처럼 좀 일찍 일찍 다녀.'라며 야단치셨습니다. 학교가 늦게 끝나서 늦은 건데 엄마에게 그런 이야기를 들으니 변명조차 하기 싫어지고 괜히 언니가 보기 싫고 미웠습니다.

엄마는 늘 그렇게 언니와 나를 수시로 비교합니다. 다른 곳에 가서도 '아니, 우리 첫째는 안 그러는데 둘째는 왜 그러는지 모르겠어요. 말은 또 얼마나 안 듣는지 몰라요.'라며 한숨을 쉬는 엄마를 보고는 제 자신이 한없이 작아지는 듯했습니다.

저는 엄마가 다른 사람들에게까지 언니와 나를 비교할 때면 엄마에게 너무나 화가 납니다. 자꾸만 언니와 비교하는 엄마에게 반항하고 싶어집니다. 집에 들어가기 싫어서 집에 들어가는 시간이 점점 늦어졌습니다. 집에 들어가는 시간이 늦어질수록 엄마가 하는 말들이 너무 듣기 싫고 언니가 그냥 밉고 싫어서 괜히 언니에게 화를 내기도 하고 언니에게 짜증을 부리는 일들이 많아졌습니다. 엄마가 나와 언니를 또 나와 누군가를 비교하지 않았으면 좋겠다는 생각이 듭니다."

한 중학생이 보낸 메일을 읽었다. 필자가 초등학교에 다닐 때의 일이 생각난다. 친구들과 놀고 싶은 마음에 친구들과 분식집에 가서 떡볶이도 먹고 오락실에 가서 게임도 하며 재미있게 놀았다. 놀다보니 어느덧 해가 지고 있었다. 급하게 집으로 뛰어갔는데, 엄마가 문 앞에서 기다리고 계셨다.

"너는 커서 뭐가 되려고 그러니? 앞집에 누구는 집에도 일찍, 일찍 들어오고 혹시나 늦으면 집에 전화한다고 하더라."

그때 엄마에게 늦는다는 연락을 미리 드리지 못한 것은 잘못이라고 생각했지만 그래도 다른 아이와 비교를 당하니 자존심이 무척 상했던 기억이 있다.

얼마 후 시험을 보았는데 성적표가 기대 이하였다. 그래도 나름 열심히 했다고 생각했기 때문에 집에 돌아와 엄마에게 성적표를 보여드렸다. 그러나 그 순간 엄마는 또 다시 다른 아이들과 비교를 하시기 시작했다.

"너는 커서 뭐가 되려고 성적이 이러니?"

"옆집에 누구는 공부도 잘한다고 하더라."

오랜 시간이 지났지만 아직도 당시를 떠올리면 마음 한 부분이 아파온다. 자존심의 상처는 많은 시간이 흘러도 완전히 아물지 않는다.

엄마를 위한 해결책 및 대처법

어떤 일이 있어도 내 아이를 다른 아이들과 비교하지 말자. 비교하는 순간 내 아이의 자존감 저하는 물론 열등의식을 불러일으킨다는 것을 명심해야 한다.

특히 형제자매간의 비교는 또래 아이들과 비교하는 것보다 아이에게 더 많은 상처를 남긴다. 그래서 효과보다 역효과가 더 크다. 무엇보다 아이의 자존감을 떨어뜨려 의기소침하게 만들고 소극적인 아이로 자라게 한다. 형제자매는 서로에게 경쟁의 상대가 아닌 협력자가 되어야 한다는 것을 잊어선 안 된다. 따라서 절대 "언니는 안 그러는데 너는 왜 그러니?", "누굴 닮아서 그래", "언니 하는 거 보고 반만 따라 해봐."와 같은 비교의 말은 절대 금물이다.

주위에 내 아이보다 뛰어난 아이들은 있기 마련이다. 반대로 내 아이가 또래 아이들보다 더 잘하는 분야 역시 있다. 따라서 절대 다른 아이들과 비교하기보다는 내 아이의 과거와 현재를 비교하자. 내 아이와 다른 아이와의 비교를 멈추는 순간 내 아이의 더 나은 면들만 보게 될 것이다.